身边的民法

陈慧芳 编著

上海大学出版社
·上海·

内 容 提 要

本书以我国《民法通则》《物权法》《继承法》《侵权法》等现行民事法律法规为依据，结合最高人民法院的司法解释，同时理论联系实际，通过对近百案例的分析，较为系统地论述了民法的基本理论、基本制度和基本知识，为学习《合同法》《经济法》《商法》等法律规定打下扎实的基础，同时也是读者学习民事法律的入门级读物。

本书主要包括民法概述、物权、债权、继承权、人身权、侵权责任，共六章二十六节。在内容上涵盖现行民事立法的基本诠释，在选择的案例上力求与现行经济发展的对应。

图书在版编目(CIP)数据

身边的民法/陈慧芳编著. —上海：上海大学出版社，2012.9
　ISBN 978-7-5671-0270-5

Ⅰ.①身… Ⅱ.①陈… Ⅲ.①民法-基本知识-中国
Ⅳ.①D923

中国版本图书馆 CIP 数据核字(2012)第 167575 号

责任编辑　傅玉芳
封面设计　柯国富
技术编辑　金　鑫
　　　　　章　斐

身边的民法

陈慧芳　编著

上海大学出版社出版发行
(上海市上大路 99 号　邮政编码 200444)
(http://www.shangdapress.com　发行热线 021—66135112)
出版人：郭纯生
＊
南京展望文化发展有限公司排版
上海上大印刷有限公司印刷　各地新华书店经销
开本 787×960　1/16　印张 14.75　字数 264 000
2012 年 9 月第 1 版　2012 年 9 月第 1 次印刷
ISBN 978-7-5671-0270-5/D・129　定价：38.00 元

目 录

第一章 民法概述 ·· 1
  第一节 民法的概念以及调整对象 ·· 1
    一、民法的概念 ··· 1
    二、民法的调整对象 ··· 2
    三、民法与商法的关系 ·· 4
  第二节 民法的基本原则 ··· 6
    一、平等原则 ·· 7
    二、自愿原则 ·· 7
    三、公平原则 ·· 7
    四、诚实信用原则 ·· 7
    五、禁止权利滥用原则 ·· 8
    六、公序良俗原则 ·· 8
    七、等价有偿原则 ·· 8
  第三节 民事法律关系 ··· 13
    一、民事法律关系的概念和特征 ·· 13
    二、民事法律关系的意义 ··· 15
    三、民事法律关系的分类 ··· 15
    四、民事法律关系的产生、变更与消灭 ······························ 16
    五、民事法律关系的要素 ··· 17
  第四节 代理 ·· 29
    一、代理的概念和特征 ·· 29
    二、代理的分类 ··· 30
    三、代理权 ··· 34
    四、无权代理 ·· 38
  第五节 诉讼时效 ·· 41
    一、诉讼时效的概念 ·· 41

二、诉讼时效的法律要件和法律效果 …………………… 44
三、诉讼时效期间 …………………… 45
四、诉讼时效期间的计算 …………………… 46
【本章思考题】 …………………… 49

第二章 物权 …………………… 52
 第一节 物权总论 …………………… 52
  一、物权的概念和效力 …………………… 52
  二、物权的类型 …………………… 57
  三、物权的变动 …………………… 58
 第二节 所有权 …………………… 65
  一、概述 …………………… 65
  二、不动产所有权 …………………… 69
  三、动产所有权 …………………… 79
 第三节 共有 …………………… 85
  一、概述 …………………… 85
  二、共有的种类 …………………… 86
 第四节 用益物权 …………………… 91
  一、概述 …………………… 91
  二、用益物权的种类 …………………… 91
 第五节 担保物权 …………………… 100
  一、担保物权的概述 …………………… 100
  二、但保物权的种类 …………………… 101
 第六节 占有 …………………… 114
  一、占有的概念 …………………… 114
  二、占有的分类 …………………… 114
  三、占有保护请求权 …………………… 119
 【本章思考题】 …………………… 119

第三章 债权 …………………… 121
 第一节 债权概述 …………………… 121
  一、债的概念、特征和要素 …………………… 121
  二、债的发生原因 …………………… 127
 第二节 债的分类 …………………… 136
  一、意定之债与法定之债 …………………… 136

二、特定之债与种类之债 ………………………………… 137
三、单一之债与多数人之债 ……………………………… 137
四、按份之债与连带之债 ………………………………… 137
五、简单之债与选择之债 ………………………………… 139
六、主债与从债 …………………………………………… 139
七、财物之债与劳务之债 ………………………………… 140
【本章思考题】 ………………………………………………… 140

第四章 继承权 …………………………………………………… 142
第一节 继承权概述 ……………………………………………… 142
一、继承权的概念和特征 ………………………………… 142
二、继承权的取得、放弃、丧失和保护 ………………… 143
三、我国《继承法》的基本原则 ………………………… 145
第二节 法定继承 ………………………………………………… 146
一、法定继承的概念和适用范围 ………………………… 146
二、法定继承人的范围和继承顺序 ……………………… 147
三、代位继承的概念和适用范围 ………………………… 147
四、法定继承中的遗产分配 ……………………………… 148
第三节 遗嘱继承、遗嘱和遗赠、遗赠扶养协议 ……………… 152
一、遗嘱继承 ……………………………………………… 152
二、遗嘱 …………………………………………………… 152
三、遗赠 …………………………………………………… 158
四、遗赠扶养协议 ………………………………………… 158
第四节 遗产的处理 ……………………………………………… 161
一、继承的开始 …………………………………………… 161
二、遗产 …………………………………………………… 162
三、遗产的分割和债务清偿 ……………………………… 163
【本章思考题】 ………………………………………………… 165

第五章 人身权 …………………………………………………… 166
第一节 人身权概述 ……………………………………………… 166
一、人身权的概念、特征和分类 ………………………… 166
二、人身权的权能与意义 ………………………………… 167
第二节 人格权 …………………………………………………… 170
一、人格权概述 …………………………………………… 170

二、一般人格权 …………………………………… 171
　　三、各种具体的人格权 …………………………… 175
第三节　身份权 ……………………………………… 187
　　一、身份权的概念与特征 ………………………… 187
　　二、各种具体的身份权 …………………………… 188
【本章思考题】 ……………………………………… 193

第六章　侵权行为 …………………………………… 194
第一节　侵权行为的概述 …………………………… 194
　　一、侵权行为的概念与特征 ……………………… 194
　　二、侵权行为的分类 ……………………………… 195
第二节　侵权行为归责原则 ………………………… 196
　　一、侵权行为归责原则的概念 …………………… 196
　　二、侵权行为归责原则体系 ……………………… 196
第三节　一般侵权行为的构成要件 ………………… 201
　　一、有侵害行为 …………………………………… 201
　　二、有损害事实的客观存在 ……………………… 201
　　三、侵害行为与损害事实间的因果关系 ………… 202
　　四、行为人主观上具有过错 ……………………… 202
　　五、关于特殊侵权责任的构成要件 ……………… 203
第四节　免责事由 …………………………………… 205
　　一、免责事由的概念 ……………………………… 205
　　二、免责事由的分类 ……………………………… 206
第五节　共同侵权责任 ……………………………… 210
　　一、共同侵权的概念和特征 ……………………… 210
　　二、共同侵权的类型 ……………………………… 211
第六节　特殊侵权行为 ……………………………… 216
　　一、特殊侵权行为的概念和特征 ………………… 216
　　二、特殊侵权行为的归责原则 …………………… 216
　　三、特殊侵权行为的分类 ………………………… 217
　　四、一般侵权与特殊侵权的区别 ………………… 222
【本章思考题】 ……………………………………… 225

参考文献 ……………………………………………… 227

第一章 民法概述

教学要求

本章通过理论的陈述以及案例的分析,让学生了解民法的概念、调整对象、民法的基本原则;掌握民事法律关系的基本原理,了解民事权利、民事义务、民事责任的概念;掌握有关的代理制度和原理,了解代理的概念和特征、分类、无权代理和表见代理。

第一节 民法的概念以及调整对象

一、民法的概念

民法是大陆法系特有的术语,是人类对法律体系,尤其是部门法学科认识的产物。在法律体系中,民法属于实体部门法,是与刑法、行政法并列的,仅次于宪法的实体部门法。与这些实体部门法相对应的是程序法。

民法是从古代的罗马法发展而来的,罗马法是奴隶制简单商品交换的最一般的行为规则;到了资产阶级革命时期,随着资本主义萌芽的诞生,罗马法复兴了,成为资本主义商品交换的最一般的行为规则,所以《法国民法典》、《德国民法典》是资本主义商品交换的最一般的行为规则;1917年10月社会主义革命后,在苏联新经济政策的历史背景之下,在列宁同志的亲自主持制定之下,1922年颁布了《苏俄民法典》,它是社会主义时期商品交换的最一般的行为规则。我国现阶段的《中华人民共和国民法通则》以及未来将制定的《中华人民共和国民法典》,是我国在社会主义商品经济条件之下的商品交换的最一般的行为规则。

民法是私法范畴,以个人利益为核心,以人的平等和自治为理念,当事人之间处于平等的地位,包括民事主体人格、婚姻家庭、物权、财产继承、债权和民事侵权等关系;与私法判然有别的是公法,它以国家利益为核心,体现公共秩序、政治管理的法律,比如宪法、刑法等,当事人之间是命令与服从的关系,处于不平等的地位。

据此,可将民法定义为:调整自然人或法人之间财产关系和人身关系的法律规范的总称。

形式上的民法就指民法典。我国尚未完成民法典的制定,实质上民法制定主要以《中华人民共和国民法通则》(1986年)以及各种单行法律的形式公布。比如,《担保法》、《合同法》、《物权法》、《继承法》等基本法、单行法、特别法以及最高人民法院对它们作出的大量的司法解释,都是民法的渊源。

二、民法的调整对象

《民法通则》第二条规定:中华人民共和国民法调整平等主体的公民之间、法人之间、公民和法人之间的财产关系和人身关系。即民法调整的对象就是平等主体之间的财产关系和人身关系。

(一)民法调整的财产关系

财产是人们可以支配的有经济价值的资源和物品,财产关系是人们基于财产的支配和交易而形成的社会关系。该财产关系的特点:

(1) 具有经济价值的有形和无形财产;

(2) 可以被支配。不能被支配的资源,例如日月星辰、气流风暴等,不能作为财产;

(3) 受法律保护的具有经济价值的利益,例如人身的物质要素不能作为财产。

财产关系是以商品经济为基础的财产所有和财产流转关系,一般具有平等自愿和等价有偿的性质。平等主体之间的财产关系,即可分为两类:即支配型与流转型。支配型财产关系表述的财产主要是表现财产的归属和人对其的控制状态,回答财产"是谁的"或"由谁利用"这样的问题。在支配型财产关系中,对物的支配,民法上称之为物权关系;对智力成果的支配,民法上称之为知识产权。流转型财产关系反映的是商品交换中的财产关系,表述财产在交易中即财产因买卖、租赁、借贷、承揽等行为而发生的移转状态。流转型的财产关系民法上称之为债的关系。

但并不是所有的社会关系都属于民法调整的对象。比如道德范畴就不是民法调整的对象。

例如:甲应允乙同看演出,但迟到半小时,乙要求甲赔偿损失;再例如:甲对乙承诺,如乙比赛夺冠,乙出国旅游时甲将陪同,后乙果然夺冠,甲失约。乙要求甲承担赔偿责任。两例中"应允同看演出"与"承诺陪同旅游"都属于道德范畴,不属于民法的调整对象,受道德调整。但是,如果甲与其妻乙约定,如因甲出轨导致离婚,甲应补偿乙50万元,后两人果然因此离婚,乙要求甲依约赔偿。像这种夫妻之间对出轨导致离婚的补偿协议,符合民法中意思自治的原则,该协议有效,乙依照协议约定主张的请求权能得到支持。

(二)民法调整的人身关系

人身关系,是人们在社会生活中形成的具有人身属性,与主体的人身不可分离的、不是以经济利益而是以特定精神利益为内容的社会关系。人身关系是人格关系和身份关系的合称。

所谓人格,是自然人主体性要素的总称,人格关系是自然人基于彼此的人格或者人格要素而形成的关系。人格要素是与自然人人身不能分离的,没有直接经济内容,包括生命、身体、健康等物质性要素和姓名、肖像、名誉、荣誉、隐私等精神性要素。人格在法律上不得抛弃、不得转让并不得掠夺。根据《民法通则》的规定,法人也享有名称权、名誉权、荣誉权等有限人格权。

所谓身份,是指自然人基于彼此的身份形成的相互关系,包括父母子女、兄弟姐妹、祖父母、外祖父母等亲属关系。身份关系仅存在于自然人之间不得抛弃和转让。其特点是:

(1)主体的地位平等。民法所调整的人身关系的主体地位是平等的,主体相互间没有管理和被管理、命令和被命令、领导和被领导的关系,任何一方都不能支配另一方,而应平等相待,互不干涉。凡是主体地位不平等、相互间一方可支配另一方的人身关系,不由民法调整。

(2)与民事权力的享受和行使有关。人身关系,有的与民事权利的享受与行使有关;有的与政治权利的享受与行使有关,而与民事权利的享受和行使无关。民法只调整前者而不调整后者。例如,基于自然人的身体、健康、姓名、名誉而发生的人身关系,与自然人享受和行使民事权利有关,属于民法调整的人身关系;而基于选民身份或者基于某一党团成员身份而发生的人身关系,与民事权利的享受与行使无关,则不属于民法的调整对象。

(3)与主体的人身不可分离并不具有经济内容。人身关系是基于体现自身属性的价格和身份而发生的社会关系,与主体的人身是不可分离的。这类社会关系不具有经济内容而是以特定的精神利益为内容的。当然,这并不是说民法所调整的人身关系无任何内容。有的人身关系与财产关系无直接的联系,却是主体存在的条件,是主体取得财产利益的前提,如自然人的生命健康关系;有的人身关系是与财产关系有直接联系的,如基于自然人因发明而发生的人身关系。

三、民法与商法的关系

民法是调整商品交换关系的最一般的行为规则,所以民法的内容就是:人、物、债。

人,指商品的所有人。《民法通则》中所谓的自然人(即公民)、法人、非法人组织,就是《民法通则》的第一部分民事主体。第二部分是法律行为,即商品买卖行为、商品交换行为都看作是一种法律行为。第三部分是民事权利,包括物权、债权、知识产权、人身权。

物,指商品。《物权法》就是研究商品所有权以及与商品所有权有关的各种财产权,即自物权(所有权)、他物权、用益物权、担保物权。

债是商品交换的最一般的法律形式。合同是商品交换最一般的法律形式中的典型表现,债是合同在民法理论中的高度抽象。

所以民法调整的对象是平等主体之间的财产关系和人身关系,还包括了一些人身非财产关系。民法的调整对象是商品交换关系,所以民法的三个最基本的结构内容就是商品交换的三要素即商品所有人、商品、商品交换的最基本的法律形式。

所谓商法,在形式上是指《公司法》《票据法》《海商法》《保险法》以及商事登记制度,我们将这几部分内容称为传统的商法的内容。商法的一个重要特点,以《公司法》为例,设立公司的申请、批准、管理,肯定是一个国家的经济行政管理法律。中华人民共和国工商局是国家行政机关,其所实施的批准公司成立、年检制度都是行政行为,但是公司交易权、签订合同权、经营管理权等是一种民事上的权利,其本质是一种商业上的权利。

民法是调整商品交换关系的最一般的行为规则,所以民法是一般法,凡是平等主体之间的财产关系、人身关系,只要没有专门的、特别的规定,其都要适用《民法通则》或者民事基本法中的一般性规定。商法是特别法、单行法。特殊法优于一般法原则,是指当单行法、特别法中有特殊规定时要优先适用单行法、特别法。反之,当单行法、特别法中没有专门性规定时,则要适用《民法通则》中的一般性规定。

【案情】 甲私自组织登山队攀登五千米以上的雪山,甲因种种原因未能亲自带领队伍攀登,他们约定甲在山下接应,并要求队员在约定的时间返回而不论其是否到达顶峰。登山队出发后没多久刮起大风,到约定的返回时间时,未有人返回,甲带着帐篷等设备离开,后救援人员发现其中一名遇难队员(在校大学生)在约定的接应地点附近。该队员的父母根据侵权行为中的违反生存共同体的相互扶助义务的不作为,即同舟无害救助理论,起诉至人民法院要求登山队长甲承担民事赔偿。

【问题】 甲私自组织登山的行为的性质如何认定以及甲是否违反生存共同体的相互扶助义务的不作为?

【法律规定】 我国法律明文规定,凡是攀登五千米以上的高峰必须经过中国登山协会的批准,这支队伍未经批准,违法攀登五千米以上的高峰,属于行政违法行为(应承担行政责任),而非民事法律关系;生存共同体的相互扶助义务的构成要件,其必须是同舟无害,即救助行为无害于救助人的生命或重大财产利益。

【法律运用及结果】 根据以上的法律规定,甲私自组织登上五千米以上的雪山未经批准,其违法行为并非属于民事法律关系。又因为其是侵权行为中的意外事故即当事人预先所不能料到的,所以在当事人没有故意或重大过失时,其可不承担损害赔偿责任。而生存共同体的相互扶助义务的构成要件,其必须是同舟无害,即救助行为无害于救助人的生命或重大财产利益,只有在此种情形下未进行救助才属于违反道德、违反法律,应承担民事损害赔偿责任。故此为意外事件,甲可以不承担民事损害赔偿责任。

(案例改编自中国政法大学民法笔记 wenku.baidu.com/view/a2f6d048cf84b9d528ea)

【案情】 原告:某县某商场(以下简称商场);被告:某县商业管理局(以下简称商业局)。

某县某商场是1994年成立的集体所有制商业单位,隶属于该县商业管理局领导。1998年11月,商业管理局举行全局职工先进个人表彰会,从商场购买石英钟、手表、电熨斗、毛巾被等日用品作为奖品,价款共计18 000元。商业局经办此事的办公室主任对商场经理说,因商业局最近开支较大,所以此项货款要到明年3月支付给商场,商场经理表示同意,但到了1999年4月,商业局仍未付款,且从未提起此事。5月初,商场派会计索要几次未果。7月,商业局作出决定并通知商场:奖品货款18 000

元由商场自行消化,双方不再结算。此事在商场职工中反响强烈。9月,商场向某县人民法院提起诉讼,要求法院责令商业局付款,而商业局则以该纠纷系上下级单位内部纠纷,且商业局已对此事作出处理为由拒绝应诉。

【问题】 处理本案的关键在于认定商场与商业局之间发生的关于货款给付的关系是否属于平等主体间的财产关系?

【法律规定】 《民法通则》第二条规定:中华人民共和国民法调整平等主体的公民之间、法人之间、公民和法人之间的财产关系和人身关系。

【法律运用即结果】 本案中作为地位独立的两个法人,它们有着各自的经济利益。在本案中它们是地位独立、平等的买卖双方,而不存在行政管理关系中的上级与下级。买卖双方基于买卖这一民事活动产生了各自的民事权利与义务,属于民法的调整范围。法院据此判决商业局支付所欠某商场货款18 000元,并支付自1999年4月1日起到判决生效之日止的相应利息。判决下达后,被告商业局以其与原告的纠纷系上下级单位内部的纠纷,不应由法院审理为由提起上诉。二审法院经审理后,认为此案应属平等主体之间的财产纠纷,受民法调整,一审法院受理并对本案作出判决并无不当,遂判决如下:驳回上诉,维持原判。

(案例改编自民法经典案例分析 wenku. baidu. com/view/7ce0c395dd88d0d233d4)

第二节 民法的基本原则

民法基本原则是指民事立法、民事司法和民事活动的基本准则。民法的基本原则,反映民事生活的根本属性,尤其是市民社会生活的一般条件、趋势和要求。我国《民法通则》第3—7条对我国民法的原则作了规定,概括其内容,大约可以分为两类:一类是对民法内容有普遍约束力的原则,是指导民事立法、民事审判和民事活动的基本准则,如平等、自愿等原则;还有一些是适用于特定民事法律关系的原则,如公平、诚实信用、禁止权利滥用等原则。基本原则的法律效力在于它是解释、理解以及裁判民事案件法律的依据,同时也是从事民事活动的准则。违反基本原则的行为也就是违反民事法律、法规的违反行为。

一、平等原则

民法中的平等是指主体的身份平等,身份平等是特权的对立物,是指不论其自然条件和社会处境如何,其法律资格亦即权利能力一律平等。《民法通则》第三条规定:当事人在民事活动中地位平等。任何自然人、法人在民事法律关系中平等地享有权利,其权利平等地受到保护。

二、自愿原则

自愿原则的实质,就是在民事活动中当事人的意思自治。即当事人可以根据自己的判断,去从事民事活动,国家一般不干预当事人的自由意志,充分尊重当事人的选择。其内容应该包括自己行为和自己责任两个方面。自己行为,即当事人可以根据自己的意愿决定是否参与民事活动以及参与的内容、行为方式等;自己责任,即民事主体要对自己参与民事活动所导致的结果负担责任。

三、公平原则

公平原则是指在民事活动中以利益均衡作为价值判断标准,在民事主体之间发生利益关系摩擦时,以权利和义务是否均衡来平衡双方的利益。因此,公平原则是一条法律适用的原则,即当民法规范缺乏规定时,可以根据公平原则来变动当事人之间的权利义务;公平原则又是一条司法原则,即法官的司法判决要做到公平合理,当法律缺乏规定时,应根据公平原则作出合理的判决。

四、诚实信用原则

所谓诚实信用,其本意是要求按照市场制度的互惠性行事。在缔约时,诚实并不欺不诈;在缔约后,守信用并自觉履行。如果说任何自由都是受制约的自由,那么诚实信用应是题中之意。然而,市场经济的复杂性和多变性昭示:无论法律多么严谨,也无法限制复杂多变的市场制度中暴露出的种种弊端,总会表现出某种局限性。民法规定该原则,使法院在审理具体案件中,能主动干预民事活动,调整当事人利益摩擦,使民事法律关系符合正义的要求;另一方面,法院可根据该原则作出司法解释,填补法律的漏洞。但由于该原则位阶高、不确定性强,使用不当也可能会成为司法专横的工具,对该原则的运用,必须与其他原则结合起来统筹考虑。

五、禁止权利滥用原则

禁止权利滥用原则,是指民事主体在进行民事活动中必须正确行使民事权利,如果行使权利损害同样受到保护的他人利益和社会公共利益时,即构成权利滥用。对于如何判断权利滥用,《民法通则》及相关民事法律规定,民事活动首先必须遵守法律,法律没有规定的,应当遵守国家政策及习惯,行使权利应当尊重社会公德,不得损害社会公共利益,扰乱社会经济秩序。

六、公序良俗原则

公序良俗原则,是指民事主体的行为应当遵守公共秩序,符合善良风俗,不得违反国家的公共秩序和社会的一般道德。公序良俗是公共秩序与善良风俗的简称。《民法通则》第七条规定:"民事活动应当尊重社会公德。不得损害社会公共利益,破坏国家经济计划,扰乱社会经济秩序。"不少学者认为,本条规定应概括为公序良俗原则。公共秩序,是指国家社会的存在及其发展所必需的一般秩序。善良风俗,是指国家社会的存在及其发展所必需的一般道德。违反公序良俗的类型有:① 危害国家公序类型。② 危害家庭关系类型。③ 违反道德行为类型。④ 射幸行为类型。所谓"射幸",即"侥幸",它的本意是碰运气的意思。是指当事人一方是否履行义务有赖于偶然事件的出现的一种合同。这种合同的效果在于订约时带有不确定性。例如保险合同就是射幸合同的一种,在合同的有效期间,如发生保险标的的损失,则被保险人从保险人那里得到的赔偿金额可能远远超出其所支出的保险费,反之,如果无损失发生,则被保险人只能付出保费而无任何收入。射幸行为是指以他人的损失而受偶然利益之行为,因有害于一般秩序而应无效,如赌博、买空卖空、彩票、巨奖销售等;但经政府特许者除外。⑤ 违反人权和人格尊严的行为类型。⑥ 限制经济自由的行为类型。⑦ 违反公平竞争行为类型。⑧ 违反消费者保护的行为类型。⑨ 违反劳动者保护的行为类型。⑩ 暴力行为类型。

七、等价有偿原则

等价有偿原则,是公平原则在财产性质的民事活动中的体现,是指民事主体在实施转移财产等的民事活动中要实行等价交换,取得一项权利应当向对方履行相应的义务,不得无偿占有、剥夺他方的财产,不得非法侵害他方的利益;在造成他方损害的时候,应当等价有偿。现代民法对等价有偿提出挑战,认为很多民事活动,比如赠予和赡养、继承等并不是等价有偿进行的,因而等价有偿原则只是一个相对的原则,不能绝对化。

【案情】 原告:某县酒厂;被告:某市登喜酿酒厂。

原告某县酒厂于 2001 年 2 月 9 日在国家商标局核准注册了三角图形天河牌商标一枚,用于本厂生产的白酒。此酒的瓶贴装潢上,除印有三角形天河牌的注册商标外,还印有"天河酒"这一特定名称。被告登喜酿酒厂生产的白酒,注册商标为三角图形吉庆牌。被告为与原告争夺市场,拿着带有原告商标标识"天河酒"的瓶贴装潢到某市彩印厂,让其把天河牌注册商标更换为吉庆牌注册商标,除天河酒的"天"字更换为"大"字外,其余均仿照印制。被告将印制好的吉庆牌大河酒瓶贴装潢用于本厂生产的白酒,并大量对外销售。为此,某县酒厂以被告侵害其注册商标专用权为由向某市中级人民法院提起诉讼,请求法院判令被告停止侵害,赔偿损失。

【问题】 本案主要涉及的问题是:在法律对某一具体问题尚无具体规定时,法院可否引用民法的基本原则作为判决的法律依据。基本原则的约束力决定了法院可以依基本原则裁判案件。

【法律规定】 《商标法》第五十二条规定有下列行为之一的,均属侵犯注册商标专用权:(一)未经商标注册人的许可,在同一种商品或者类似商品上使用与其注册商标相同或者近似的商标的;(二)销售侵犯注册商标专用权的商品的;(三)伪造、擅自制造他人注册商标标识或者销售伪造、擅自制造的注册商标标识的;(四)未经商标注册人同意,更换其注册商标并将该更换商标的商品又投入市场的;(五)给他人的注册商标专用权造成其他损害的。

《民法通则》第四条规定:民事活动应当遵循自愿、公平、等价有偿、诚实信用的原则。第五条规定:公民、法人的合法的民事权益受法律保护,任何组织和个人不得侵犯。第七条规定:民事活动应当尊重社会公德,不得损害社会公共利益,破坏国家经济计划,扰乱社会经济秩序。

【法律运用及后果】 根据以上法律规定,本案中被告人仿照制作、使用与原告人相近似的瓶贴装潢的行为是不能被认定为侵害商标专用权的,如果认定就是适用法律不当。但是被告的行为却不仅违反了《民法通则》第四条规定的公民、法人在民事活动中,应当遵循诚实、信用的原则,而且违反了第五条的规定,侵害了原告合法的民事权益。依照《民法通则》第七条的规定,被告的这种行为,还损害了社会公共利益,扰乱了社会经济秩序,是不正当的竞争行为,必须予以制止。原告由此遭受的经济损失必须由被告赔偿。据此法院可以依基本原则裁判案件。

(案例改编自民法经典案例分析 wenku. baidu. com/view/7ce0c395dd88d0d233d4)

【案情】 现年60岁的蒋伦芳与四川省泸州市纳溪区某厂职工黄永彬于1963年5月经恋爱登记结婚。两人收养一子(黄勇,现年31岁,已成家另过)以养儿防老。1990年7月,蒋伦芳因继承父母遗产取得原泸州市市中区顺城街67号房屋所有权。1995年,因城市建设,该房屋被拆迁,由拆迁单位将位于泸州市江阳区新马路6-2-8-2号的77.2平方米的住房一套作还房安置给了蒋伦芳。1996年,黄永彬与比他小近30岁的张学英相识后,两人便一直在外同居。2000年9月,黄永彬与蒋伦芳将蒋伦芳继承所得的位于泸州市江阳区新马路6-2-8-2号的房产,以8万元的价格出售给陈蓉。

黄永彬、蒋伦芳夫妇将售房款中的3万元赠与其养子黄勇在外购买商品房。黄永彬因患肝癌病晚期住院治疗,并于2001年4月18日立下书面遗嘱,将其所得住房补贴金、公积金、抚恤金和卖泸州市江阳区新马路6-2-8-2号住房所获款的一半4万元及自己所用的手机一部,总额为6万元的财产赠与张学英所有。泸州市纳溪区公证处对该遗嘱出具了(2001)泸纳证字第148号公证书。黄永彬因病去世。黄永彬的遗体火化前,张公开当着原配蒋伦芳的面宣布了黄永彬留下的遗嘱。张学英以蒋伦芳侵害其财产权为由诉讼至泸州市纳溪区人民法院。

【问题】 本案的纠纷焦点在于黄永彬的遗赠是否有效。

【法律规定】《民法通则》第七条明确规定:民事活动应当尊重社会公德,不得损害社会公共利益。遗赠是公民以遗嘱的方式将个人合法财产的一部分或全部赠给国家、集体或法定继承人以外的其他人。遗赠行为成立的前提是遗嘱,而遗嘱是立遗嘱人生前在法律允许的范围内,按照法律的方式处分自己的财产及其他财物。《婚姻法》第三条规定:禁止有配偶者与他人同居。《婚姻法》第十七条规定:夫妻在婚姻关系存续期间所得的下列财产,归夫妻共同所有:(一)工资、奖金;(二)生产、经营的收益;(三)知识产权的收益;(四)继承或赠与所得的财产,但本法第十八条第三项规定的除外;(五)其他应当归共同所有的财产。夫妻对共同所有的财产,有平等的处理权。

《继承法》第十条规定:夫妻有互相继承遗产的权利。

《公证暂行条例》第二条规定:公证是国家公证机关根据当事人的申请依法证明法律行为、有法律意义的文书和事实的真实性、合法性。公证机关作为行使国家证明权的机关,应当按照法定程序对所要证明的法律行为、文书和事实的真实性、合法性进行认真审查。

《遗嘱公证细则》第十七条也规定:对不符合规定条件的,应当拒绝公证。

《四川省公证条例》第二十二条规定:公证机构对不真实、合法的行为、事实和文书,应作出拒绝公证的决定。

【法律运用及结果】 本案属遗赠纠纷。本案中遗赠人黄永彬立遗嘱时虽具完全行为能力,遗嘱也系其真实意思表示,但遗嘱的内容却违反法律和社会公共利益。

遗赠人黄永彬对售房款的处理违背客观事实。泸州市江阳区新马路6-2-8-2号的住房为夫妻共同财产。但该房以8万元的价格出售,黄永彬生前是明知的,且该8万元售房款还缴纳了有关税费,黄永彬与蒋伦芳共同将该售房款中的3万元赠与其子黄勇,实际上已经没有8万元。

遗赠人黄永彬在立遗嘱时,仍以不存在的8万元的一半进行遗赠,显然违背了客观事实。其次,遗赠人黄永彬的遗赠行为,剥夺了蒋伦芳一方享有的合法财产继承权。他们的婚姻关系受法律的保护。"夫妻有互相继承遗产的权利。"夫妻间的继承权,是婚姻效力的一种具体表现,但黄永彬将财产赠与其非法同居的上诉人张学英,实质上剥夺了其妻蒋伦芳的合法财产继承权。因此遗赠人黄永彬所立书面遗嘱,因其内容和目的违反法律和社会公共利益,应属无效遗嘱。其遗赠行为自然无效。另外,抚恤金不是个人财产,它是按照国家有关规定,死者单位对死者直系亲戚的抚恤金,不属遗赠财产的范围;遗赠人黄永彬的住房补助金、公积金是黄永彬与蒋伦芳夫妻关系存续期间所得,应为夫妻共同财产,遗嘱人生前在法律的允许范围内,只能按照法律规定的方式处分其个人财产。遗嘱人黄永彬在立遗嘱时未经共有人蒋伦芳同意,单独对夫妻共同财产进行处理,其无权处分部分应属无效。

根据我国《公证暂行条例》第二条规定,公证机关作为行使国家证明权的机关,应当按照法定程序对所要证明的法律行为、文书和事实的真实性、合法性进行认真审查。遗嘱行为属民事法律行为,因此法律行为公证的条件就必须与《民法》上规定的民事法律行为成立的要件相符合。《遗嘱公证细则》第十七条也规定：对不符合规定条件的，应当拒绝公证。因此，遗赠人黄永彬所立的将其死后遗产赠与上诉人张学英的遗嘱虽然经过公证机关办理了公证手续，但因该遗赠行为本身违反了法律，损害了社会公共利益，属无效民事行为。泸州市纳溪区公证处所作出的（2001）泸纳证字第148号公证书依法不能产生法律效力，法院不予采信。

本案涉及的法律、法规中，《继承法》、《婚姻法》为一般法律；《公证暂行条例》系国务院制定，为行政法规；《四川省公证条例》系四川省人大常委会制定，为地方性法规；《公证程序规则》、《遗嘱公证细则》为部门规章。《民法通则》是民事基本法律，依《立法法》规定，上位法效力高于下位法效力，因此《民法通则》的效力等级在法律体系中仅次于《宪法》，故在审理民事案件中使用各法律、法规和规章时，应结合适用《民法通则》相关规定。遗赠行为作为民事法律行为的一种，还必须符合《民法通则》对民事法律行为的一般规定。

《民法通则》第七条明确规定："民事活动应当尊重社会公德，不得损害社会公共利益。"

作为现代民法的一项基本原则，"公序良俗"原则充分体现了国家、民族、社会的基本利益要求，反映了当代社会中居于统治地位的一般道德标准，是社会道德规范的法律化。"公序良俗"原则所包括的"社会公德"或"社会公共利益"，又可称作"公共秩序"和"善良风俗"，两者的概念基本一致。并非一切违反伦理道德的行为都是违反社会公德或社会公共利益的行为，但违反已从道德要求上升为具体法律禁止性规定所体现的，维持现行社会秩序所必需的社会基本道德观念的行为，则属于违反社会公德或社会公共利益的行为，应属无效民事行为。

本案中，黄永彬无视夫妻感情和道德规范，与上诉人张学英长期违法同居，其行为既违背了我国现行社会道德标准，又违反了《婚姻法》第三条"禁止有配偶者与他人同居"的法律规定。黄永彬基于其与张学英的非法同居关系而订立遗嘱以合法形式变相剥夺了被上诉人蒋伦芳的合法财产继承权。因此，遗赠人黄永彬的遗赠行为，应属无效民事行为，从行为开始就没有法律约束力。

（案例改编自中顾法律网黄永彬的行为是否有效？www.9ask.cn/souask/q/q3183308.htm 2011-9-25）

第三节 民事法律关系

一、民事法律关系的概念和特征

（一）概念

民事法律关系是平等主体之间发生的、符合民事法律规范的、以民事权利和民事义务为内容的社会关系。民事法律关系是民法调整平等主体间的财产关系和人身关系的结果，是平等主体间的财产关系和人身关系与民事法律形式相结合的产物，本质上是受民法强制保护的社会关系。

民法对民事关系的调整：

民法调整的第一步是在对各种各样的民事关系加以评价的基础上，用法律的语言对那些民法认为值得强制保护的民事关系加以表述的过程。其结果就是在民法上形成了一系列由民法规范构成的民事权利义务模型，即民事法权模型。此乃规范意义上的民事法律关系，具有抽象性和规范性，作为法权模型，只是观念上的民事法律关系。

民法调整的第二步是由精神到物质的过程。当具体民事主体间的某一民事关系符合某类民事法权模型，能够得到民法的保护时，民事法权模型中规定的客观意义上的权利义务即转化为具体民事主体依法享有或承担的主观实体意义上的权利义务，其相互间的民事关系就具有了民事权利义务的内容，成为一个民事法律关系，此即事实意义上的民事法律关系。

（二）特征

民事法律关系是法律关系之一种，它既具有法律关系的共性，也具有区别于其他法律关系的特殊性。

共性：是人与人之间的关系；体现国家的意志，是属于社会上层建筑范畴的思想社会关系；不是依靠社会舆论和人的道德观念来实现的道德关系，而是由国家强制力保证实现的具有权利义务内容的法权关系。

民事法律关系不同于其他法律关系的特征：

（1）民事法律关系是平等主体间的法律关系。由于民法调整的社会关系是平等主体之间的财产关系和人身关系，按民法规范确立的法律关系也就只能是平等主体之间的关系。同时，民事法律关系不仅符合国家的意志，更体现着当事人的意志，一般是由当事人依自己的意思自愿设立的。只要当事人依其意思实施的行为不违反法律规定,所设立的法律关系就受法律保护,是由国家强制力保障实现的社会关系。

(2) 民事法律关系是民法确认的法律关系,具有特定的范围。它是以民事权利和义务为内容的法律关系。民法调整社会关系是赋予民事主体权利和义务,因此,民事法律关系也就是民事权利义务关系。民事法律关系一经确立,当事人一方即享有民事权利,而另一方便负有相应的民事义务。

(3) 保障措施具有补偿性和财产性。民法调整对象的平等性和财产性也表现在民事法律关系的保障手段上,即民事责任以财产补偿为主要内容,惩罚性和非财产性责任不是主要的民事责任形式。

(4) 民事法律关系所体现的利益是民事主体的私益,包括他们的物质利益和人身利益。

【案情】 王某已年近70岁,经诊断发现患有胃癌。为治癌症,四处求医,几乎耗尽全部家产。后被确诊还患有骨癌,虽经多方面治疗,仍不见好转,每日疼痛难忍,只能靠药物维持生命。为摆脱痛苦,他自己数次自杀,都因被及时发现经抢救生还。最终因实在无法忍受病痛,便请求医生给他施行"安乐死"。王某的妻子与其子女也都觉得王某与其活着受病痛的折磨倒不如早日摆脱,所以都表示可以接受,并均在王某亲笔书写的请求安乐死的申请书上签字捺印;王某的工作单位也难以承担如此巨大的医疗费用,对此要求并未表示任何异议。

医院经研究后认为:病人确实患了不治之症,目前人为地维持生命,只能增加病人和家属的痛苦,对其施行"安乐死"是解除病人痛苦的唯一办法。但为免于日后惹出不必要的麻烦,最好能由公证机关对此事进行法律公证。于是,王某的子女便去公证机关要求对王亲笔书写的安乐死申请书进行公证。

【问题】 实施"安乐死"会产生怎样的法律后果?

【法律规定】

(1) 民事法律关系是经过民事法律规范调整的、具有民事权利义务内容的社会关系,是为民法所调整的财产关系和人身关系在法律上的表现。

(2) 民事法律关系的特征:见上述特征。

(3) 公证是国家公证组织根据公民和法人的申请,对法律行为和具有法律意义的事实及文书,依照法定程序,证明其真实性与合法性的特殊证明活动。

(4) 由于法律没有有关安乐死的规定,安乐死这种社会关系也就得不到法律调整,形不成法律关系。安乐死这种社会关系目前不符合法律关系的特征,不是民事法律关系,也不是其他法律关系。

【法律的运用及结果】 公证机关经研究后答复,由于我国目前对"安乐死"尚无任何法律规定,因此公证机关不宜办理无法律依据的"安乐死"方面的公证事项。

(案例改编自民法案例 1 - 百度文库 wenku. baidu. com/view/e63389791711cc7931b7)

二、民事法律关系的意义

民事法律关系是整个民法逻辑体系展开与构建的基础。

民事法律关系理论对整个民法学的建立和发展具有重要意义。

从方法论上看,民事法律关系是指导理论研究人员与司法实务工作者解决实践问题的基本思维模式与思考方法。

三、民事法律关系的分类

(一) 财产法律关系与人身法律关系

标准:是否直接具有财产内容。财产法律关系是指直接与财产有关的具有财产内容的民事法律关系。人身关系是指与主体不可分离的、不直接具有财产内容的民事法律关系。

意义:① 有利于正确认识法律关系内容的性质即权利能否转让或继承;② 有利于根据不同性质的法律关系采取相应的保护方法:财产补救的方式或非财产补救的方式。

(二) 绝对法律关系与相对法律关系

标准:义务主体是否特定。绝对法律关系是指义务主体不特定、权利人以外的一切人均为义务人的民事法律关系。相对法律关系是指义务主体为特定人的民事法律关系。

意义:① 有利于确定法律关系的义务主体及其所承担的义务;② 有利于确定权利主体所享有的权利及其行使和实现的方式,从而准确适用民事法律规范。

(三) 调整性法律关系与保护性法律关系

标准:法律关系形成与实现的不同特点。调整性法律关系是指因主体的合法行为而形成的、主体的权利能够正常实现的民事法律关系;保护性法律关系是指因不合法的行为而产生的民事法律关系。

意义:有利于认清这两种法律关系产生的原因,从而通过各种途径增加调整性法律关系,减少保护性法律关系。

(四)单一法律关系与复合法律关系

标准:复杂程度不同。单一法律关系是指只有一组对应的权利义务的民事法律关系;复合法律关系是指由两组以上的权利义务构成的民事法律关系。

意义:有利于正确适用民事法律规范,确定当事人的权利义务。

(五)主民事法律关系与从民事法律关系

标准:能否独立存在不同。主民事法律关系是指无需依赖其他法律关系而能独立存在的民事法律关系;从民事法律关系是指必须依赖或附属于其他法律关系而存在的民事法律关系。

意义:原则上,从以主的存在为前提,是对主法律关系的加强或补充,从随主的变更或消灭而变更或消灭。

四、民事法律关系的产生、变更与消灭

(一)民事法律关系的产生、变更与消灭的含义

民事法律关系的产生,是指因一定的民事法律事实出现,民事主体之间形成民事权利义务关系。

民事法律关系的变更,是指因一定的民事法律事实出现,原有的民事法律关系发生了变化。包括主体变更、客体变更和内容变更。

民事法律关系的消灭,是指因一定的民事法律事实出现,原有的民事法律关系的终结。

(二)民事法律关系变动的法律原因:民法规范

民法规范为一般人的行为提供模式、标准或者方向,并赋予一种确定的法律后果,其逻辑结构分为行为模式和保证手段两部分。

民法规范是引起民事法律关系变动的规范原因和法律依据。任何民事法律关系的发生、变更、消灭都必须依法进行,也就是依据民法规范所确认的法权模型进行。

(三)民事法律关系变动的事实原因:民事法律事实

民事法律事实简称法律事实,是符合民事规范,能够引起民事法律关系发生、变更、消灭的客观现象。民事法律关系是法律规范对社会关系调整的结果,而一项

法律规范在逻辑上是由一个主项和一个谓项结合构成的。其中主项表述了某种法律上必须具备的事实,即法律要件,而谓项则表述了法律上将要产生的后果,即法律效果。因此,法律事实是构成法律要件的内容,一旦某项法律要件要求的法律事实具备,相应变动民事法律关系的法律效果便发生。例如,一个房屋所有权移转法律关系中,其构成的法律事实包含须有房屋存在、缔结房屋买卖合同、办理登记手续。以上法律要件中的法律事实若被当事人充分运用,那么房屋所有权移转的法律效果便发生。

法律事实的种类繁多,民法上根据事实是否与人的意志有关,将其分为事件和行为两大类:

1. 事件

事件是与人的意志无关的法律事实。事件本是自然现象,只是能引起民事法律关系的变动,才被列为法律事实,如人的死亡、自然灾害等。前者可能导致继承关系的发生;而后者若将房屋震塌导致所有权的消灭,事前若投保时,又会使保险赔偿关系发生。

2. 行为

行为是与人的意志有关的法律事实。行为是法律要件中最常使用的法律事实。行为虽与人的意志有关,但根据意志是否需明确对外作意思表示,行为又被划分为表意行为和非表意行为。

(1) 表意行为。表意行为是行为人通过意思表示,旨在设立、变更或消灭民事法律关系的行为。民事法律行为是合法的表意行为,因行为人有预期的效果意思,所以该行为能产生当事人意欲达到的民事法律关系产生、变更和消灭的效果。

(2) 非表意行为。非表意行为是行为人主观上没有产生民事法律关系效果的意思表示,客观上引起法律效果发生的行为。如侵权行为,行为人主观上并没有效果意思,但客观上却导致赔偿的发生。

因此,在大多数情况下,民事法律关系是由当事人根据其意思自主设定的,法律只对意思表示规定严格的条件。但是这并不是说,民事法律关系只能由当事人自主设立,在事件作为法律是事实作为法律事实时,就不以当事人的一致为转移。

五、民事法律关系的要素

民事法律关系的要素是指构成民事法律关系的必要因素。任何民事法律关系都由几项要素构成。要素发生变化,具体的民事法律关系就随之而变化。民事法律关系包括主体、客体和内容三个要素。

（一）民事法律关系的主体

1. 民事法律关系的主体的概念和特征

民事法律关系的主体简称民事主体，是指参加民事法律关系，享受民事权利并承担民事义务的人，包括自然人、法人、其他组织等。其特征如下：

（1）法律地位的平等性。即任何自然人从其出生起至死亡止，都有资格成为民事法律关系的主体，任何法人在其权利能力范围内都有资格成为民事法律关系的主体。在民事法律关系中，双方当事人地位完全平等，一方不得把自己的意志强加给另一方。主体资格平等和适用法律平等。

（2）主体范围的广泛性。即作为民事法律关系主体的人，既包括具有自然生命的公民（自然人），也包括不具自然生命的组织体——法人。在某些特殊的情况下，国家也可以成为民事法律关系的主体。如国家向单位或公民发行国库券，就是以民事法律关系主体的资格进行的。

（3）权利主体和义务主体的人数既可以是单一的，也可以是多数的，既可以是特定的，也可以是不特定的。如债权关系中，债权人和债务人每一方既可以是一人，也可以是几个人；在所有权关系中，权利主体是特定的，义务主体是不特定的。

（4）权利义务的一致性。根据权利义务的承受情况，民事法律关系主体可分为权利主体和义务主体。享受权利的一方称为权利主体，承担义务的一方称为义务主体。在大多数情况下，当事人双方既享受权利又承担义务，因而既是权利主体又是义务主体。但在某些场合下，一方只享受权利，另一方只承担义务。如在赠与关系中，赠与人只负担将赠与财产交归受赠人所有的义务，受赠人只享受接受赠与的权利。

2. 民事主体的种类

从民事主体的概念我们知道自然人、法人、其他组织等能成为民事主体。他们必须具有民事权利能力和民事行为能力。民事权利能力是依法享有民事权利和承担民事义务的资格。民事行为能力是民事主体能够以自己的独立行为依法享有民事权利和承担民事义务，从而使民事法律关系发生、变更和消灭的能力。

（1）自然人。自然人是基于自然规律而出生的人。在我国出生的自然人即为我国公民。公民的民事权利能力从出生时起到死亡时止，依法享有民事权利，承担民事义务。公民的民事权利能力一律平等。18周岁以上的公民是成年人，具有完全民事行为能力，可以独立进行民事活动，是完全民事行为能力人。16周岁以上不满18周岁的公民，以自己的劳动收入为主要生活来源的，视为完全民事行为能力人。10周岁以上的未成年人是限制民事行为能力人,可以进行与他的年龄、智力相适应的民事活动;其他民事活动由他的法定代理人代理,或者征得他的法定代理人的同意。不满10周岁的未成年人是无民事行为能力人,由他的法定代理人代理民事活动。不能辨认自己行为的精神病人是无民事行为能力人,由他的法定代理人代理民事活动。不能完全辨认自己行为的精神病人是限制民事行为能力人,可以进行与他的精神健康状况相适应的民事活动;其他民事活动由他的法定代理人代理,或者征得他的法定代理人的同意。无民事行为能力人、限制民事行为能力人的监护人是他的法定代理人。

未成年人的父母是未成年人的监护人。如果未成年人的父母已经死亡或者没有监护能力的,由下列人员中有监护能力的人担任监护人:① 祖父母、外祖父母;② 兄、姐;③ 关系密切的其他亲属、朋友愿意承担监护责任,经未成年人的父、母的所在单位或者未成年人住所地的居民委员会、村民委员会同意的。对担任监护人有争议的,由未成年人的父、母的所在单位或者未成年人住所地的居民委员会、村民委员会在近亲属中指定。对指定不服提起诉讼的,由人民法院裁决。无民事行为能力或者限制民事行为能力的精神病人,由下列人员担任监护人:① 配偶;② 父母;③ 成年子女;④ 其他近亲属;⑤ 关系密切的其他亲属、朋友愿意承担监护责任,经精神病人的所在单位或者住所地的居民委员会、村民委员会同意的。对担任监护人有争议的,由精神病人的所在单位或者住所地的居民委员会、村民委员会在近亲属中指定。对指定不服提起诉讼的,由人民法院裁决。《民法通则》第十八条规定:监护人应当履行监护职责,保护被监护人的人身、财产及其他合法权益,除为被监护人的利益外,不得处理被监护人的财产。

(2) 法人。法人是指具有民事权利能力和民事行为能力,依法独立享有民事权利和承担民事义务的组织。法人的民事权利能力受法律、法规的限制,且某些自然人专属的权利不能享有。法人的民事行为能力与权利能力同时产生、终止。

法人应具备的条件:① 依法成立社会组织的合法性,是其取得法人资格的必要条件。在我国,法人的设立程序主要有两种:一是根据法律规定或行政命令设立;二是经过核准登记设立。② 有必要的独立财产。法人的独立财产是指法人能够根据自己的意志在法定范围内独立进行占有、使用、收益和处分的财产。法人的独立财产具有两层含义:一是法人的财产与法人成员的个人财产是相分离的。二是法人的财产与法人投资者的其他财产是相分离的。三是不同法人组织相互之间,其在各自的财产上是相分离的,即法人组织之间的行政隶属关系,不影响法人财产的独立性。③ 有自己的名称、组织机构和场所。法人组织的名称是一个法人组织区别于其他社会组织的标志。法人的组织机构称为法人的机关,其通常包括三部分:一是意思机关,即法人的权力机关与决策机关(如公司企业法人的股东大会);二是执行机关,即执行法人意志,代表法人对外参加民事活动的机关(如公司的董事或董事会);三是监督机关,即监督法人依章程及法律规定进行活动的机关(如公司的监事或监事会)。法人组织的场所是其从事生产经营活动或其他活动的固定地点。法人的主要办事机构所在地为法人的住所。④ 能够独立承担民事责任。法人的独立责任区别于法人投资者的有限责任。有限责任是指法人的投资者对于法人的债务,仅以其投资额为限承担清偿责任,亦即法人的投资者仅以其投资部分的财产,对法人的经营活动承担风险。当法人因其全部财产不足以清偿到期债务而破产时,法人的投资者对法人不能清偿的债务不承担清偿责任。

企业法人对它的法定代表人和其他工作人员的经营活动,承担民事责任。企业法人分立、合并或者有其他重要事项变更,应当向登记机关办理登记并公告。企业法人分立、合并,它的权利和义务由变更后的法人享有和承担。企业法人由于下列原因之一终止:① 依法被撤销;② 解散;③ 依法宣告破产;④ 其他原因。企业法人终止,应当向登记机关办理注销登记并公告。企业法人解散,应当成立清算组织,进行清算。

我国《民法通则》将法人分类两类:一是企业法人;二是机关事业单位和社会团体法人,后者又称为非企业法人。这是根据法人设立的宗旨和所从事的活动的性质所进行的分类。

企业法人是以营利为目的、独立从事商品生产和经营活动的经济组织,因此,企业法人相当于传统类型中的营利法人。依照《民法通则》第四十一条和其他法律的规定,我国的企业法人分为全民所有制企业法人、集体所有制企业法人、私营企业法人以及中外合资经营企业法人、中外合作经营企业法人和外资企业法人等。这主要是按照所有制和出资者的国籍的不同所进行的分类。随着现代企业制度的逐步建立,企业法人又主要被分为公司法人和非公司法人。

机关、事业单位和社会团体法人包括:① 机关法人。机关法人是指依法享有国家赋予的行政权力,以国家预算作为独立的活动经费,具有法人地位的中央和地方各级国家机关。机关法人相当于西方国家所谓的公法人,它们因行使职权的需要而享有相应的民事权利能力和民事行为能力,因而也是一种民事主体。机关法人的基本特征是:一是主要从事国家行政管理活动;二是具有相应的民事权利能力和民事行为能力;三是有独立的经费;四是依照法律或行政命令成立,不需要进行核准登记程序,即可取得机关法人资格。② 事业单位法人。事业单位法人是指从事非营利性的、社会公益事业的各类法人,如从事文化、教育、卫生、体育、新闻、出版等公益事业的单位。③ 社会团体法人。社会团体法人是指由自然人或法人自愿组成,从事社会公益、文学艺术、学术研究、宗教等活动的各类法人。社会团体包括的范围十分广泛。如人民群众团体、社会公益团体、学术研究团体、文学艺术团体、宗教团体等。

(3) 其他组织。民事法律关系的主体主要是自然人和法人,国家有的时候也直接参与民事活动,但是基于民事主体的平等性,国家出现在民事活动中时,其身份只是公法人。另外,在一些特定的民事法律关系中,其主体可以是不具有法人资格的其他社会组织。

【案情】 高中生钱某于1980年9月2日出生。1998年6月1日在校将同学李某打伤,致其花去医药费2 000元。钱某毕业后进入一家炼钢厂工作。1999年2月,李某起诉要求钱某赔偿医药费。该民事责任应由谁承担?

【问题】 限制行为能力人致损的责任由谁承担?

【法律规定】 《民通意见》第一百六十一条第一款规定:"侵权行为发生时行为人不满18周岁,在诉讼时已满18周岁,并有经济能力的,应当承担民事责任;行为人没有经济能力的,应当由原监护人承担民事责任。"

【法律运用及结果】 本题中,钱某虽然是在1998年6月1日在校将同学李某打伤,但到李某起诉要求钱某赔偿医药费时已是1999年2月,此时钱某已经是完全民事行为能力人,且有劳动收入。因此,依法该民事责任应由钱某自己承担。

(案例改编自三人行司法考试题库 www.sikaoketang.com/tiku/show-15646-1.html 2012-6-20)

【案情】 德胜公司注册地在萨摩国并在该国设有总部和分支机构,但主要营业机构位于中国深圳,是一家由我国台湾地区凯旋集团公司全资设立的法人企业。由于决策失误,德胜公司在中国欠下700万元债务。

【问题】 对此欠下的债务应当由谁承担?分支机构在中国欠下的债务,是否可以向其母公司追讨?

【法律规定】 法人作为民事主体,不仅享有权利,而且还要负担义务。所谓的法人独立承担民事责任,就是法人要以自己的全部财产对外清偿债务,而不是以设立人或其成员的财产去承担这份责任。

【法律运用及结果】 本案中,德胜公司是一家法人企业,虽然其总部、分支机构以及主营业机构所在的地方不同,但是这不影响德胜公司以其全部资产清偿债务。因此,只要是德胜公司的财产,都要用来清偿公司债务,而德胜公司的财产包括深圳主营机构和萨摩国总部及分支机构的全部财产。该债务应以深圳主营机构和萨摩国总部及分支机构的全部财产清偿。

(案例改编自2008年司法考试真题卷三第2题)

(二)民事法律关系的内容

1. 概念

民事法律关系的内容是指民事法律关系的主体所享有的民事权利和承担的民事义务。民事法律关系的内容是民事主体之间基于客体所形成的具体联系,即民事权利和民事义务,其权利义务可以是当事人的自主设定,也可以是法律直接规定的。

(1)民事权利。民事权利是指民事主体为实现某种利益而依法为一定行为或者不为一定行为的自由。

民事权利的概念有如下三层含义:① 权利人依法直接享有某种利益或者为一定行为的自由;② 权利人为实现某种利益有请求义务人为一定行为或不为一定行为的自由;③ 权利受到侵犯时,权利人有权请求国家机关予以保护。

(2)民事义务。民事义务是指义务人为满足权利人的利益要求而应当为一定行为或者不为一定行为的拘束。包括:① 义务人应当依法律的规定或者合同的约定,为一定行为或不为一定行为,从而满足权利人的利益要求;② 义务人必须履行其义务,否则应当依法承担民事责任。

(3)民事责任。民事责任是指民事主体因违反民事义务而应当承担的不利法律后果。

2. 民事权利与民事义务的分类

(1)民事权利的分类:

① 财产权、人身权。这是依民事权利的客体所体现的利益为标准而作的划分。人身权是以人身之要素为客体的权利。人身权所体现的利益与人的尊严和人际的血缘联系有关,故人身权与其主体不可分离。人身权可以进一步划分为人格权和身份权。

财产权是以具有经济价值的利益为客体的权利。财产权与人身权不同,财产权可以予以经济评价,并可转让。以权利的效力和内容为标准,财产权还可以进一步划分为物权、债权和继承权。物权是支配物并具有排他性效力的财产权;债权是得请求债务人为特定行为的财产权。知识产权是以受保护的智慧成果为客体的权利;继承权是按遗嘱或法律的直接规定承受被继承人遗产的权利。

② 支配权、请求权、形成权、抗辩权。这是依民事权利的效力特点为标准而作的划分。

支配权是对权利客体进行直接的排他性支配并享受其利益的权利。支配权的行使无需其他人积极义务的配合,只要容忍、不行使同样的支配行为即可。人身权、物权、知识产权中财产权等属于支配权。

请求权是特定人得请求特定他人为一定行为或不为一定行为的权利。请求权人对权利客体不能直接支配,其权利的实现有赖于义务人的协助,没有排他效力。债权是典型的请求权,物权、人身权、知识产权虽为支配权,但在受侵害时,需以请求权作为救济,故请求权在民事权利中的地位殊为重要。

形成权是依权利人单方意思表示就能使权利发生、变更或者消灭的权利。形成权的独特性在于只要有权利人一方的意思表示就足以使权利发生法律效力。撤销权、解除权、追认权、抵消权等都属形成权。

抗辩权是能够阻止请求权效力的权利。抗辩权主要是针对请求权的,通过行使抗辩权,一方面可以阻止请求权效力,另一方面可以使权利人能够拒绝向相对人履行义务。合同中的同时履行抗辩权、不安抗辩权、先诉抗辩权等皆属于抗辩权。

③ 绝对权与相对权。这是依民事权利的效力所及相对人的范围为标准而作的划分。

绝对权是权利效力所及相对人为不特定人的权利。绝对权的义务人是权利人之外的一切人,故又称"对世权"。物权、人身权等均属绝对权。

相对权是权利效力所及相对人仅为特定人的权利。相对权的效力仅仅及于特定的义务人,故又称"对人权"。债权就是典型的相对权。

④ 主权利与从权利,原权利与救济权。这是在相互关联的民事权利中,依各权利的地位而作的划分。

主权利是不依赖其他权利为条件而能够独立存在的权利,从权利则是以主权利的存在为前提而存在的权利。在担保中,被担保的债权为主权利,而担保权则是从权利。

在基础权利受到侵害时,援助基础权利的权利为救济权,而基础权利则为原权。民法上有所谓"无救济则无权利"之说,救济权是原权的保障,否则权利就难以实现。

⑤ 专属权与非专属权。这是按民事权利与权利人的联系而作的划分。

专属权是指专属于特定的民事主体的权利,人格权、身份权等均属于专属权,该权利与主体不能分离,不得转让、继承。非专属权指可以转让、继承的权利,物权、债权等财产权均属于非专属权。

⑥ 既得权与期待权。这是按权利是否现实取得而作的划分。

既得权是指已经取得并能享受其利益的权利,期待权是指因法律要件未充分具备而尚未取得的权利。如被继承人没有死亡,继承人的继承权就属于期待权。

(2) 民事义务的分类:

① 法定义务与约定义务。以义务产生的原因分,义务可分为法定义务和约定义务。法定义务是直接由民法规范规定的义务,如对物权的不作为义务、对父母的赡养义务,等等。约定义务是按当事人意思确定的义务,如合同义务等,约定义务以不违反法律的强制性规定为界限,否则法律不予承认。

② 积极义务与消极义务。以行为方式为标准,义务可分为积极义务与消极义务。以作为的方式履行的义务为积极义务,以不作为方式实施的义务为消极义务。

③ 基本义务与附随义务。这是对合同义务的分类,前者是指合同本身约定的义务,主要指给付义务;后者是指在当事人约定之外,基于诚信原则,为辅助债权人实现其利益,随合同关系的发生而发生的义务,如注意、告知、照顾、保密等义务。

3. 民事权利的行使和保护

(1) 民事权利行使的原则和方式。民事权利的行使是指权利人通过实施一定的行为以满足自身利益的需要。

① 权利行使的原则:禁止权利滥用的原则,即民事权利的行使应遵循合法、诚实信用、公序良俗的精神,尊重他人的合法权益。

构成权利滥用的条件:权利人有该项权利;权利人实施了行使该项权利的行为;权利人行使该项权利的行为有悖于设立该项权利的宗旨;权利人行使该项权利的行为有损他人的合法权益。

滥用权利的主要民事法律后果:滥用权利的行为无效;受害者可以请求行为人排除妨碍、消除危险、赔偿损失;限制或剥夺滥用者的权利;权利失效。

权利失效是指权利人在相当期间内不行使权利,依特别情事足以使义务人、正当信任权利人不欲其履行义务时,则基于诚信原则权利人不得再主张权利。如除斥期间已过,则权利消失。但诉讼时效已过,债权并不消灭,变成自然债权。

② 权利行使的方式：依据行使权利行为的性质可分为事实方式与法律方式：前者为事实行为(对物的事实上的支配)，后者则是通过法律行为(权利放弃，内容的变更，权利的转让等)。

依据行使权利行为的实际执行情况可分为：自己行使、代理行使和转移他人享有并行使。

(2) 民事权利的保护。民事权利的保护是指为确保民事权利不受侵犯或恢复被损害的民事权利而采取的各种合法措施。无救济则无权利，民法对民事权利的保护，主要体现在救济制度上，即赋予当事人救济权，许可当事人在某些场合依靠自身力量实施自力救济，更着重于为权利人提供公力救济。

① 民事权利的公力救济。公力救济是权利人通过行使诉权，诉请法院依民事诉讼和强制执行程序保护自己权利的措施。在现代文明社会中，公力救济是保护民事权利的主要手段，在能够援用公力救济保护民事权利的场合，则排除适用自力救济。可以提起诉讼的类型有：确认之诉、给付之诉或变更、形成之诉。

② 民事权利的自力救济。自力救济是权利人依靠自己的力量强制他人捍卫自己权利的行为，包括自卫行为和自助行为。自卫行为指民事主体为使自己或他人的权利免受不法侵害而采取的自卫或躲避措施，包括正当防卫和紧急避险。自助行为指权利为保护自己的民事权利，在情况紧迫又来不及请求国家机关救助的情况下，对加害人的财产或人身施加扣押、拘束等措施，而为法律和社会公德认可的行为。如公共汽车售票员扣留逃票的乘客等。由于自力救济易演变为侵权行为，故只有在来不及援用公力救济而权利正有被侵犯的现实危险时，才允许被例外使用，以弥补公力救济的不足。当民事权利受到侵害时，权利人有权请求行为人停止侵害、排除妨碍、返还财产、赔偿损失等，以恢复被损害的权利。请求适用于各种民事权利的保护。

(三) 民事法律关系的客体

1. 概念和特征

(1) 概念：民事法律关系的客体是指民事主体享有的民事权利和承担的民事义务所共同指向的对象。包括物、行为、智力成果和人身利益。其中行为包括作为与不作为。

(2) 特征：① 客观性：指独立于人的意识之外并能为人的意识所感知和人的行为所支配的客观世界中的各种现象；② 效益性：指能够满足主体的物质利益需要或精神利益需要；③ 法定性：指客体须是得到国家法律规范确认和保护的客观现象。

2. 民事法律关系客体的范围

关于民事法律关系的客体,应当区分不同的民事法律关系而确定,具体来讲,可以作为民事法律关系客体的事物有:物、行为、智慧财产和人身利益。

(1) 物。物是存在于人身之外,能满足人们的社会需要而又能为人所控制和支配的物质资料。其特征如下:① 存在于人身之外;② 有用性,它能满足人们的社会需要;③ 可控性,它能为人力所实际控制和支配;④ 原则上为有体物。

物可以分为以下几类:

第一,动产和不动产。它们的分类标准是以能否移动或移动会损害其价值或用途来判断的。因此,不动产就是土地及其地上定着物。土地是指一定范围的地球表面并及于土地的上下。地上定着物是指非为土地构成部分,而有独立使用价值的物,包括房屋及其他建筑物。区别动产与不动产的法律意义在于:① 物权变动的法定要件不同。不动产的让与必须以书面的形式,依登记而生效;动产的让与不要求必须以书面的形式,依交付而生效。② 物权类型不同。用益物权只能设立于不动产,质押权、留置权只能设立于动产。③ 诉讼管辖不同。不动产涉诉实行由不动产所在地的法院专属管辖。

第二,流通物、限制流通物和禁止流通物。它们的分类标准是以是否具有流通性及是否受限来判断的。区分它们的意义在于认定交易的效力。

第三,特定物和种类物。它们的分类标准是以是否具有独立特征或被权利人指定来判断的。特定物是指不可替代物,包括独一无二的物或被当事人指定的特定化的物。种类物是指可替代物。区分它们的意义在于:① 种类债的债务人只须于全体种类物中,任取某个或某些别物体给付即可,而特定之债的债务人必须给付业已指定的特定物体。② 物灭失的后果两者不同。在种类物之债,原则上不会发生事实上或法律上的客观履行不能。而特定物之债,一旦因事实上或法律上的原因导致不能履行,债权人的实际履行请求权即告消灭。

第四,可分物与不可分物。它们的分类标准在于能否分割,或分割后是否损害其价值或用途来判断的。它们的意义在于:① 便于共有物的分割。对于可分物,分割时就用实物分割。对于不可分物,分割时变价分割或作价补偿。② 便于明确多数人之债的债权债务。可分物一般都是按份之债或按份债务;不可分物一般都承担连带之债或连带债务。

第五,消耗物与非消耗物。它们的分类标准是以使用后形态是否变化来判断的。如果一次使用就消灭或改变形态的就是消耗物;反之即是非消耗物。区分它们的意义在于:消耗物不能作为转移使用权的债的标的物,只能作为消费借贷或转移所有权的债的标的物。

第六,有主物和无主物。它们的分类标准是以是否有所有人来判断的。区分它们的意义在于:对于无主物,在没有法律特别规定时,依照先占原则取得所有权;有特别规定的,依照特别规定。

第七,单一物、合成物和集合物。它们的分类标准是以由一个物组成还是由多个物组成来判断的。单一物是独立成一体的物。合成物是由数个单一物构成的物。集合物是由多个单一物或合成物聚合而成的,在法律或交易上视为一体的物的总体。区分它们的意义在于:① 作为客体,法律上和观念上都是一个完整的物,只能设定一个所有权或相容的数个他物权,或另行设定他物权。② 作为交易客体时,不得随意变更物的组合状况,否则构成债的不履行。

第八,主物与从物。它们的分类标准是以两个关系是否相互独立且经济用途相联系的物的关系来判断的。区分它们的意义在于:① 主物所有权转移时,效力及于从物;② 因主物不合约定解除合同时,效力及于从物;③ 对主物所有权的限制,效力及于从物。

第九,原物和孳息。它们的分类标准是以一物是否是由另一物所生的关系来判断的。原物是指依照法律规定或依其自然性质产生新物的物。孳息是指因物或权益而生的收益。孳息分天然孳息和法定孳息两种:天然孳息是依照物的自然性质而产生的收益物,法定孳息是依照法律规定而产生的收益物。区分它们的意义在于:① 确定孳息收取权:天然孳息,由所有权人取得;既有所有权人又有用益物权人的,由用益物权人取得;当事人另有约定的,按照约定取得。② 孳息收取权:法定孳息,当事人有约定的,按照约定取得;没有约定或者约定不明确的,按照交易习惯取得。

(2) 行为。作为民事法律关系客体的行为,是指能够满足权利主体某种利益的行为。有三类行为:一是给付财产的行为;二是完成一定工作并交付工作成果的行为;三是提供劳务或服务。

(3) 智力成果。智慧财产是指人们通过智力劳动所创造出来的、并以一定的客观形式表现出来的非物质财富。其特征为:创造性、非物质性和客观表现性。智力成果的主要类型有:① 作品;② 我国《专利法》保护的权利客体:发明、实用新型和外观设计;③ 科学发现;④ 商标;⑤ 其他:商誉、商号、原产地证书、商业秘密、反不正当竞争等。

(4) 人身利益。人身利益是多方面的,包括人格利益和身份利益。人身利益虽然与主体人身不能分离,但并非主体本身。否则,人身权法律关系也就没有了客体。

【案情】 农村个体户陈某盖了新房子,买了新家具,此时村里推行家庭财产保险制度,陈某遂买了1万元的家庭财产保险。

春节期间,邻居家放爆竹,不慎将陈某屋后的柴草引着,大火烧着了陈某的新房。此时陈某正在朋友家喝酒,得知自家着火的情况后,不仅不去救火,反而说:已保险,房子烧光了,保险公司得赔偿,正好重新盖房。由于陈某对救火不积极,妻子和孩子只抢出了一台彩电和大部分衣服杂物,房屋家具全部被烧毁。

【问题】 保险公司是否应当履行保险合同,与陈某产生保险理赔法律关系?

【法律规定】

(1)《保险法》规定在发生保险事故后,投保方有责任采取一切必要措施,避免扩大损失,并将事故发生的情况及时通知保险方。如果投保方没有采取措施,保险方对由此而扩大的损失,有权拒绝赔偿。

(2)保险是一种合同法律关系,当事人的权利和义务是相互联系、相互制约、相互适应、同时并存的。

(3)民事法律关系的内容是指民事法律关系主体所享有的民事权利和承担的民事义务。

【法律运用及结果】 从保险合同中看权利与义务的关系:保险是一种合同法律关系,当事人的权利和义务是相互联系、相互制约、相互适应、同时并存的。陈某享有遭受火灾时要求赔偿的权利,保险公司承担赔偿义务,两者之间都是以对方的存在作为自己存在的条件的。同时,保险公司享有要求陈某作为投保人履行施救义务的权利。此时,陈某就又成了义务主体。我们判断一个民事法律关系是公平的、互利的,还是属于欺诈的、显失公平的,也主要是从民事法律关系所确定的双方的权利和义务来观察。投保人与保险人在保险合同成立后,均须各自承担义务,以便对方得以享受权利和利益。其中加强安全防灾和施救是投保人的重要义务之一。根据以上保险法的规定,由于陈某没有履行法律规定的被保险人应承担的防灾防损特别是积极抢救的义务,所以在保险公司没有弄清由此扩大的损失数额前,保险公司可以拒绝赔偿。

(案件改编自http://vip.chinalawinfo.com/newlaw2002/fax/mfx/case/civ_cas_001_1.htm)

第四节 代　理

一、代理的概念和特征

（一）概念

代理是代理人于代理权限内，以本人名义向第三人为意思表示或受领意思表示，该意思表示直接对本人生效的民事法律行为。代理制度其实是一种跟民事法律行为紧密结合在一起的制度，是为了辅助民事法律行为的实现。

（二）特征

（1）代理是一种民事法律行为。由于代理行为一定是以意思表示为核心，能够在被代理人和第三人之间设立、变更和终止民事权利和民事义务，所以说，代理行为主要体现为民事法律行为。

（2）代理是指以被代理人的名义为民事法律行为。在实践操作中有例外，如隐名代理。

（3）代理人是在代理权限内独立向第三人进行意思表示。

（4）代理人所为民事行为的法律后果，直接归属于被代理人，也即代理行为直接对被代理人发生效力，与代理人并无直接的关系。

（三）代理的适用范围与意义

1. 适用范围

（1）可代理的行为包括：① 代理各种民事法律行为；② 代理实施某些财政、行政行为；③ 代理民事诉讼行为。

（2）不得代理的行为包括：① 具有人身性质的行为；② 被代理人无权进行的行为；③ 双方当事人约定应由本人亲自实施的民事行为。

2. 意义

（1）扩大民事主体的活动范围。

（2）补充某些民事主体的行为能力的不足。

（四）代理和相关概念之间的区别

1. 代理和委托

委托又称委任，是双方当事人约定由一方为他方处理事务的法律行为。代理一定是三方当事人之间的关系，而委托是指委托人和受托人之间的法律关系。两者之间有差异：只要是三方当事人的关系，一般来说是代理的法律关系；而委托强调的是代理人与被代理人之间的关系。

2. 代理与代表

主要体现在代理有两个人格，代表实际上人格只是一元的。作为代表人实施的行为不存在效果归属的问题，代理则存在。

3. 代理与行纪

行纪一定是有偿的，而代理可以是有偿的也可以是无偿的。另外，行纪的行纪人一定是以自己的名义进行法律行为的，而作为代理中的代理人则是以被代理人的名义进行法律行为的。

二、代理的分类

（一）以代理权产生原因的不同为标准

代理关系是基于一定法律事实而产生的，我国《民法通则》第六十四条第一款根据产生代理关系的各种法律事实，规定了代理的分类，包括委托代理、法定代理和指定代理。

1. 委托代理

这是根据被代理人的委托授权而产生的代理关系。相应的，被代理人又称为委托代理人，代理人又称为被委托人。委托代理一般建立在特定的基础法律关系之上，可以是劳动合同关系、合伙关系、工作职务关系，而多数是委托合同关系，即委托人和受托人约定，由受托人处理委托人事务的合同，正是在此种意义上称之为委托代理。同时，还必须经过被代理人向代理人授予代理权，委托代理关系才能确立。可见，委托代理赖以存在的基础法律关系一般是委托合同，而代理权的产生根据则是授权行为。委托代理是公民、法人进行商品交换的重要手段之一。其适用范围最为广泛。

2. 法定代理

这是根据法律的规定而直接产生的代理关系。法定代理主要是为保护无民事行为能力人和限制民事行为能力人的合法权益而设定的。例如我国《婚姻法》规定，父母为未成年子女的法定代理人；夫妻一方失去行为能力，另一方即为其法定代理人。而我国《民法通则》第十六条和第十四条则明文规定："未成年人的父母是未成人的监护人""无民事行为能力人、限制民事行为能力人的监护人是他的法定代理人"。当无行为能力人、限制行为能力人处于一定社会组织的监护之下时，如精神病院、育幼机构等，这些组织负有监护责任，亦为法定代理人。

3. 指定代理

这是根据人民法院或者行政主管机关的指定而产生的代理关系。指定代理主要适用于在社会生活或民事诉讼过程中需要代理人代为法律行为,而没有代理人或无法确认代理人的特殊情况。在这种情况下,人民法院或行政主管机关依据法律的授权指定公民或法人充当代理人。例如中华人民共和国诉讼法第57条规定,无诉讼行为能力人由他的监护人作为法定代理人代为诉讼。如果法定代理人之间互相推诿代理责任的,由人民法院指定其中一人代为诉讼。

(二)民法上的代理和诉讼法上的代理

尽管民事诉讼代理人与民事代理人存在着某些共同点,如代理人都必须以被代理人的名义并且为了维护被代理人的利益进行代理活动,代理人都必须在代理权限范围内进行代理,代理人都必须有行为能力,代理的法律后果都是由被代理人承担,等等。但是民事诉讼代理人毕竟与民事代理人存在很多区别:

1. 代理的内容和后果不同

在民事诉讼代理中,代理人所代理的是民事诉讼行为,其后果是导致代理人和被代理人同法院之间民事诉讼法律关系的发生、变更和消灭;在民事代理中,代理人所代理的是民事法律行为,其后果是导致被代理人与第三人之间民事法律关系的发生、变更和消灭。

2. 代理的对象不同

民事诉讼代理人代理的对象是案件中的原告、被告和第三人;民事代理人代理的对象是参加民事活动的公民、法人和其他组织。

3. 代理的法律依据不同

民事诉讼代理人的代理活动以民事诉讼法为依据;民事代理人的代理活动以民事实体法为依据。

(三)以代理权限范围为标准分为一般代理与特别代理

民事诉讼中有关诉讼代理,分为一般代理和特别代理,而民法中代理分类中,一般代理又叫全权代理,特别代理是针对特别事项的代理。

(四)以代理权属于一人还是多人分为单独代理与共同代理

单独代理是代理权属一人的代理。其特征是代理权属于一人,但被代理人是一人还是数人,在所不问。共同代理是代理权属于两人以上的代理。共同代理人如果共同实施代理,则形成共同关系,可以各自行使代理权,也可以约定依多数表决同意原则行使代理权。

（五）以代理权是由被代理人授予还是由代理人转托为标准分为本代理与再代理

根据代理人是由谁选任的，代理又可以分为本代理和复代理。本代理，代理人是由被代理人选任或者依照法律规定而产生的代理，本代理是相对复代理而言的，没有复代理也就无所谓本代理。复代理，代理人为被代理人利益转托他人实施代理的行为。他实施的行为的结果直接归属于被代理人。需要注意的是：① 是为了被代理人的利益；② 事先取得被代理人的授权或者事后得到追认；③ 在紧急情况下得到复代理，《民通意见》第八十条规定，有四个要件：第一，急病、通信联络中断等特殊原因；第二，代理人自己已经不能办理代理事项；第三，不能与被代理人及时取得联系；第四，不及时转托他人，会给被代理人的利益造成损失或者扩大损失。

（六）直接代理与间接代理

根据我国《民法通则》第六十三条的规定，代理人只有在其代理权限内，以被代理人名义同第三人实施的民事法律行为，所产生的责任才由被代理人承受。所以我国《民法通则》只规定直接代理这种代理形式，没有间接代理形式的有关规定。

但我国在单行法律及行政规章中确立了间接代理制度，原经贸部1991年8月29日颁布实施的《关于对外贸易代理制度的暂行规定》（以下称暂行规定）第十五条进一步规定："受托人根据委托协议以自己的名义与外商签订进出口合同，并应及时将合同的副本送达委托人。受托人与外商修改进出口合同时不得违背委托协议。受托人对外商承担合同义务，享有合同权利。"因此，我国外贸代理制确立了代理人（受托人）在其代理权限内，以自己名义与第三人（外商）实施民事法律行为（签订合同）的间接代理形式。事实上，我国间接代理制度在其他行政规章中也有体现，如中国人民银行银行法（1992）13号《关于对〈关于委托贷款有关问题的请示〉的复函》认为："委托贷款行为与《民法通则》的代理制度不同，是指金融机构根据委托人的委托，在委托贷款协议所确定的权限内，按照委托人确定的金额、期限、用途、利率等，以金融机构自己名义，同委托人指定的借款人订立借款合同的行为。"又如国家工商局颁布实施的《期货经纪公司登记管理暂行规定》第二条规定："本办法所称期货经纪公司，是指依照国家法律、法规及办法设立的接受客户委托，用自己名义进行期货买卖，以获取佣金为业的公司。"所以，金融机构接受委托贷款协议的贷款及期货公司的期货买卖也是一种间接代理。

直接代理与间接代理的区别主要表现在以下几个方面：

1. 代理权的取得

代理权的取得是产生代理的基础，直接代理与间接代理有取得代理权的共同基础及形式，两者均可因委托合同产生，但两者又有不同的规定。依据《民法通则》第六十四、六十五条规定，直接代理的代理权可通过委托、法定及指定而取得。间接代理权的取得，依《对外贸易法》第十三条"委托方与被委托方应当签订委托合同，双方的权利义务由合同约定。"的规定，原经贸部的《暂行规定》第五条"委托协议应采用书面形式，一般应包括下列内容……"及中国人民银行法(1992)13号"根据委托贷款协议书所确定的权限范围办理放贷手续"等规定，间接代理的基础只能是书面的委托合同。

2. 代理权的行使

在代理权的行使过程中，直接代理和间接代理的代理人都应在代理权限内实施民事法律行为，两者代理人不履行代理职责或未获得授权进行代理的法律后果，应由代理人自行承担责任。但两者存在显著区别：

(1) 代理的名义不同。在直接代理中，代理的任务和目的就是通过代理人的代理行为，在被代理人与第三人之间设立、变更或者终止某种民事权利义务。所以，代理人必须以被代理人的名义与第三人实施民事法律行为；在间接代理中，是由代理人与第三人订立合同，取得民事权利或者承担民事义务后，再移转给委托人，委托人与第三人间并不直接发生民事法律关系。由此，代理人应以自己名义与第三人实施民事法律行为。

(2) 代理的适用范围不同。直接代理除法律规定必须由当事人亲自实施的民事法律行为(如结婚行为)或虽法律未作规定但其性质不宜代理的民事法律行为(如立遗嘱行为)及依约定须由当事人亲自实施的民事法律行为外，其他民事法律行为均可代理；而间接代理只有法律明文规定的民事法律行为才能代理，一般仅在买卖等交易中产生。据我国现有法律规定，只有外贸代理、委托贷款、证券及期货买卖等才允许间接代理。

3. 有偿性与无偿性

直接代理可能有偿也可能是无偿的，如法定代理和因职务关系、合伙合同产生的委托代理，一般是无偿的，只有部分委托合同的代理是有偿的；而间接代理一定是有偿的，间接代理因是据双方协商一致的委托协议产生的，受托人接受代理的目的是收取一定手续费。

4. 代理的法律后果承担

在直接代理，因被代理人通过代理人行为与第三人直接建立合同关系，则被代理人直接对第三人承担责任；而在间接代理中，被代理人是通过代理人与第三人间的合同和自身发生法律上的关系，被代理人与第三人不产生直接的合同关系。因此，被代理人不直接对第三人承担责任，其责任应由代理人承担。在间接代理中，理论与实践上有个不可回避的问题,就是委托人是否享有介入权。我国间接代理人的委托人是否享有介入权,现有法律、行政规章均未规定,只在最高人民法院《关于如何确定委托贷款协议纠纷诉讼主体资格的批复》中体现,该批复规定:"在履行委托贷款过程中,借款人不按期归还贷款而发生纠纷的,贷款人(受托人)可以借款合同纠纷为由向人民法院提起诉讼;贷款人坚持不起诉的,委托人可以委托贷款协议的受托人为被告、以借款人为第三人向人民法院提起诉讼。"由此看出,我国间接代理的委托人享有限制的介入权,只有代理人坚持不起诉第三人时,委托人才享有介入权。

(七)以代理人是否处于主动地位标准分为积极代理与消极代理

代理人对第三人为意思表示的,是积极代理,也称能动代理或意思表示表出的代理。代理人受理第三人所为的意思表示,称为消极代理,又称受动代理或意思表示受领代理。

(八)以代理人有无代理权限为标准分为有权代理和无权代理

有权代理是指代理人在授权的范围内以被代理人的名义行使代理权,其行为由被代理人承担。有权代理必须具备下列要件:① 代理人有代理权。② 代理人须作出或者接受法律行为上的意思表示;代理人的意思表示不仅包括双方意思表示,还包括单方意思表示。例如,代理人可以行使形成权,即仅凭自己一方的行为使自己与他人的法律关系发生、变更或终止,这就是单方行为;可以为订立合同等双方法律行为。③ 代理人为代理行为须以被代理人的名义。④ 代理人应当遵守法律规定的或当事人约定的代理义务。⑤ 代理应当在法律规定的范围内适用。原则上,任何法律行为均允许代理,作为例外,具有身份性质的行为,如结婚、离婚、遗嘱等,此类身份行为强调特定主体的本人的意愿,故不允许代理。

无权代理是指在没有代理权的情况下以他人名义实施的民事行为,无权代理包括:行为人没有他人授权,或者超越了授权范围,或者授权终止后依然以之前被代理人的名义实施行为。无权代理人签订的合同效力待定。如果被代理人不追认,则合同不发生效力,其结果由无权代理人承担。

三、代理权

(一)概念与性质

1. 代理权的概念

代理权是指代理人基于被代理人的意思表示或法律的直接规定或有关机关的指定,能够以被代理人的名义为意思表示或受领意思表示,其法律效果直接归于被代理人的资格。

2. 代理权的性质

代理权是一种资格和地位。

(二) 代理权的发生

1. 基于法律规定而发生

法定代理权因具备法律规定的法律事实而取得。这种事实既可以是民法通则规定的亲属或其他具备资格的自然人、社会组织，也可以是在有该资格的人发生争议时，由有指定权的机关选定，或由法院判决指定。

2. 基于被代理人的授权行为而发生

委托代理权的取得根据是被代理人的授权行为。授权行为相当重要。重大事务的授权，以用书面形式为妥。用书面形式授权即签署授权委托书，授权委托书应当记载代理人的姓名或者名称、代理事项、代理权限及期限。《民法通则》第六十五条第三款规定：委托书授权不明的，被代理人应当向第三人承担民事责任，代理人负连带责任。建立委托代理关系的更审慎方式是订立委托合同，通过合同，规定双方权利义务，代理人取得代理权。有书面授权委托合同，就无需单独的授权委托书。

授权行为与契约关系的区别：① 性质不同。授权行为是单方民事法律行为，契约关系如委托、雇佣等均是契约，属双方民事法律行为。② 效果不同。授权行为发生代理权，代理人行使代理权得与第三人为民事法律行为并由本人承受该行为效果，契约关系只对缔约的当事人有效，受托人与他人之行为并不当然对本人生效。③ 授权行为是独立的民事法律行为，并不以契约关系为必要。

3. 基于人民法院或其他机关的指定而发生

指定代理既不是基于亲权或监护权而发生，也不是基于当事人委托而发生，而是源于受诉法院在特定情况下的临时指定，人民法院根据需要与可能，可以指定律师或其他人担任诉讼代理人，也可以指定其他适当的公民担任诉讼代理人。指定诉讼代理人，一般是在无诉讼行为能力的当事人没有法定代理人或其法定代理人不能行使代理权的情况下，由法院依职权为该当事人指定的诉讼代理人，从审判实践来看，指定诉讼代理人主要适用于以下两种情况：无诉讼行为能力的当事人没有法定代理人，而诉讼又不得不进行；无诉讼行为能力的当事人虽有法定代理人，但其法定代理人不能行使诉讼代理权，又无其他人可作法定代理人的。另外，在破产案件中，由人民法院指定破产企业的管理人。

4. 依"外表授权"而发生

指本属于无权代理，但因本人与无权代理人之间的关系具有授予代理权的外观（即外表授权），致使相对人相信代理人有代理权而与其为法律行为，法律使之发生与有权代理同样的法律效果的代理。

（三）代理权的授予

1. 授予之代理权范围

在法定代理中，代理权的内容与范围应以法律规定为准；在委托代理中，应以授权行为的意思表示确定。代理权的授予与代理权的范围有关联，也就是代理权的范围通常以代理权之授予行为作为判断标准：① 授权范围仅及于特定法律行为的，属于特别代理，代理人只能就该特别事项为代理；② 授权范围及于某类事项，属于类别代理，代理人可就授权的这一类事务行使代理权；③ 代理人在授权范围内，有代理一切法律行为的，属于概括代理，也称全权代理；④ 若代理人有数人的，各代理人之代理事项不交叉的，除有特别约定外，各代理人为独立代理；事项有交叉的，为共同代理，除有特别约定外，各代理人仅就自己的代理行为负责，不负连带责任。

2. 授予代理权之方式

根据意思自治原则，代理权以何种方式授予，由当事人自行确定，《民法通则》第六十五条第一款规定：民事法律行为的委托代理，可以用书面形式，也可以用口头形式。法律规定用书面形式的，应当用书面形式。代理权的授予方式必须足以将代理权授予行为的意思向第三人表示清楚，法律特别规定以书面方式时，授权方式必须以授权书的形式为之，例如诉讼代理。在书面授权时，《民法通则》第六十五条第二款规定：书面委托代理的授权委托书应当载明代理人的姓名或者名称、代理事项、权限和期间，并由委托人签名或者盖章。

3. 代理权授予不明的责任

代理权授予不明，如究竟是特别代理还是概括代理，是法律要特别规定的事项。我国《民法通则》第六十五条第三款规定：委托书授权不明的，被代理人应当向第三人承担民事责任，代理人负连带责任。对代理权授予不明的，在本人负担责任外，代理人也要负补充连带责任，显然实行意思他治。

（四）代理权的行使

代理人在行使代理权的过程中应当遵循以下原则：

1. 代理人应在代理权限范围内行使代理权，不得无权代理。在代理权限范围之外，代理人有权为保存行为、利用行为和改良行为。

2. 代理人应亲自行使代理权，不得任意转托他人代理。

3. 代理人应积极行使代理权，尽勤勉和谨慎的义务。代理人首先应对代理事务尽相当的注意义务。无偿代理的代理人实施代理行为必须尽与处理自己事务相同的注意义务，有偿代理的代理人应尽善良管理人的注意义务。其次，委托代理的代理人应根据被代理人的指示进行代理活动,并尽报告与保密的义务。

(五)滥用代理权的禁止

1. 滥用代理权的概念

滥用代理权,是代理人为自己的利益或为他人利益,损害被代理人利益而行使代理权。代理权制度的价值在于"为本人利益",而非为代理人利益,因此,滥用代理权行为,为法律所禁止。

2. 滥用代理权的类型

(1) 双方代理。双方代理指代理人既代理本人又代理第三人为同一民事法律行为的代理。广义的双方代理包括自己代理,这里指的是狭义双方代理的概念。在双方代理的同一民事法律行为中,由于代理人既要为本人代理,又要为第三人代理,代理要为本人利益,双方代理之代理人为"二主"哪一主利益,就成了两难。结果很可能会损害其中之一方被代理人的利益,甚至双方都认为被损害了。我国《民法通则》和《合同法》虽然都没有明确规定禁止双方代理,但通过对已有法律规定的推断,应认为双方代理是被法律禁止的。《民法通则》第六十六条第三款规定:代理人和第三人串通,损害被代理人的利益的,由代理人和第三人负连带责任。即以是否损害本人利益为要件,禁止双方代理。如果双方代理的代理人与任何一方都没有串通,即"两家通吃",则可以适用利己代理的禁止,否定双方代理对本人的效力。

(2) 自己代理。这是指代理本人与自己订立合同。自己代理被禁止,其法理在于,代理本以为本人利益为宗旨,自己代理因相对人是代理人自己,就难以再为本人利益考量。但自己代理在交易习惯或当事人允诺时,也可以予以必要的弹性。如证券交易中,证券公司自己代理时,因证券价格是由交易所竞价系统确定的,合同意思由格式条款充任,所以可以有效。

(3) 利己代理。这是代理人利用地位之便,实施利于自己却不利于被代理人利益的代理。利己代理也为法律所禁止,《民法通则》第十八条第一款规定,除为被监护人的利益外,不得处理被监护人的财产。此即禁止法定代理人利己行为的规定。在委托代理,上文引用的《民法通则》第六十六条第三款的规定,也包含了对利己代理的禁止。

3. 滥用代理权与无权代理、超越代理权的不同

(1) 滥用代理权,是有权代理,代理人的代理行为仍在代理权范围内。越权行为构成无权代理,不适用滥用代理权。

(2) 滥用代理权导致本人的损害,即滥用代理权的结果是本人受害,而代理人或第三人受益。如果本人受损害非滥用代理权所致,则也不能适用滥用代理权。无权

代理的着重在代理权,而非代理效果,因为无权代理行为的效果,有可能是对本人有利的,也有可能是对本人不利的,但纵使对本人有利,本人也有权拒绝接受该效果。

(六)代理权的消灭

1. 委托代理权的消灭原因

(1)代理期间届满或代理事务完成;
(2)被代理人取消委托或者代理人辞去委托;
(3)代理人死亡;
(4)代理人丧失民事行为能力;
(5)作为被代理人或者代理人的法人终止。

2. 法定代理权、指定代理权的消灭原因

(1)被代理人取得或者恢复民事行为能力;
(2)被代理人死亡或者代理人死亡或者代理人丧失民事行为能力;
(3)指定代理的人民法院或者指定机关取消指定;
(4)其他原因。

四、无权代理

(一)概念与特征

1. 概念

无权代理是指代理人不具有代理权,但以本人的名义与第三人进行民事活动。

2. 特征

(1)行为人所实施的民事行为,符合代理行为的表面特征;
(2)行为人不具有代理权;
(3)无权代理并非绝对不能产生代理的法律效果。

(二)狭义无权代理

1. 狭义无权代理的原因

(1)行为人自始没有代理权,指行为人既没有经委托授权,又没有法律上的根据,也没有人民法院或者主管机关的指定,而以他人名义实施民事法律行为之代理。
(2)行为人超越代理权,指代理人超越代理权限范围而进行代理行为。
(3)代理权终止后的代理。指代理人因代理期限届满或者约定的代理事务完成甚至被解除代理权后,仍以被代理人的名义进行的代理活动。

2. 狭义无权代理的法律后果

(1)本人有追认权和拒绝权。追认是本人接受无权代理之行为效果的意思表示。《民法通则》第六十六条规定本人的追认权和拒绝权，且拒绝权须以明示方式表示，默示则视为追认。无权代理经追认溯及行为开始对本人生效，本人拒绝承认的，无权代理效果由行为人自己承受。追认权与拒绝权只需本人一方意思表示即生效，故属于形成权。《合同法》第四十八条第二款的规定与《民法通则》的规定不同：相对人可以催告被代理人在1个月内予以追认。被代理人未作表示的，视为拒绝追认。合同被追认之前，善意相对人有撤销的权利。撤销应当以通知的方式作出。第四十七条第二款对法定代理也做了相同的规定。《合同法》的规定的特点：一是规定了追认权或拒绝权经催告后行使的期间，二是本人未作表示的，视为拒绝，这一点与《民法通则》规定的"不作否认表示的，视为同意"正好相悖。对于《民法通则》与《合同法》的碰撞，在狭义无权代理为订立合同的，应根据新法优于旧法的原则，适用《合同法》的规定。

(2) 相对人催告权和撤销权。催告是相对人请求本人于确定的期限内作出追认或拒绝的意思表示；撤销是相对人确认无权代理为无效的意思表示。催告权和撤销权只需相对人一方意思表示即生效，故属于形成权。《合同法》第四十七、四十八条对法定代理和委托代理都做了规定：合同被追认之前，善意相对人有撤销的权利。撤销应当以通知的方式作出。对于无权代理行为，从效力未定至效力确定，本人有权利，相对人也应有权利。否则，本人未知可否，相对人若信其默认时，本人又拒绝了，对相对人颇为不利。撤销权旨在保护善意相对人利益，故须是善意相对人才得享有，若是相对人恶意，就有"串通"之嫌，适用前述滥用代理权的规定。

(3) 行为人之无权代理行为如确是为"本人之利益计算"，且符合无因管理法律要件时，在本人与行为人之间可构成无因管理之债；反之，如造成本人损害的，在本人与行为人之间发生损害赔偿之债。

(三) 表见代理

1. 表见代理是指行为人没有代理权但具有外表授权的特征，致使相对人有理由相信行为人有代理权而与其进行民事法律行为，法律使之发生与有权代理相同的法律效果。

2. 构成要件：

(1) 须代理人无代理权，即代理行为当时无代理权或对于所实施的代理行为无代理权。

(2) 须该无权代理人有被授予代理权的外表或假象，即存在外表授权。存在外表授权，是成立表见代理的根据。无代理权的情况主要有如下几种：① 无权代理人曾经被授予代理权，但实施代理行为时代理权已经终止，理论上称为代理权消灭后的表见代理。② 代理人于实施代理行为当时仍拥有代理权,只是所实施的代理行为超越了代理权范围,理论上称为越权的表见代理;代理人自始就未曾被授予代理权,例如,被代理人曾明示或默示授予代理权而实际并未授予代理权,理论称为因本人明示或默示的表见代理。③ 须相对人相信该无权代理人有代理权,并且相对人的信赖应有正当理由。相对人的信赖是否有正当理由,应依实施法律行为的具体情形判断。④ 相对人基于此信赖而与该无权代理人成立法律行为。只有在相对人基于此信赖与该无权代理人成立了法律行为,才可能发生表见代理问题。相对人也可以依狭义无权代理的规定,撤回其所为的法律行为。被代理人不得基于表见代理对相对人主张代理的效果。被代理人如欲使代理行为有效,仍须依无权代理的规定,对于无权代理人的代理行为进行追认。

【案情】 甲公司业务经理乙长期在丙餐厅签单招待客户,餐费由公司按月结清。后乙因故辞职,月底餐厅前去结账时,甲公司认为,乙当月的几次用餐都是招待私人朋友,因而拒付乙所签单的餐费。

【问题】 甲公司是否应当付款?乙的行为是否构成表见代理?

【法律规定】 《合同法》第四十九条规定:行为人没有代理权、超越代理权或者代理权终止后以被代理人名义订立合同,相对人有理由相信行为人有代理权的,该代理行为有效。

【法律运用及结果】 本案中,虽然乙因故辞职,但是因为乙长期在丙餐厅签约招待客户,使丙餐厅有理由相信乙是有代理权的,形成表见代理,所以甲公司应该付款。

(案例改编自2007年司法考试卷三)

【案情】 王某与华某(女)于1982年结婚。1995年王某的父亲在老家去世,王某一人奔丧回家,将父亲的后事料理完之后,王某将变卖房屋的18 000元钱,连同父亲遗留的5 000元钱一起以自己的名义存入银行。1997年,夫妇俩想在家乡开饭馆,华某主张租房,而王某则想买房,最后两人决定让刘某先给他们租三间房,如果有价格合适的房再通知他们。刘某得知一家饭馆正好要出卖,价钱也仅为同地段商品房的2/3,于是刘某没有通知王某夫妇就自己垫付2万元钱以王某的名义先买了下来。知道此事后华某坚决反对,认为刘某的行为没有得到他们的授权,应由他自己承担后果;但是王某却同意,并从自己的存款中取出钱汇给刘某,并委托刘某以他的名义办理了产权过户手续。夫妇俩回家经营饭馆一年后,由于两人关系恶化,王某提出离婚。华某同意离婚,但主张房屋应有其一半产权。

【问题】 刘某的行为是否属于无权代理?其效力对华某最终是否有效?该房屋华某是否享有产权?

【法律规定】

(1)表见代理是指行为人没有代理权但具有外表授权的特征,致使相对人有理由相信行为人有代理权而与其进行民事法律行为,法律使之发生与有权代理相同的法律效果;

(2)无权代理经追认溯及行为开始对本人生效;

(3)《婚姻法》规定,在夫妻关系存续期间,一方继承所得的财产也是夫妻共同财产。

【法律运用及结果】

(1)刘某的行为是无权代理,因为王某夫妇只授权刘某租房,并没有要求他买房,刘某是超越代理权的无权代理。但是王某在后来以汇款和委托他办理过户手续的事实对刘某的行为予以了追认。王某的追认应该不仅仅对王某本人有效,对华某也同样有效。因为王某与华某是夫妻,刘某有理由相信其妻同意买房,而且华某在事后并没有表示反对,而是与王某一同回家以此房经营饭馆,其行为已经是对王某表见代理的默认。

(2)此房是王某与华某夫妻关系存续期间所购买,应属于夫妻共同财产;虽然王某购房款是其父的遗产,但是根据我国《婚姻法》,在夫妻关系存续期间,一方继承所得的财产也是夫妻共同财产,而不是王某的个人财产。华某对该房屋享有所有权。

(案例改编自法网无权代理、表见代理以及夫妻共同财产法律问题 china.findlaw.cn/falvchangshi/hetongjiufe)

第五节 诉讼时效

一、诉讼时效的概念

(一)时效与诉讼时效

时效,是指一定的事实状态持续地达到一定期间而发生一定的财产法效果的法律事实。时效是一种期限,但与一般的期限由当事人约定不同,时效是法定的。

时效依起适用的权利和法律效果区分,可分为取得时效和消灭时效,取得实效也称占有时效,是适用于物权的时效,我国法律没有规定。消灭时效,也称诉讼时效,是指民事权利受到侵害的权利人在法定的时效期间内不行使权利,当时效期间届满时,人民法院对权利人的权利不再进行保护的制度。我国民法通则等民事法律规范规定的时效,就是属于诉讼时效。在法律规定的诉讼时效期间内,权利人提出请求的,人民法院就强制义务人履行所承担的义务。而在法定的诉讼时效期间届满之后,权利人行使请求权的,人民法院就不再予以保护。值得注意的是,诉讼时效届满后,义务人虽可拒绝履行其义务,权利人请求权的行使仅发生障碍,权利本身及请求权并不消灭。当事人超过诉讼时效后起诉的,人民法院应当受理。受理后查明无中止、中断、延长事由的,判决驳回其诉讼请求。

(二)诉讼时效的特征

(1)诉讼时效不受当事人的意志控制并能发生权利消灭属于法律事实中的事件。

(2)诉讼时效具有强行性,由法律规定的,不得由当事人自行约定或规定。

(3)诉讼时效的效果是期间与事实的结合。

(4)诉讼时效仅适用于请求权,但并非所有的请求权如物上请求权。

(5)法官无权主动释明并适用该时效的规定,需要当事人提出适用该制度。

(三)除斥期间

1. 概念

除斥期间是指法律预定某种权利于存续期间届满当然消灭的期间,又称预定期间。法律对除斥期间的规定是分散的,不像对诉讼时效有一个概括性的规定。如最高人民法院《民通意见》第七十三条、《合同法》第五十五条对撤销权,《继承法》第二十五条第二款对受遗赠表示等的期间的规定,都是除斥期间的规定。

2. 特征

除斥期间的主要特点在于:① 它是由法律明确规定的权利存续期间。除斥期间都必须是由法律规定的,期限不可能是当事人约定的。② 除斥期间是权利的存续期间,在该期限内权利才能存在。法律规定除斥期间制度的目的在于督促权利人及时行使权利。如撤销权的存续期间为1年,超过该期限权利将会丧失。③ 除斥期间的适用对象主要为形成权。因为形成权将会根据一方的意志而发生法律关系发生、变更和消灭的效果,期限的限制对他人的权利和社会公共利益都有一定的关联。因此,法律一般以除斥期间对之加以限制,从而在较短时间内消灭该形成权。④ 除斥期间届满后,法院可以主动依职权来确定该期间届满的效果。由于除斥期间作为形成权的存续期间,其完成的法律后果就是使形成权绝对、当然、确定地消灭。所以在一方主张形成权以后,不论另一方是否就此种权利的存在提出了抗辩,法院都应当对该权利存在与否加以审查,这就必然涉及该权利是否因除斥期间届满而消灭的问题。

3. 除斥期间与诉讼时效的区别

(1) 制度价值上的不同。虽然诉讼时效期间与除斥期间都有督促权利人积极行使权利的作用,但由于形成权和请求权本身的区别,它们在价值取向仍有不同。法律之所以设定除斥期间,其意义在于促使权利人及时纠正自己意思表示中的瑕疵,同时促使当事人及时辅助效力待定的民事行为。通过适用除斥期间的规定,消灭的是形成权这一权利本身,权利的不稳定状态消除后,不会形成新的秩序,而是原有的秩序得以继续存在。而诉讼时效是消灭怠于行使的公力救济权,请求权这一权力本身并没有消灭,消除权利的不稳定状态后,会形成新的秩序。所以,诉讼时效是对新秩序的保护。

(2) 适用范围不同。即客体,对象不同。诉讼时效主要适用于债的请求权;除斥期间主要适用于形成权,在特殊情况下可依据法律规定而使用于请求权。正是由于适用范围不同,所以决定了诉讼时效和除斥期间在使用中各自具有不同的特点。由于请求权的范围远远大于形成权,因此诉讼时效的规定应当置于民法典总则之中进行抽象规定。而除斥期间则应当根据所限制的形成权的具体内容而分别进行具体规定。

(3) 构成要件不同。诉讼时效要求同时具备法定期间的经过和权利人不行使权利的事实状态这两个构成要件;而除斥期间只有一个构成要件,那就是一定法定期间的经过。

(4) 法律效力不同。诉讼时效的法律效力并不消灭实体权利本身,仅发生受法院保护的权利消灭或抗辩权产生的效力,在时效届满以后,使原来的请求权变成一种"自然债"。除斥期间在性质上是一种权利存续期间,一旦期限届满,直接消灭权利本身。超过除斥期间,则权利本身即不复存在。时效期限届满以后,义务人抛弃期限利益的行为,可以视为创设了某种权利。从法律效果上来看,诉讼时效将产生抗辩权发生的效果,而除斥期间都是权利的存续期间,期间届满将发生权利的消灭。

(5) 起算时间不同。诉讼时效期间一般自权利人能够行使请求权之日起计算,若权利人不能行使请求法律保护的权利,则一般不开始计算时效期间;除斥期间一般自权利成立之日起计算,至于权利人能否行使权利,一般不影响期间计算。

(6) 期间弹性不同。诉讼时效在性质上是可变期间,可因法定事由而中止、中断,例外情形下还可以延长。除斥期间从性质上来说,是不能适用中止中断的,因为引起中断的事实是权利人行使权利的行为,除斥期间主要针对的是形成权,而形成权一旦行使,权利也就相应地产生和消灭,所以就没有必要重新计算权利的存续期间。

(7) 是否可允许当事人自我约定上存在不同。除斥期间可以是法定的,也可以是约定的,法定如撤销法律行为的撤销权的行使期限,约定如双方约定的合同解除权的行使期限;而诉讼时效均为法定期限,不得允许当事人为约定变更。

(8) 是否允许法院主动援引不同。诉讼时效的抗辩只能在诉讼中由当事人援引,法院不得主动依职权审查;对除斥期间而言,由于其届满将导致实体权利消灭,从保护权利人的利益出发,法院裁判是应当主动依法审查。

(9) 法律条文表述不同。对于诉讼时效,法律条文一般直接表述为"时效",或者表述为某项请求权因多长时间不行使而消灭或者不受保护等;对除斥期间,法律条文一般仅表述为某权利,如撤销权,其存续期间为多长时间,或者因多长时间不行使而消灭,或应于何期间内行使。

二、诉讼时效的法律要件和法律效果

(一) 法律要件

诉讼时效要件是指适用诉讼时效的要件。

1. 须有请求权的存在

诉讼时效是对请求权的限制,没有请求权,也就无从适用诉讼时效。

2. 须有怠于行使权利的事实

诉讼时效是对权利人的督促,实际上也是对义务人的保护,如果权利人怠于行使权利经过一定的期间,又没有其他事由致使诉讼时效中断或中止,则诉讼时效产生法律效果。

3. 怠于行使权利的事实持续存在,致使诉讼时效期间届满

届满有时又称为诉讼时效结束、诉讼时效完成。诉讼时效届满,权利人的胜诉权自动消灭。如果有使诉讼时效中断、中止的事实,诉讼时效还可以"拉长",即中断时重新计算,中止时,将中止时间段剔除后继续计算。

(二) 诉讼时效的效力

1. 胜诉权的消灭

《民法通则》第一百三十五条规定:向人民法院请求保护民事权利的诉讼时效期间为2年,法律另有规定的除外。法律规定中,将诉讼时效期限届满所消灭的权利限定为是"向人民法院请求保护"的民事权利,即诉讼时效届满时,权利人丧失的

是胜诉权,而不是实体权利。

2. 实体权利不消灭

《民法通则》第一百三十八条规定：超过诉讼时效期间,当事人自愿履行的,不受诉讼时效限制。即诉讼时效届满,实体权利不消灭,债权人对于债务人自愿履行的债务,仍享有受领保持力,债务人履行义务后,不得请求返还。

三、诉讼时效期间

（一）普通诉讼时效

普通诉讼时效是指由民法通则规定的,适用于一般民事法律关系的诉讼时效期间。依照民法通则的规定,可分为三类：

1. 一般诉讼时效

是指由民法统一规定的适用于一般民事法律关系的时效。除特别法另有规定外,所有的民事法律关系均适用普通诉讼时效。我国《民法通则》第一百三十五条规定了普通诉讼时效的期间为2年。

2. 短期诉讼期间

按照我国《民法通则》第一百三十六条规定,下列民事法律关系适用一年诉讼时效：

（1）身体受到伤害要求赔偿的；但身体伤害是因环境污染导致,损害赔偿提起诉讼的时效为3年。因产品存在缺陷造成损害要求赔偿的诉讼时效期间为2年；

（2）出售质量不合格的商品未声明的；

（3）延付或拒付租金的；

（4）寄存财物被丢失或损毁的。

3. 最长诉讼时效

最长诉讼时效指民法规定的保护民事权利期间最长的诉讼时效。我国《民法通则》第一百三十七条规定最长诉讼时效期间为20年。

（二）特殊诉讼时效

特殊诉讼时效是指由民事特别法规定的适用于某些民事法律关系的时效。

比如,我国《合同法》第一百二十九条规定："因国际货物买卖合同和技术引进出口合同争议提起诉讼或申请仲裁的期限为四年,自当事人知道或应当知道其权利受到侵害之日起计算。"由于这两类合同有效期长、涉及金额大、具有涉外因素,适用两年的普通诉讼时效往往不够用,法律赋予其比较长的诉讼时效期间。这一规定也是关于诉讼时效期间的特别规定,属于特殊诉讼时效。《海商法》第二百五十七条规定,就海上货物运输向承运人要求赔偿的请求权,时效期间为1年,在时效期间或者时效届满后,被认定为负有责任的人向第三人提起追偿请求的,时效期间为90天。《海商法》第二百五十八条第一项规定,有关旅客人身伤害的请求权,自旅客离船或者应当离船之日起计算。

四、诉讼时效期间的计算

(一)诉讼时效期间的起算

我国《民法通则》第一百三十七条规定:"诉讼时效期间从知道或应当知道权利被侵害时起计算。"实践中由于客观情况复杂多变,诉讼时效期间的起算点也各不相同。

1. 普通诉讼时效期间和特别诉讼时效期间的起算

应从权利人知道或应该知道权利被侵害之日起计算。

(1)规定了履行期限的债权关系,诉讼时效期间应从履行期限届满之日起的第二天开始计算。因为履行期限未满,债权人利益不会受到侵害,也就无所谓诉讼时效的计算。

(2)没有规定履行期限的债权关系,应从权利人主张权利之时,或者知道债务人表示不再向他履行义务之时开始计算。由于债权关系没有约定履行期限,只要权利人没主张权利就可以认为其权利没有被侵害,所以诉讼时效期间从债权人主张权利时开始计算,但是不得超过最长诉讼时效期间20年。

(3)附条件、附期限的民事法律关系,诉讼时效应从条件成就之时或期限到来之时开始计算。

(4)侵权行为引起的损害赔偿法律关系,应从权利人知道或应当知道权利被侵害之时起开始计算。

2. 最长诉讼时效期间的起算

应从权利被侵害之日起开始计算。我国《民法通则》第一百三十七条规定:"从权利被侵害之日起超过20年的,人民法院不予保护。"由此可见,20年是我国法律对权利保护的最长诉讼时效期间。并且这一期间不以权利人主观上是否知道或应当知道为开端,其目的是为了社会经济秩序的稳定。

(二)诉讼时效的中止

诉讼时效的中止,是指在诉讼时效期间的最后6个月内,因不可抗力或其他障碍使权利人不能行使请求权的,诉讼时效期间暂停计算,待中止原因消除后,诉讼时效期间继续计算的诉讼时效制度。诉讼时效的中止制度设立的目的是保证权利人真正享有完整的诉讼时效期间。在我国,它适应于普通诉讼时效和特殊诉讼时效。依据我国《民法通则》第一百三十九条规定,诉讼时效中止需要具备两个

条件:

1. 权利人因为不可抗力或其他障碍,不能行使请求权

如某权利人在外地出差,其本地发生地震致使交通中断,因而不能回本地行使其对义务人的请求权,在这种情况下则发生诉讼时效中止的法律后果。所谓"其他障碍",如无民事行为能力人没有法定代理人等情形。总之,由于客观原因使权利人请求权不能正常行使,因而可以导致诉讼时效中止。

2. 权利人不能行使请求权的事由发生在诉讼时效期间的最后6个月内

如果发生在最后6个月以前的时间,则不发生诉讼时效中止的效力。有一种情况例外,如果有关事由开始时,诉讼时效还有6个月以上的时间,但是延续到了6个月以内,那么应从诉讼时效期间最后6个月的时刻开始,发生诉讼时效的中止。

只有同时符合以上条件,才能产生中止的效力。待中止原因消除后,诉讼时效期间继续计算,即中止之前已进行的时效期间继续有效。

(三) 诉讼时效的中断

诉讼时效的中断,是指在诉讼时效进行中,因法定事由的出现致使已经过的诉讼时效期间全部归于无效,待中断事由消除后诉讼时效期间重新计算的诉讼时效制度。这一制度适应于普通诉讼时效和特殊诉讼时效。依据我国《民法通则》第一百四十条规定,诉讼时效在以下情况可以发生中断:

1. 当事人一方提出履行义务的请求

这里所说的"请求"是指权利人直接要求义务人履行义务的口头或书面的意思表示。请求是诉讼时效中断最常见的原因。除了向义务人直接要求外,权利人向义务人的保证人或其他代理人等主张权利,也可认定诉讼时效中断。

2. 当事人一方提起诉讼

起诉是民事主体的一项法定权利,从起诉之日起,诉讼时效中断。由于起诉是权利人通过诉讼程序保护民事权利的行为,是权利人行使民事权利的行为。它不仅包括权利人向法院起诉,而且包括权利人具有同样性质的其他行为,如向有关行政机关提出保护权利的请求等行为。

3. 当事人一方同意履行义务

这是指义务人同意履行义务,其同意的方式很多,如直接表示同意或明确承认义务等都发生同样的效力。

以上法定事由须发生于诉讼时效期间内才能中断诉讼时效,这是诉讼时效中断的时间性要求。只要发生以上情形之一,都会导致诉讼时效中断,原来已经过的

时效期间都无效,从中断事由消灭之日起诉讼时效期间重新开始计算。中断事由可以数次发生,但要受最长诉讼时效的限制。

(四)诉讼时效的中止和中断的区别

诉讼时效的中止和中断均发生于诉讼时效进行期间,并且都只适用于普通诉讼时效和特殊诉讼时效,这是其共同点。实践中两者的区别是:

1. 原因不同

诉讼时效的中止的原因是客观上阻碍权利人行使请求权的不可抗力或其他障碍;诉讼时效的中断的原因是因当事人的主观行为,即请求、认诺、起诉等引起。

2. 发生的时间性要求不同

诉讼时效中止只能发生在诉讼时效期间的最后6个月内;而诉讼时效的中断可以在时效进行的任何时间发生。

3. 后果不同

诉讼时效中止只是导致时效暂停计算,一旦中止事由消灭,诉讼时效继续计算;诉讼时效中断导致诉讼时效重新计算。

(五)诉讼时效的延长

诉讼时效的延长,是指权利人在诉讼时效期间内因有特殊情况没有行使权利,由人民法院适当延长诉讼时效期间的诉讼时效制度。诉讼时效期间延长是对诉讼时效期间中止、中断的补充。

诉讼时效延长通常应具备以下条件:

(1)诉讼时效期间已届满。这与诉讼时效中止与中断必须发生在诉讼期间内是有本质区别的。

(2)权利人在诉讼时效期限内没行使权利确有正当理由。

(3)经过人民法院审查批准,才可以延长诉讼时效。

凡符合以上条件的诉讼时效期间都可以延长。由此可见,普通诉讼时效、特殊诉讼时效、最长诉讼时效都可以适用诉讼时效延长的规定。

【案情】 1999年12月,A某所在单位决定派他到加拿大学习两年,因办理出国手续一时钱不够用,遂向朋友B某借款3万元,并立字据约定A某在出国前将钱还清。但A某直到2000年7月27日出国,都一直没有还钱。此前B某虽然经常来看望A某,但也对钱的事只字未提。A某在国外两年与B某也有过联系,但都没有说钱的事。2003年8月,A某回国。2003年10月B某因买房急需用钱,找到A某,A某当即表示,全部钱款月底还清,并在原来的字据上对此作了注明。11月5日,当B某再次来找A某要钱时,A某却称,他的一个律师朋友说他们之间的债务已超过两年的诉讼时效,可以不用还了,B某气愤至极,第二天就向法院提起了诉讼,要求A某偿还3万元的本金和利息。

【问题】 A某对B某债务的诉讼时效实际上是否已经届满?如果届满,那么A某在2003年10月在字据上对月底还钱作注明的行为有何种效力?B某能否通过诉讼要回A某所欠的钱?

【法律规定】

(1)我国《民法通则》第一百三十五条规定:"向人民法院请求保护民事权利的诉讼时效期间为二年,法律另有规定的除外。"

(2)最高人民法院《关于贯彻执行〈中华人民共和国民法通则〉若干问题的意见(试行)》第一百七十一条的规定,过了诉讼时效期间,义务人履行义务后,又以超过诉讼时效为由反悔的,不予支持。

【法律运用及结果】 根据该规定,民事权利一般在两年后法院不再予以保护,权利人将丧失胜诉权。本案中,A某于1999年12月向B某借的钱,直到2003年10月B某才第一次向A某要钱,其间已过了近三年,A某债务的诉讼时效实际上早已届满。但是,根据最高人民法院《关于贯彻执行〈中华人民共和国民法通则〉若干问题的意见(试行)》第一百七十一条的规定,此处义务人履行义务不仅仅指义务人实际履行义务,也包括义务人对履行义务重新作出承诺。本案中,A某2003年10月在字据上的注明即是一种重新承诺,不得反悔。因此,B某要求法院判决A某还款的请求可以得到法院的支持,但不是因为时效没有届满,而是因A某已重新作出承诺。

(案例改编自民法辅导诉讼时效 kaoshi. china. com/fashuo/learning/228559-1. htm2012-6-7)

【本章思考题】

一、案例思考题

1. 案情:张某去年只有17岁,在本镇的啤酒厂做临时工,每月有600元的收入。为了上班方便,张某在镇里租了一间房。7月份,张某未经其父母同意,欲花

500元钱从李某处买一台旧彩电,此事遭到了其父母的强烈反对,但张某还是买了下来。同年10月,张某因患精神分裂症丧失了民事行为能力。随后,其父找到李某,认为他们之间的买卖无效,要求李某返还钱款,拿走彩电。

问题:(1)此买卖是否有效?(2)分析本案中买卖法律关系的构成要素。

2. 案情:1997年10月,某书画装裱店与著名书法家赵某签订了一份委托书法作品创作合同。双方约定,赵某在1998年2月以前交付装裱店20副对联作品,装裱店支付赵某5 000元报酬。1997年12月,赵某因不慎跌倒致使右臂受伤,不能创作,于是他委托自己的儿子代为书写了全部对联,以此交付装裱店,装裱店支付了全部报酬。但是不久装裱店感到作品风格与赵某不同,遂请专家作鉴定,结果发现属他人作品。

问题:(1)赵某能否委托他的儿子代理其创作?(2)赵某儿子的行为是否属于无权代理?

3. 案情:李某为某邮电局工作人员,陈某为该市交警。某日李某因闯红灯被陈某处罚,李某因此怀恨在心。一段时间后,与陈某共同生活的陈某父亲生病,陈某将该事告知其在乡下的弟妹,陈某的弟弟即发来电报催问:其父是否病重,如病情不重请尽快来电。陈某即到邮电局复电"父安无事",并交费办理了相关手续。而当天值班的正好是李某,李某在为陈某办理手续时,认出陈某。过了几天,陈某在乡下的弟妹没有得到任何消息,误以为父亲病重,十分悲痛,即都赶到陈某处。陈某立即找到邮电局,质问电报是否发出,经调查,电报稿根本未发,被值班的李某销毁了。陈某以邮电局为被告起诉到法院,而邮电局辩称:该责任与邮电局无关。李某是公报私仇,不属于职务行为。

问题:(1)如何认定李某行为的性质?(2)邮电局是否应承担责任?

4. 案情:1997年1月,某商场决定改扩建,经过投标确定由甲建筑公司承担。同年8月,甲公司与商场的法定代表人刘某签订了合同:约定1998年1月工程动工,同时商场支付30万元;6月商场再支付30万元。12月30日工程竣工,经验收合格后支付剩余的40万元。1998年8月,甲建筑公司被实力雄厚的乙公司兼并,工程进度加快,11月提前竣工,经验收后交付使用。此时商场仅支付了60万元,剩余的40万元一直未支付。1999年3月,商场被某商业集团兼并,5月,乙建筑公司的法人代表找到商业集团的法人代表江某,请求支付欠款。江某以合同是商场签订,与集团没有关系,要找也要找刘某等为理由拒绝承担责任。双方协商不成,乙公司起诉到法院。

问题:根据上述案情请分析:江某的主张在法律上是否成立?

二、简答思考题

1. 简述我国民法的概念与调整对象。
2. 我国民法规定的基本原则有哪些?
3. 简述法律事实的基本含义。
4. 简述表见代理的基本含义及其法律效力。

第二章 物　权

教学要求

要求学生了解掌握物权的概念和特征,物权的优先效力,物权的各种类型,物权变动的原则,了解物权行为理论以及我国立法应否确立物权行为理论;掌握所有权的概念和内容,所有权的种类,动产所有权和不动产所有权,相邻关系,动产的善意取得制度等;了解掌握共有的概念和特征,按份共有和共同共有的概念、特征、类型和两者的主要区别;了解掌握用益物权的概念和特征,地上权的概念、特征和内容,土地承包经营权的概念、典权、地役权的概念和特征;了解掌握担保物权的概念和特征,以及抵押权、质权和留置权的概念、特征、权利义务的具体内容,各种担保物权发生重合时的处理原则;了解掌握占有概念和性质,占有的种类,占有的效力和保护,占有的取得和消灭,以及我国立法建立占有制度的必要性。

第一节　物权总论

一、物权的概念和效力

（一）物权的概念与特征

1. 物权的概念

物权是权利人直接支配其标的物,并享受其利益的排他性权利。

2. 物权的特征

（1）物权是支配权。物权是权利人直接支配的权利,即物权人可以依自己的意志就标的物直接行使权利,无须他人的意思或义务人的行为的介入。

(2) 物权是绝对权(对世权)。物权的权利主体只有一个,权利人是特定的,义务人是不特定的第三人,且义务内容是不作为,即只要不侵犯物权人行使权利就履行义务,所以物权是一种绝对权。

(3) 物权是财产权。物权是一种具有物质内容的、直接体现为财产利益的权利,财产利益包括对物的利用、物的归属和就物的价值设立的担保,与人身权相对。

(4) 物权的客体是物,且为有物体。

(5) 物权具有排他性。首先,物权的权利人可以对抗一切不特定的人,所以物权是一种对世权;其次,同一物上不许有内容不相容的物权并存(最典型的就是一个物上不可以有两个所有权,但可以同时有一个所有权和几个抵押权并存),即"一物一权"(应该注意的是:在共有关系上,只是几个共有人共同享有一个所有权,并非是一物之上有几个所有权。在担保物权中,同一物之上可以设立两个或两个以上的抵押权,但效力有先后次序的不同。因此,共有关系以及两个以上抵押权的存在都与物权的排他性并不矛盾)。

(6) 物权作为一种绝对权,必须具有公开性。因此物权必须公示。

(7) 物权立法采用法定主义。

(8) 物权具有优先效力,又称为物权的优先权。

(二) 物权的效力

物权的效力是指物权成立后发生的法律效果,物权是权利人直接支配其标的物的排他性权利。依物权的这种性质,它当然具有优先效力和物上请求权。

1. 物权的优先效力

物权的优先效力,亦称为物权的优先权。其基本含义是指同一标的物上有数个相互矛盾、冲突的权利并存时,具有较强效力的权利排斥具有较弱效力的权利的实现。考察先后成立的物权之间及物权与债权之间的关系,物权的这种优先效力都是存在的。

(1) 就物权间的优先效力而言,一般遵循以下规则:

① 法定物权优先于约定物权,如留置权优于抵押权和质权。

② 登记物权优于非登记物权,如法定登记的抵押权优于质权。

③ 如果物权均进行登记,则先登记的物权优于后登记的物权,如数个登记的抵押权,先登记的抵押权优于后登记的抵押权。

④ 如果物权均不需要登记,则占有物权优于非占有物权,如未登记的抵押权和动产质权发生冲突时,质权优先。

⑤ 如果物权均不需要登记且均不占有,则按照债权比例受偿,无优先性问题,

如多个不登记的抵押权发生冲突时,按债权比例受偿。

【案情】 张三拥有一辆赛车,分别依法在其上设定给了甲留置权、乙抵押权和丙质权,后甲、乙、丙三方就谁可以行使担保物权发生争议。甲认为其最先设定留置权,丙认为赛车已在其处,乙认为抵押权有最大的法律效力,那么,该如何处理呢?

【问题】 甲、乙和丙所享有的担保物权的效力怎样认定?

【法律规定】《物权法》第二百三十九条规定:同一动产上已设立抵押权或者质权,该动产又被留置的,留置权人优先受偿。不同担保物权之间的优先效力:留置大于已登记的抵押大于质押大于未登记的抵押。

【法律运用及结果】 根据以上规定,留置权人甲优先于抵押权人乙受偿;留置权人甲优先于质权人丙受偿;抵押权人乙优先于质权人丙受偿。

(案例改编自 www.iliyu.com/news/79196_2.html 2012-6-29)

(2) 就物权对债权的优先效力而言,主要体现在:在同一标的物上物权与债权并存时,物权有优先于债权的效力,这主要表现在两个方面:

一是在同一标的物上,既有物权又有债权时,物权有优先于债权的效力。例如甲同意将10吨水泥出卖给乙,乙就取得了请求甲交付该10吨水泥的债权。后来甲又将这10吨水泥出卖给丙,并交付给丙,丙就取得了已交付的10吨水泥的所有权,而乙只能请求甲承担债务不履行的责任。再如甲将其房屋借给乙使用,又为丙设定了典权;此时丙的典权优先,他可以优先于乙对房屋进行使用、收益。这是因为物权是直接支配物的权利;而债权的实现则要依靠债务人的行为,债权人不能对物进行直接支配。基于两者在性质上的不同,物权具有这种优先效力。但是这只是一般原则,在法律有特别规定的情况下也有极少数的例外。应予特别注意的是,物权优于债权是一般原则,买卖不破除租赁为例外。例如,不动产租赁使用权在民法上属于债权,如甲将其所有的房屋出租给乙,以后又将该房屋出卖给丙,丙取得该房屋的所有权后,乙仍然可以对丙主张其租赁使用权。这在学理上称为"买卖不破除租赁"。此外,依据最高人民法院《关于适用〈中华人民共和国担保法〉若干问题的解释》(以下简称《担保法解释》)第六十五条的规定,抵押人将已经出租的财产抵押的,抵押权实现后,租赁合同在有效期内对抵押物的受让人继续有效。

二是在债权人依破产程序或强制执行程序行使其债权时,作为债务人财产的物上存在他人的物权时,该物权优先于一般债权人的债权。例如,在债务人的财产上设有担保物权的,担保物权人享有优先受偿的权利,此为别除权;在破产时,非为债务人所有之物,所有人有取回该物的权利,此为取回权。例如,出卖人已将出卖物发送,买受人尚未收到,也没有付清全部价款而宣告破产时,出卖人可以解除买卖合同,并取回其标的物。

【案情】 甲将其父去世时留下的毕业纪念册赠与其父之母校,赠与合同中约定该纪念册只能用于收藏和陈列,不得转让。但该大学在接受乙的捐款时,将该纪念册馈赠给乙。

【问题】 该大学对乙的赠与是否有效? 乙是否能取得纪念册的所有权?

【法律规定】 《物权法》第三十九条规定:"所有权人对自己的不动产或者动产,依法享有占有、使用、收益和处分的权利。"《物权法》第五条规定:"物权的种类和内容,由法律规定。"

【法律运用及结果】 本题中,甲在赠与合同中约定学校不得处分(转让)该纪念册,违反了物权法定原则,仅具有债的效力,不具有物权效力。因此该大学对乙的赠与有效,乙已取得纪念册的所有权。

(案例改编自2007年司法考试真题卷三第11题)

2. 物上请求权

物上请求权,是指物权人在其权利的实现上,遇有某种妨害时,有权请求造成妨害事由发生的人排除此妨害的权利,这种权利也称为物权请求权。物上请求权是基于物权而发生的请求权。

物权是对物的直接支配权,权利的实现无须他人行为的介入。如果有他人干涉的事实使物权受到妨害或有妨害的危险时,必然妨碍物权人对物的直接支配,法律就赋予物权人请求除去此等妨害的权利。可见,物上请求权是基于物权的绝对权、对世权,可以对抗任何第三人的性质而发生的法律效力。它赋予物权人各种请求权,以排除对物权的享有与行使造成的各种妨害,从而恢复物权人对其标的物的原有的支配状态。

(1) 物上请求权的性质包括以下三种:

① 物上请求权是请求权。所谓请求权,是指权利人请求他人(特定的人)为一定行为(作为或者不作为)的权利。物上请求权在物权受到妨害时发生,是物权人请求特定的人(妨害物权的人)为特定行为(除去妨害)的权利,属于行为请求权。

它不以对物权标的物的支配为内容,故不是物权的本体,而是独立于物权的一种请求权。作为请求权,物上请求权与债权有类似的性质,因而在不与物上请求权性质相抵触的范围内,可以适用债权的有关规定,如过失相抵、给付迟延、债的履行及转让等。

② 物上请求权是物权的效用。物权作为一种法律上的权利,受到法律的保护;当受到妨害时,物权人即有排除妨害的请求权。因此,物上请求权是物权的效用;它以恢复物权的支配状态为目的,在物权存续期间不断地发生。

③ 物上请求权附属于物权。这是物上请求权作为物权效用的必然结果。物上请求权派生于物权,其命运与物权相同,即其发生、移转与消灭均从属于物权,不能与物权分离而单独存在。因而物上请求权不同于债权等请求权。至于让与物上请求权可以作为动产物权的交付方法,如第三人无权占有某项动产时,出让人转让所享有的返还请求权以代替现实交付,这是因为双方已经有了物权移转的合意,依此等方法而发生物权移转的效力,并非将物上请求权与物权分离而单独让与。

(2) 物上请求权的行使。物上请求权的行使,不必非得依诉讼的方式进行,也可以依意思表示的方式为之:物权受到妨害后,物权人可以直接请求侵害人为一定的行为或不为一定的行为,包括请求侵害人停止侵害、排除妨碍、消除危险、返还财产等。例如,甲的汽车发生故障,停在乙的门口,挡住乙的通道,甲有义务排除妨碍,乙有权直接请求甲排除妨碍。

物权人直接向侵害人提出物上请求权是一种自我保护措施,是物上请求权实现的有效途径。实践中,大部分妨害物权行使的行为,都是在侵害人应物权人的请求停止妨害行为而使物权恢复完全的支配状态的情况下了结的。尤其是在情况紧急、来不及请求公力救济的情况下,在法律允许的范围内,物权人直接采取一定的自我保护措施,有利于避免或减轻自己的财产遭受的损害。

物权人在其权利受到妨害时也可以直接向法院提出诉讼,请求确认其物权的存在或采取其他的保护措施。实践中一般都是物权人在直接向侵害人提出请求未得结果,仍不能实现和保护其权利时,才依法请求法院裁判,责令侵害人停止侵害、排除妨碍、消除危险、返还财产。在这种情况下,停止侵害、排除妨碍、消除危险、返还财产同时就是对侵害人的民事制裁。

(3) 物上请求权与债权请求权。物权人在其标的物受到损害,例如甲的汽车撞坏了乙的房屋时,乙有权请求侵权人甲赔偿损失。传统民法理论认为这是一种债权请求权,又称为损害赔偿请求权。这种请求权不是直接以物权的存在为前提,而是以物权受到侵害后产生的物权人与侵权人间的债权关系为前提的。

物上请求权与损害赔偿请求权不可混为一谈。物上请求权旨在恢复物权人对其标的物的支配状态,从而使物权得以实现。损害赔偿请求权的目的在于消除损害,它是在不能恢复物的原状时,以金钱作为赔偿,补偿物权人受到的财产损失。基于侵权行为的损害赔偿,必须是实际上受到损害,即标的物价值的减少或灭失;物上请求权则不以此为要件。

在物权因他人的违法行为受到妨害时,如果有标的物的实际损害,可以同时发生损害赔偿请求权,故物上请求权与损害赔偿请求权是可以并存的。

(4) 物权的保护。物权受到侵害的,权利人可以通过和解、调解等途径解决,也可以依法向人民法院提起诉讼。物权的保护应当采取如下方式:

① 因物权的归属和内容发生争议的,利害关系人可以请求确认权利。

② 被无权占有人占有不动产或者动产的,权利人可以请求返还原物;不能返还原物或者返还原物后仍有损失的,可以请求损害赔偿。

③ 造成不动产或者动产损毁的,权利人可以请求恢复原状;不能恢复原状或恢复原状仍有损失的,可以请求损害赔偿。

④ 妨碍行使物权的,权利人可以请求排除妨害。

⑤ 有可能危及行使物权的,权利人可以请求消除危险。

⑥ 侵害物权,造成权利人损害的,权利人可以请求损害赔偿。

上述物权保护方式,可以单独适用,也可以根据权利被侵害的情形合并适用。

二、物权的类型

(一) 物权法定原则

物权法定原则,又称为物权法定主义,是指物权的种类、物权的内容和效力都只能由法律加以规定,当事人不得任意创设,其具体内容包括:

(1) 物权必须由法律设定。

(2) 物权的内容由法律规定,而不能由当事人通过协议设定。

(3) 物权的效力必须由法律规定,而不能由当事人通过协议加以设定。

(4) 物权的公示方法必须由法律规定,不得由当事人随意确定。

【案情】 甲对乙负有50万元的债务,甲想将自己的一幢价值50万元的房屋不转移占有质押给乙;抑或甲想将自己的一幢价值50万元的房屋抵押给乙;或者甲的朋友丙将自己的一幢价值50万元的房屋抵押给乙担保甲债务的履行;或者甲乙约定若甲到时不能清偿债务,则甲的房屋归乙所有。以上四种方式,哪些是合法有效的?

【问题】 本案主要考查担保物权的法定种类。

【法律规定】 鉴于物权法定主义,当事人不能自行创设法律没有规定的物权类型,否则无效。物权法定主义是相对于放任主义而言的,是物权法的一项基本原则。按照物权法定主义的要求:第一,物权的种类法定,即不得创设法律没有规定的新种类的物权。第二,物权的内容法定,不得创立于法律规定内容不同的物权。当事人如果违反物权法定主义原则的要求,其行为一般不发生物权效力。

【法律运用及结果】 在本案中,"甲想将自己的一幢价值50万元的房屋抵押给乙"以及"甲的朋友丙将自己的一幢价值50万元的房屋抵押给乙担保甲债务的履行",这两项属于法律规定的抵押权,并且其内容也符合法律的规定。而"甲想将自己的一幢价值50万元的房屋不转移占有质押给乙"则创设了一个法律没有规定的新的担保物权种类,因为依据《民法通则》和《担保法》的相关规定,质权的设定必须转移质物的占有,如果不转移占有,即使名为质权,也是不允许的。"甲乙约定若甲到时不能清偿债务,则甲的房屋归乙所有",这条规定属于流质条款的约定,也是无效的。

值得注意的是,物权的种类和内容法定,这一点和债权是完全不同的。债权奉行的是契约自由原则,当事人可以在不违反法律和社会公共利益的范围内,创设任何种类的债权。法律往往并不限制合同的种类和内容,允许当事人自由协商约定合同的内容,承认并保障其效力的实现。

(案例改编自2007年司法考试物权法考点解析 www.fzwgov.cn/Article/ShowInfo.asp? InfoID...2012-6-29)

(二)民法上物权的种类
1. 所有权;
2. 用益物权;
3. 担保物权;
4. 占有。

三、物权的变动

(一)物权变动的概念
物权的变动是物权的产生、变更和消灭的总称。

(二)物权变动的原则

1. 公示原则

物权的变动即物权的设立、变更、转让和消灭,必须以特定的可以从外部察知的方式表现出来。不动产的物权变动,应当依照法律规定登记;动产的物权变动,应当依照法律规定交付。

2. 公信原则

公信原则是指一旦当事人变更物权时,依据法律的规定进行了公示,则即使依公示方法表现出来的物权不存在或存在瑕疵,但对于信赖物权的存在并已从事了物权交易的人,法律仍然承认其具有与真实的物权存在相同的法律效果,以保护交易安全和快捷,稳定社会经济秩序。

公示原则在于使人"知",公信原则在于使人"信"。

公示方法,以登记和交付分别作为不动产物权和动产物权的公示方法。同时,登记和交付分别作为动产和不动产物权变动的要件。

【案情】 张先生夫妇拥有一套四合院,院内有6间房屋。1996年,张先生以自己的名义为6间房屋办理了房屋产权证。一年后,经公证处公证,张先生夫妇自愿将1间南房赠与了女儿张平。但张平没有实际占有使用此房,也没有到国家有关房屋管理机关办理产权过户手续。1998年,张先生的妻子病故。此后不久,张先生将四合院内的所有房屋,包括曾经公证赠与女儿的南房,全部赠与了儿子张丰的女儿张小小,此事经过了公证,张丰还以女儿的名义办理了产权过户手续。自此,张先生与张丰一家在四合院内居住。2002年,张先生的女儿张平将张先生、张丰告至法院,要求确认南房归自己所有,二人腾退房屋。本案该如何处理?

【问题】 本案涉及的法律问题是不动产物权的公示方法、公示的效力,以及赠与合同是实践合同的性质。

【法律规定】 根据我国《合同法》第一百八十五条的规定:"赠与合同是赠与人将自己的财产无偿给予受赠人,受赠人表示接受赠与的合同。"第一百八十七条规定:"赠与的财产依法需要办理登记等手续的,应当办理有关手续。"

【法律运用及结果】 物权的变动,必须以一种可以公开的、能够表现这种物权变动的方式予以展示并进而决定物权变动的效力,法学上称为物权公示原则。动产物权的公示方式为交付，不动产物权的公示方式为不动产登记。因此，不动产物权变动只能在登记时生效，未登记是不发生物权变动法律效果的。另外根据我国《合同法》第一百八十五条的规定以及第一百八十七条规定可知，赠与合同是单务、无偿合同，同时也是实践合同，即必须实际给付赠与物，赠与才生效。本案中，张先生对张平、张丰女儿的赠与合同都经过公证，这两个赠与合同都符合赠与合同成立的要素，所以，两个合同在形式上都成立。但合同的成立与生效是两个不同的法律概念。赠与合同的生效要以实际给付为要件。不动产的给付是法律规定的要式行为，即必须到国家有关机关办理产权过户登记手续，否则所有权不发生转移，赠与合同不生效。张先生夫妇自愿将南房赠与张平，张平也表示接受赠与并办理了公证，所以公证成立，但张平没有依法办理产权过户手续，也没有实际占有、使用房屋，因此，赠与合同没有实际生效，房屋的所有权没有发生转移，南房仍是张先生夫妇的共有财产，张平要求张先生和张丰返还南房的诉讼请求并不能得到支持。

其中需要注意的是，本案除涉及上述两个问题以外还涉及遗产继承和无权处分。虽然张先生对张小小的赠与是生效的，但不能及于全部房产。1997年，张先生的妻子病故后，6间房屋作为张先生夫妇的夫妻共同财产，其中的3间应为张先生妻子的遗产，张先生、张平、张丰依照法定继承，可以各自分得1间。但3人没有对四合院内的房屋，包括南房进行财产继承，所有房屋，包括南房都处于共有状态，张先生只能处分自己的财产，而无权处分其妻的遗产。张先生将全部房屋赠与张小小是擅自处分共有财产的行为，其对自己应继承妻子遗产部分的赠与是有效的合法处分，对其他人应继承妻子遗产部分的赠与是无效的无权处分。所以，张先生自行处分共有财产的行为是部分有效、部分无效的民事行为。对此，张平可以张先生无权处分自己应继承的母亲遗产份额为由，起诉要求继承母亲的遗产，取得自己应当继承的其中1间房屋，维护自己的合法权益。但张平现在起诉要求确认南房归自己所有，没有法律依据，无法得到法院的支持。

综上所述，张平主张南房归自己所有的诉讼请求不能得到支持，因其虽接受赠与，但没有办理过户登记；张先生将6间房屋全都赠与给张小小的行为是部分有效的；张平可以请求张某返还自己继承母亲遗产所应得的房屋。

(案例改编自法网司法考试物权法考点精析 www.xuefa.com/sfks/Datum/mf/0211123R008.html 2012-6-21)

(三) 物权变动的原因
1. 物权的取得
(1) 依民事法律行为。

能够引起物权取得的法律事实主要是民事法律行为,例如因买卖、互易、赠与、遗赠等行为取得物权,通过物的所有人与其他人的设定行为为他人设定抵押权、地役权、质权等他物权。具体可分为以下两种。

一是不动产登记。我国《物权法》第十五条规定,当事人之间订立有关设立、变更、转让和消灭不动产物权的合同,除法律另有规定或者合同另有约定外,自合同成立时生效;未办理物权登记的,不影响合同效力。

① 除法律另有规定的以外,不动产物权的变动采登记要件主义。

② 当事人之间仅就物权的变动达成合意,而没有办理登记,合同仍然有效。只不过由于未完成公示要件而不能产生物权变动的效果。

③ 国家对不动产实行统一登记制度。

④ 不动产登记,由不动产所在地的登记机构办理。

不动产物权的变动采登记要件主义的除外规定包括两个方面:① 采登记对抗主义的情况,如土地承包经营权的转让。② 依法属于国家所有的自然资源,所有权可以不登记。

【案情】 乙买甲一套房屋,已经支付1/3价款,双方约定余款待过户手续办理完毕后付清。后甲反悔,要求解除合同,乙不同意,起诉要求甲继续履行合同,转移房屋所有权。

【问题】 甲乙之间签订的合同是否有效?乙要求甲继续履行合同是否会得到支持?甲可否主张解除合同?

【法律规定】

(1)《物权法》第十五条规定:"当事人之间订立有关设立、变更、转让和消灭不动产物权的合同,除法律另有规定或者合同另有约定外,自合同成立时生效;未办理物权登记的,不影响合同效力。"

(2)《合同法》第一百一十条规定:"当事人一方不履行非金钱债务或者履行非金钱债务不符合约定的,对方可以要求履行,但有下列情形之一的除外：(一)法律上或者事实上不能履行；(二)债务的标的不适于强制履行或者履行费用过高；(三)债权人在合理期限内未要求履行。"

(3)《合同法》第九十四条规定："有下列情形之一的，当事人可以解除合同：(一)因不可抗力致使不能实现合同目的；(二)在履行期限届满之前，当事人一方明确表示或者以自己的行为表明不履行主要债务；(三)当事人一方迟延履行主要债务，经催告后在合理期限内仍未履行；(四)当事人一方迟延履行债务或者有其他违约行为致使不能实现合同目的；(五)法律规定的其他情形。"

【法律运用及结果】 根据《物权法》第十五条规定可见房屋买卖合同的成立、有效、生效与是否办理登记无关，因此合同有效。根据《合同法》第一百一十条规定，甲应继续履行合同。根据《合同法》第九十四条规定，本题中，甲主张解除合同缺乏法律依据。

(案例改编自 www.anjuke.com/ask/view/340269 2012-6-29)

二是动产交付。一般而言，动产物权变动的公示方式采用交付方式，少数动产如船舶、飞行器和机动车等物权的设立、变更、转让和消灭，未经登记，不得对抗善意第三人。

【案情】 甲将一辆汽车以15万元卖给乙，乙付清全款，双方约定七日后交付该车并办理过户手续。丙知道此交易后，向甲表示愿以18万元购买，甲当即答应并与丙办理了过户手续。乙起诉甲、丙，要求判令汽车归己所有，并赔偿因不能及时使用汽车而发生的损失。

【问题】 甲将一辆车分别卖给了乙、丙，甲可否一物二卖？到底谁可以获得该辆车？

【法律规定】《物权法》第二十三条规定，动产物权的设立和转让，自交付时发生效力，但法律另有规定的除外。第二十四条规定：船舶、航空器和机动车等物权的设立、变更、转让和消灭，未经登记，不得对抗善意第三人。

【法律运用及结果】 本题中甲、乙之间的买卖因没有完成交付，所有权没有转移。即使丙知道甲、乙之间的交易，但甲对汽车享有完全的所有权，依然有权再次处分。甲将汽车交付给了丙，并办理了过户手续，该汽车的所有权归丙，且只有甲应当对乙承担违约责任，赔偿其损失。

(案例改编自 2010 年司法考试真题卷三第 6 题)

另外,交付分为现实交付和拟制交付,拟制交付主要包括简易交付、占有改定和指示交付等。其中,a) 现实交付是最为传统的交付方式,即直接占有的转移;b) 简易交付是指标的物已经为受让人占有,转让人无须进行现实交付的交付方式;c) 指示交付是指动产由第三人占有时,出让人将其对于第三人的返还请求权让与受让人,以代替交付;d) 占有改定是指动产物权的出让人与受让人之间特别约定,标的物仍然由出让人继续占有,受让人取得对于动产的间接占有并取得动产的所有权。

例如,甲在乙的画展上看中一幅画,并提出购买,双方以 5 万元成交。甲同意待画展结束后,再将属于自己的画取走。此种交付方式属于占有改定。

(2) 依民事法律行为以外的原因可以分为以下几种:

一是依据"公共权力"发生的物权变动,自法律文书生效或者人民政府的征收决定等行为生效时发生效力。

二是因继承或受遗赠发生的物权变动,自继承或者受遗赠开始时发生效力。

三是因事实行为发生的物权变动,自事实行为成就时发生效力。

四是对于非基于法律行为发生的物权取得,从物权处分的角度予以限制,即取得人取得的权利如为不动产物权而未进行不动产登记的,权利取得人不得处分其物。

权利取得人不处分物时,法律并不强制其登记。如果权利取得人将非基于法律行为取得的物权进行法律上的处分,依照法律规定需要办理登记的,必须予以登记,否则不发生物权效力。

2. 物权的消灭

(1) 依民事法律行为可以分为以下几种:

一是抛弃。这是以消灭物权为目的的单方民事行为。只要权利人一方作出抛弃的意思表示即生效力,故抛弃是一种单方民事行为。抛弃的意思表示不一定向特定人为之,只要权利人抛弃其占有,表示其抛弃的意思即生抛弃的效力。但他物权的抛弃,须向因抛弃而受利益的人为意思表示。不动产物权的抛弃,还需办理注销登记才发生效力。物权人抛弃物权会妨害他人权利时,则不得任意抛弃,如农村承包经营户应对农村集体经济组织负有义务,因此不得随意抛弃其土地承包经营权。

二是合同。这是指当事人之间关于约定物权存续的期间,或约定物权消灭的意思表示一致的民事法律行为。在合同约定的期限届满或约定物权消灭的合同生效时,物权即归于消灭。

三是撤销权的行使。法律或合同规定有撤销权的,因撤销权的行使会导致物权消灭。例如土地承包经营权人长期连续弃耕抛荒的,发包人依法有权撤销其承包经营权。

(2) 依民事法律行为以外的原因可以分为以下几种:

一是标的物灭失。物权的标的物如果在生产中被消耗、在生活中被消费,或者标的物因其他原因灭失,此时由于标的物不存在了,因而该物的物权也就不存在了。唯应注意的是,标的物虽然毁损,但是对于其残余物,原物的所有人仍然享有所有权。另外,由于担保物权的物上代位性,在担保标的物灭失或毁损时,担保物权续存于保险金、赔偿金等在经济上为该标的物的替代物之上。

二是法定期间的届满。在法律对他物权的存续规定了期间时,该期间届满,则物权消灭。

三是混同。这是指同一物的所有权与他物权归属于一人时,他物权因混同而消灭,例如,甲在其房屋上为乙设定抵押权,后来乙购买了该栋房屋取得其所有权,则所有权与抵押权同归于一人,抵押权消灭。另外,物权的混同还指所有权以外的他物权与以该他物权为标的物之权利归属于一人时,其权利因混同而消灭,例如甲对乙的土地享有使用权,甲在其土地使用权上为丙设定了抵押权,后来丙因某种原因取得了甲的土地使用权,这时土地使用权与以该土地使用权为标的的抵押权归属于一人,抵押权消灭。混同消灭物权的例外。在一些特定的情况下,物权虽混同也不消灭。同一物的所有权与他物权归属于一人时,如果对于所有人或对于第三人有法律上利益时,他物权就不因混同而消灭。如甲将其所有的房屋先抵押给乙,然后又抵押给丙,乙为第一次序的抵押权人,丙为第二次序的抵押权人,以后如果甲取得乙的抵押权或乙取得甲的所有权时,依混同消灭的原则,使乙的抵押权消灭,则甲就可能因丙升为第一次序的抵押权人受到损害,所以从甲的利益出发,乙的抵押权就不因混同而消灭。再如,甲对乙的土地享有地上权,并将该地上权抵押给丙,后来甲又取得了该土地的所有权,发生了所有权与地上权的混同,如果使甲的地上权消灭,则势必引起丙对抵押权消灭,所以甲的地上权不因混同而消灭,以免损及丙的利益。另外,作为一般原则的例外,以他物权为标的的权利,其存续对于权利人或第三人有法律上利益时,也不因混同而消灭。

【案情】 丙向甲财务公司和乙银行分别融资500万元,以其自有的一块价值 1 000 万元的建设用地使用权进行抵押,并分别进行了抵押登记,甲的登记在先,乙的登记在后。设立抵押权后,甲因某种关系取得了丙的该块建设用地使用权。

【问题】 甲对丙所享有的抵押权是否因混同而消灭?

【法律规定】 我国《担保法若干问题的解释》第七十七条规定:"同一财产向两个以上债权人抵押的,顺序在先的抵押权与该财产的所有权归属于一人时,该财产的所有权人可以以其抵押权对抗顺序在后的抵押权。"

【法律运用及结果】 如依混同的一般原则,甲的抵押权应当消灭,但是这会损害到甲的利益。因为如果该块建设用地使用权贬值到 500 万元,乙的抵押权登记在先,甲的建设用地使用权受让在后,依据登记在先权利在先的原则,只能使乙的利益得到满足,甲的利益将因混同而受害。所以,甲的抵押权不因混同而消灭。

(案例改编自 2008 年司法考试民法专题三 www.thea.cn/xsf_zl_92819-1.htm 2012-6-15)

再如,甲与乙对于丙的地上权都有抵押权,甲为第一次序抵押权人,乙为第二次序抵押权人,以后甲因某种关系取得了丙的地上权,这时地上权与以该地上权为标的抵押权归属于一人。如依原则,甲的抵押权应该消灭,但这会影响到甲的利益,所以甲的抵押权不消灭。又如,甲将其地上权抵押给乙,乙又以该抵押权(连同主债权)为丙设定了权利质权,如果后来乙取得了甲的地上权,这是地上权与以该地上权为标的的抵押权的混合,乙的抵押权应该消灭。但如果这样,就会导致丙的权利质权的消灭,这是有失公平的,所以乙的抵押权不消灭。

第二节 所 有 权

一、概述

(一) 所有权的概念和特征

1. 所有权的概念

财产所有权是财产所有人在法律规定的范围内,对属于他的财产享有的占有、使用、收益、处分的权利。

2. 所有权的特征

(1) 所有权是完全物权。所有人对其所有物,在法律限制范围内,可以为全面的占有、使用、收益和处分,即所有权是就标的物为一般支配的完全权。所有权作为一般的支配权,是用益物权、担保物权等他物权的源泉。他物权仅在使用收益上于一定范围内有支配权。

(2) 所有权具有整体性。所有权不是占有、使用、收益和处分各项权能的量的总和,而是对标的物有统一支配力,是整体的权利,不能在内容或者时间上加以分割。所有权人可以在其物上设定他物权,即使其物的占有、使用、收益、处分等权能分别归他人享有,但所有权人的所有权性质不受影响。

(3) 所有权具有恒久性。所有权在时间上没有法律的限制,而其他物权在存续时间上都是有期限的。

(4) 所有权具有弹力性。所有权的权能依据所有人的意志和利益与所有权发生分离,但并不导致所有人丧失所有权,因为所有人可以通过行使支配权而控制和实现其所有权。由于支配权是永久的,决定了所有权与其诸种权能的分离不论经过多长时间,都只是暂时的分离,这些权能最终要并入所有权中,使所有权恢复其圆满状态。

(二) 所有权的内容

所有权的权能包括:占有、使用、收益、处分。

1. 占有

占有是所有权人对于财产实际上的占领、控制。财产所有人可以自己占有财产,也可以由非所有人占有。

非所有人的占有分为合法占有和非法占有。非所有人的合法占有指根据法律规定或所有人的意思而占有他人的财产,非所有人没有法律上的依据而占有他人的财产是非法占有。非法占有又分为善意占有和恶意占有。占有人不知道或无须知道他的占有是非法的为善意占有;占有人知道或应当知道其占有是非法的为恶意占有。

2. 使用

使用是依照物的性能和用途,并不毁损其物或变更其性质而加以利用。使用权能一般由所有人自己行使,也可以由非所有人行使。

3. 收益

收益是指收取所有的物的利益,包括孳息和利润。孳息分为法定孳息和自然孳息。前者指依法律关系取得的利益,后者指果实、动物的生产物以及其他依物的用法收取的利益。收益权能一般由所有人行使,他人使用所有物时,除法律或合同另有规定外,收益归所有人所有。

4. 处分

处分是决定财产事实上和法律上命运的权能。处分分为事实上的处分和法律上的处分。前者是在生产或生活中使物的物质形态发生变更或消灭,后者指依照所有人的意志。通过某种法律行为对财产进行处理。处分权能通常只能由所有人自己行使,只有在法律特别规定的场合,非所有人才能处分他人所有的财产。

占有、使用、收益、处分一起构成了所有权的内容。但在实际生活中,占有、使用、收益、处分都能够且经常地与所有人发生分离,而所有人仍不丧失对于财产的所有权。

(三)财产所有权的种类

所有权的种类就是指所有权的不同类型,所有权的种类是对所有制形式的反映。我国现阶段财产所有权主要有国家所有权、集体组织所有权和公民个人所有权三种基本形式。

1. 国家所有权

社会主义国家所有权作为社会主义条件下一种所有权形式,是国家对国有财产的占有、使用、收益和处分的权利,国家所有权本质上是社会主义全民所有制在法律上的表现。国家所有权作为一种法律关系,它是在全民所有制基础上,由特定的权利主体(国家)和不特定的义务主体(任何公民和法人)之间组成的权利和义务关系。

在确认和保护国家所有权方面,我国民法起着极为重要的作用。民法不仅确认国家所有权和全民所有制企业的经营权,明确国家和企业对国有财产享有的财产权利的内容,规定国家所有权的客体范围和行使国家所有权的一般准则,而且以其特有的方法保护着国有财产的完整,保障着国有财产的增值。运用民法的债权制度,保护在国有资产之上形成的债权关系,运用不履行债的责任方式,督促义务人履行义务和保障国家财产权利的实现,也是保护国有财产的重要措施。

2. 集体组织所有权

我国宪法规定,中华人民共和国的经济制度是生产资料的社会主义公有制,即全民所有制和劳动群众集体所有制,集体所有制经济是我国公有制经济的重要组成部分。

在我国,劳动群众集体组织所有权没有全国性的统一的主体。各个劳动群众集体组织都是独立的集体所有权的主体。它们相互之间是平等的相互合作关系,集体组织应该是具有法人资格的主体。劳动群众集体组织所有权不同于各种非法人团体的财产权。

《民法通则》第七十四条规定:"集体所有的财产受法律保护,禁止任何组织或者个人侵占、哄抢、私分、破坏或者非法查封、扣押、冻结,没收。"任何单位和个人不得非法干预集体组织的内部事务,不得以任何借口平调、挪用、侵吞或私分集体所有制企业的资金、利润、厂房、设备、原材料产品等一切资产,不得无偿调动集体所有制企业的劳动力。对于侵犯集体所有制企业的合法权益的行为,企业有权予以抵制,或依法提起诉讼和提出请求。

3. 社会团体所有权

社会团体所有权是指各类社会团体对其财产享有的占有、使用、收益和处分的权利。在我国,社会团体种类很多,包括人民群众团体、社会公益团体、文艺团体、学术研究团体、宗教团体等。我国《民法通则》第七十七条规定:"社会团体包括宗教团体的合法财产受法律保护。"任何组织和个人都不得随意侵占、破坏社会团体的合法财产。

社会团体在行使所有权时,必须遵循国家的法律和政策,不得超越登记批准的业务范围及活动地区进行活动。

4. 公民个人所有权

公民个人所有权是公民依法享有的占有、使用、收益和处分其生产资料和生活资料的权利,是公民个人所有制在法律上的表现。在我国,公民个人所有权分为两类:即公民个人生产资料所有权和公民个人生活资料所有权。包括:① 合法收入;② 房屋;③ 生活用品;④ 文物、图书资料;⑤ 林木;⑥ 牲畜;⑦ 法律允许自然人所有的生产资料;⑧ 其他合法财产。

我国《民法通则》第七十五条规定:"公民的合法财产受法律保护,禁止任何组织或个人侵占、哄抢、破坏或者非法查封、扣押、冻结、没收。"公民依法对其所有的生产资料和生活资料享有完全的占有、使用、收益和处分的权利。公民在法律规定的范围内行使其生产资料所有权,从事正当的生产经营活动,或利用其生活资料满足个人的需要,都受法律的保护。任何单位和个人都不得以任何方式无偿平调公民的财产。对于各种非法摊派和收费,公民有权予以拒绝。公民在其所有权受到侵犯时,有权要求侵权行为人停止侵害、返还财产、排除妨害、恢复原状、赔偿损失,或依法向人民法院提起诉讼。

二、不动产所有权

（一）土地所有权

1. 土地所有权的概念

土地所有权系以土地为其标的物，它是土地所有人独占性地支配其所有的土地的权利。土地所有人在法律规定的范围内可以对其所有的土地进行占有、使用、收益、处分，并可排除他人的干涉。

民法通则以及土地管理法等法律确认了土地所有人的独占性支配权。虽然法律没有明确规定其效力范围，但从法律的宗旨及其实践来看，土地所有权的效力范围，在横的方面，是以地界为限；从纵的方面，不仅包括地面，也包括地上及地下。

2. 土地所有制的限制

我国土地所有权的这种及于地上及地下的效力，并不是无限制的。这种限制主要有两方面：

（1）内在的限制。土地所有权的客体，以人力所能支配并满足所有人的需要为要件，也就是说，土地所有权的支配力，仅限于其行使受到法律保护的利益的范围。对此范围外他人在其地上及地下的干涉，土地所有人不得排除之。例如，地下开凿隧道、地上通航飞机，土地所有人不得请求排除。

（2）法律的限制。法律对土地所有权的限制很多，除了相邻关系的规定外，还有国防、电信、交通、自然资源、环境保护、名胜古迹等方面的限制。

（二）国家土地所有权

《宪法》、《民法通则》、《土地管理法》等法律，对国家土地所有权作了明确规定。《土地管理法》第六条规定：城市市区的土地属于全民所有即国家所有。农村和城市郊区的土地，除法律规定属于国家所有的以外，属于集体所有。

（1）城市市区的土地。在中国对于城市市区的认识是十分模糊的，这是需要以法律的形式进一步明确的问题。一般来讲，城市市区的土地，是指直辖市、地级市、县级市以及县城所在镇市区的土地。这些土地主要不是农业用地，而是工业、交通、文化、建筑用地及城市居民用地。

（2）农村和城市郊区中已经依法没收、征收、收购为国有的土地。

（3）国家依法征用的土地。

（4）依法不属于集体所有的林地、草原、荒地、滩涂及其他土地。

（5）农村集体经济组织全部成员转为城镇居民的，原属于其成员集体所有的土地。

(6)因国家组织移民、自然灾害等原因,农民成建制地集体迁移后不再使用的原属于迁移农民集体所有的土地。

国有土地虽然由国家享有其所有权,但一般情况下并不由国家直接使用、经营,而是由国务院主管部门主管全国土地的统一管理工作,县级以上地方人民政府土地管理部门统一管理本行政区域内的土地。国有土地,可以依法确定给单位或者个人使用。国有土地也可以由单位或者个人承包经营,从事种植业、林业、畜牧业、渔业生产。《土地管理法》第二条规定,国家依法实行国有土地有偿使用制度。但是,国家在法律规定的范围内划拨国有土地使用权的除外。

(三)集体土地所有权

集体土地所有权是由各个独立的集体组织享有的,对其所有的土地的独占性支配权利。根据《土地管理法》第八条的规定,属于集体所有的土地,是指除法律规定属于国家所有以外的、农村和城市郊区的土地以及宅基地、自留地。

集体土地所有权的主体,即享有土地所有权的集体组织,有以下三类:

(1)村农民集体。村农业生产合作社等农业集体经济组织或者村民委员会具体地对土地进行经营、管理;

(2)如果村范围内的土地已经分别属于村内两个以上农业集体经济组织所有的,可以属于各该农业集体经济组织的农民集体所有;

(3)土地如果已经属于乡(镇)农民集体所有的,可以属于乡(镇)农民集体所有。

(四)房屋所有权

房屋所有权系以房屋为其标的物,它是房屋所有人独占性地支配其所有的房屋的权利。房屋所有人在法律规定的范围内,可以对其所有的房屋进行占有、使用、收益、处分,并可排除他人的干涉。

在中国,根据房屋坐落的位置不同,可以把房屋分为城镇房屋和农村房屋。城镇房屋是指坐落于城市(直辖市、地级市、县级市)、县城、建制镇和工矿区的房屋;农村房屋是指坐落在农村(包括未设建制的村镇)的房屋。中国对城镇房屋的管理制度较农村房屋要完善一些。例如,城镇房屋都已普遍实行了房屋产权登记制度,包括设立登记、变更登记和消灭登记,而农村房屋则还未完全建立房屋产权登记制度。

(五)建筑物区分所有权

1. 建筑物区分所有权的概念

建筑物区分所有权是中国物权法专章规定的不动产所有权一种形态。所谓建筑物区分所有权,指的是权利人即业主对于一栋建筑物中自己专有部分的单独所有权、对共有部分的共有权以及因共有关系而产生的管理权的结合。

2. 区分规定及条件

建筑物区分所有权将建筑物的特定部分作为所有权的标的,严格而言,与物权客体须为独立物以及一物一权主义原则不相符合。但是依社会观念,一建筑物区分为若干部分,各有该部分的所有权,应为常有之事;而且这样也不妨碍物权的公示,无害于交易安全。基于物权课题的独立性原则,区分所有的特定部分,需具备一定条件,才可以作为建筑物区分所有的客体。这些条件有:

(1)须具有构造上的独立性,即被区分的部分在建筑物的构造上,可以加以区分并与建筑物的其他部分隔离。至于是否具有足够的独立性,应依一般的社会观念确定。例如,一个住宅单元通过固定的楼板、墙壁与其他单元相隔离,成为独立的住宅单元,其内再以屏风分隔成数个部分的,即不具有构造上的独立性。

(2)须具有使用上的独立性,即被区分的各部分,可以为居住、工作或其他目的而使用。其主要的界定标准,应为该区分的部分有无独立的出入门户。如果该区分部分必须利用相邻的门户方能出入的,即不具有使用上的独立性。

3. 建筑物区分所有权的内容

通说认为,建筑物区分所有权的内容,包括区分所有建筑物专有部分的单独所有权、共有部分的共有权,以及应区分所有权人的共同关系所生的管理权。

(1)专有部分的单独所有权。专有部分是在一栋建筑物内区分出的住宅或者商业用房等单元。该单元须具备构造上的独立性与使用上的独立性。业主对其专有部分享有单独所有权,即对该部分为占有、使用、收益和处分的排他性的支配权,性质上与一般的所有权并无不同。但此项专有部分与建筑物上其他专有部分有密切的关系,彼此休戚相关,具有共同的利益。因此区分所有权人就专有部分的使用、收益、处分不得违反各区分所有权人的共同利益。例如,就专有部分的改良、使用,足以影响区分所有建筑物的安全时,不得自行为之。再如,就专有部分为保存、改良或管理的必要时,有权使用他人的专有部分。业主不得违反法律、法规以及管理规约,将住宅改变为经营性用房。业主将住宅改变为经营性用房的,除遵守法律、法规及管理规约外,应当经有利害关系的业主同意。

(2)共有部分的共有权。共有部分是指区分所有的建筑物及其附属物的共同部分,即专有部分以外的建筑物的其他部分。共有部分既有由全体业主共同使用的部分,如地基、屋顶、梁、柱、承重墙、外墙、地下室等基本构造部分,楼梯、走廊、电梯、给排水系统、公共照明设备、贮水塔、消防设备、大门、通信网络设备以及物业管理用房等公用部分,道路、停车场、绿地、树木花草、楼台亭阁、游泳池等附属公共设施;也有仅为部分业主共有的部分,如各相邻专有部分之间的楼板、隔墙,部分业主共同使用的楼梯、走廊、电梯等。其中,对于建筑区划内的道路、绿地、物业服务用房以及车位、车库的归属,《物权法》作出明确规定:首先,建筑区划内的道路,属于业主共有,但属于城镇公共道路的除外。建筑区划内的绿地,属于业主共有,但属于城镇公共绿地或者明示属于个人的除外。建筑区划内的其他公共场所、公用设施和物业服务用房,属于业主共有。其次,建筑区划内,规划用于停放汽车的车位、车库应当首先满足业主的需要。建筑区划内,规划用于停放汽车的车位、车库的归属,由当事人通过出售、附赠或者出租等方式约定。占用业主共有的道路或者其他场地用于停放汽车的车位,属于业主共有。

另外,《物权法》规定,业主对建筑物专有部分以外的共有部分,享有权利并承担义务,但不得以放弃权利为由不履行义务。共有部分为相关业主所共有,均不得分割,也不得单独转让。业主转让建筑物内的住宅、经营性用房,其对建筑物共有部分享有的共有和共同管理的权利一并转让。业主依据法律规范、合同以及业主公约,对共有部分享有使用、收益、处分权,并按照其所有部分的价值,分担共有部分的修缮费以及其他负担。

(3)业主的管理权。基于区分所有建筑物的构造,业主在建筑物的权利归属以及使用上形成了不可分离的共同关系,并基于此一共同关系而享有管理权。该管理权的内容为:

第一,业主有权设立业主大会并选举业主委员会。地方人民政府有关部门应当对设立业主大会和选举业主委员会给予指导和协助。为管理区分所有的建筑物,业主可以设立业主大会,选举业主委员会。业主大会或者业主委员会的决定,对业主具有约束力。业主大会或者业主委员会作出的决定侵害业主合法权益的,受侵害的业主可以请求人民法院予以撤销。

第二,业主有权决定区分建筑物相关事项。下列事项由业主共同决定:① 制定和修改业主大会议事规则;② 制定和修改建筑物及其附属设施的管理规约;③ 选举业主委员会或者更换业主委员会成员;④ 选聘和解聘物业服务企业或者其他管理人;⑤ 筹集和使用建筑物及其附属设施的维修资金;⑥ 改建、重建建筑物及其附属设施;⑦ 有关共有和共同管理权利的其他重大事项。决定前款第⑤项和第⑥项规定的事项,应当经专有部分占建筑物总面积三分之二以上的业主且占总人数三分之二以上的业主同意。决定前款其他事项,应当经专有部分占建筑物总面积过半数的业主且占总人数过半数的业主同意。

建筑物及其附属设施的维修资金,属于业主共有。经业主共同决定,可以用于电梯、水箱等共有部分的维修。维修资金的筹集、使用情况应当公布。建筑物及其附属设施的费用分摊、收益分配等事项,有约定的,按照约定;没有约定或者约定不明确的,按照业主专有部分占建筑物总面积的比例确定。

业主可以自行管理建筑物及其附属设施,也可以委托物业服务企业或者其他管理人管理。对建设单位聘请的物业服务企业或者其他管理人,业主有权依法更换。

物业服务企业或者其他管理人根据业主的委托管理建筑区划内的建筑物及其附属设施,并接受业主的监督。

业主应当遵守法律法规以及管理规约。业主大会和业主委员会,对任意弃置垃圾、排放污染物或者噪声、违反规定饲养动物、违章搭建、侵占通道、拒付物业费等损害他人合法权益的行为,有权依照法律、法规以及管理规约,要求行为人停止侵害、消除危险、排除妨害、赔偿损失。业主对侵害自己合法权益的行为,可以依法向人民法院提起诉讼。

(六)相邻关系

1. 相邻关系的概念

相邻不动产的所有人或使用人在各自行使自己的合法权利时,都要尊重他方所有人或使用人的权利,相互间应当给予一定的方便或接受一定的限制,法律将这种相邻人间的关系用权利义务的形式确定下来,就是相邻关系。可见,相邻关系是指两个或两个以上相邻不动产的所有人或使用人,在行使占有、使用、收益、处分权利时发生的权利义务关系。

不动产相邻关系,从本质上讲是一方所有人或使用人的财产权利的延伸,同时又是对他方所有人或使用人的财产权利的限制;反之亦然。例如,甲、乙都是集体所有的土地的承包经营人,甲承包的土地处于乙承包的土地与公用通道之间,乙如果不通过甲承包的土地就不能到达公用通道,或者虽有其他通道但非常不便,乙就有权通过甲承包的土地到达公用通道或自己承包的土地。这样,在甲、乙两个承包经营人之间就发生了相邻关系。这种相邻关系对于乙来说,是其土地使用权的合理延伸;而对于甲来说,是对其土地使用权的必要限制。这种财产权利的合理延伸和必要限制,既无损于所有人或使用人的正当权益,同时也满足了对方的合理需要;对于充分发挥财产的效用、促进社会经济的发展、稳定社会秩序,具有重要意义。

2. 不动产相邻关系的特征

(1) 相邻关系发生在两个或两个以上的不动产相邻的所有人或使用人之间。相邻人可以是公民，也可以是法人；可以是财产所有人如集体组织、房屋所有人，也可以是非所有人如承包经营人、承租人。

(2) 相邻关系的客体并不是财产本身，而是由行使所有权或使用权所引起的和邻人有关的经济利益或其他利益，如噪音影响邻人休息，对于财产本身的归属并不发生争议。

(3) 相邻关系的发生常与不动产的自然条件有关，即两个或两个以上所有人或使用人的财产应当是相邻的。如上例承包经营人乙不通过承包经营人甲的土地不能到达自己承包的土地。如果甲、乙之间的土地一个在河北，一个在西藏，自然就不可能发生这种通行关系。所谓"相邻"，不以不动产的直接相邻为限。例如，甲、乙两村处于同一条河流的上下游，两村虽然不直接相邻，但亦可能因用水、流水、截水与排水关系，而有相邻关系适用的余地。

3. 处理相邻关系的原则

在实际生活中，相邻人因相邻不动产的权利的行使必然地会发生这样或那样的关系，如果处理不好，就会发生矛盾，产生纠纷，影响正常的社会秩序。因此，应当按照法律关于相邻关系的原则和各项具体规定妥善、正确地处理相邻关系。相邻关系和其他民事法律关系一样，受中国民法基本原则的指导。因此，处理相邻关系必须遵守中国民法的基本原则。例如，公民的民事权益受法律保护，民事活动应当尊重社会公德、不得损害社会公共利益。同时，中国法律对处理相邻关系还规定了一些特殊原则。《民法通则》第八十三条规定：不动产的相邻各方，应当按照有利生产、方便生活、团结互助、公平合理的精神，正确处理截水、排水、通行、通风、采光等方面的相邻关系。据此，处理相邻关系应遵循下列三项原则：

(1) 有利生产，方便生活。相邻关系是人们在生产、生活中对于相互毗邻的不动产的占有、使用、收益、处分而发生的权利义务关系，直接关系到人们的生产和生活的正常进行。因此，处理相邻关系应当以有利生产、方便生活为原则。例如，甲、乙、丙三个承包经营人承包的土地相互毗连，其土地都是长期依靠同一条小溪灌溉，甲承包的土地处于小溪的上游，乙承包的土地处于小溪的中游，丙承包的土地处于下游。由于天旱水源不足，小溪的水源不能满足土地灌溉的需要。这时，甲或乙都不能截断溪流仅供自己的土地灌溉；而是要正确处理用水相邻关系，把有限的水用于三人最需要、经济效益最大的地块，以减少不必要的损失，发挥最大的经济效益，促进生产的发展。

(2) 团结互助。在我们社会主义国家,国家、集体和个人的根本利益是一致的。在社会生活的各个方面,人与人的关系在本质上都是一种互助协作的关系。这根源于劳动人民在社会主义生产关系中的共同利益,与以私有制为基础的社会关系是根本不同的。因此,有必要而且也能够依团结互助的原则处理相邻关系。例如,在乙必须通过甲的土地才能从公用通道到达乙的土地时,甲应当允许。再如,低地的所有人或使用人对于高地的自然流水应当允许流往自己的土地,不得堵截,使高地遭受损失。团结互助原则还要求相邻人应当协商解决相邻纠纷,应当互谅互让、尊重对方的权益;不能只顾自己的利益而无视邻人的合法权益。

(3) 公平合理。中国法律严格保护民事权利,任何组织或个人都不得非法侵犯。而相邻关系从本质上是对一方权利的需要,从社会整体利益考虑作出的规定;不仅不与保护民事权利的原则相矛盾,而且是对公民、法人的民事权利的更充分的保护。因此,应当公平合理地处理相邻关系,一方权利的延伸和另一方权利的限制都必须在合理、必要的限度内为之;并且要求各方在享受权利的同时,亦应承担一定的义务。例如,相邻一方因架设电线或埋设电缆、管道必须使用他方的土地,他方应当允许,但使用的一方应当选择危害最小的地点和方法安设,对所占用的土地和施工造成的损失给予补偿,并且应于事后清理现场。

有利生产、方便生活,团结互助,公平合理,这是处理相邻关系的三项原则。这三项原则又是互相联系的:在实际处理相邻关系的时候,应当综合平衡相邻各方的权利和利益,综合考虑这三项原则的精神,从有利生产、方便生活出发,本着团结互助的要求,公平合理地处理相邻关系。

法律、法规对处理相邻关系有规定的,依照其规定;法律、法规没有规定的,可以按照当地习惯。

4. 几种主要的相邻关系

相邻关系的范围非常广泛,情况也很复杂,以下列举几类常见的相邻关系:

(1) 相邻土地使用关系。相邻一方的建筑物或土地,处于邻人的土地包围之中,非经过邻人的土地不能到达公用通道,或虽有其他通道但需要较高的费用或十分不便的,可以通过邻人的土地以到达公用通道。但通行人在选择道路时,应当选择最必要、损失最少的路线。如只需小道即可,就不得开辟大道;能够在荒地上开辟道路,就不得在耕地上开辟。通行人还应对因通行给邻地造成的损害予以赔偿。历史上形成的通道,土地的所有人或使用人无权任意堵塞或改道,以免妨碍邻人通行。如果确实需要改道,应取得邻人的同意。

(2) 相邻防险、排污关系。相邻一方在开挖土地(如打水井、挖地窖、筑水渠、修粪池等)、建筑施工(如盖高楼、修围墙)时,不得使邻地的地基发生动摇,不得使邻地的建筑物受到危害;相邻一方的建筑物有倾倒的危险,威胁邻人的生命、财产安全,相邻一方应当采取预防措施,如加固、拆除;相邻一方堆放易燃、易爆、剧毒、放射、恶臭物品时,应当与邻地建筑物保持一定距离,或者采取预防措施和安全装置。相邻他方在对方未尽此义务的情况下,有权要求排除妨害、赔偿损失。相邻人,尤其是化工企业、事业单位,在生产、研究过程中,排放废气、废水、废渣,不得超过国家规定的排放标准。相邻他方对超标排放,有权要求相邻人排除妨害,即按国家规定的排放标准排放、治理,而且对造成的损害还有权要求赔偿。

(3) 相邻用水、流水、截水、排水关系。相邻人应当保持水的自然流向;在需要改变流向并影响相邻他方用水时,应征得他方的同意,并对由此造成的损失给予适当补偿。为了灌溉土地,需要提高上游的水位、建筑水坝,必须附着于对岸时,对岸的土地所有人或使用人应当允许;如果对岸的土地所有人或使用人也使用水坝及其他设施时,应按受益的大小,分担费用。水流经过地的所有人或使用人都可以使用流水,但应当共同协商、合理分配使用。如果来自高地段的自然流水,常为低地段的所有人或使用人使用,即使高地段所有人或使用人也需要此水,也不得全部堵截,断绝低地段的用水,以免给低地的所有人或使用人造成损失。低地的所有人或使用人应当允许高地的自然流水流经其地,不得擅自筑坝堵截,影响高地段的排水。相邻一方在为房屋设置管、槽或其他装置时,不得使房屋雨水直接注泻于邻人建筑物上或土地上。

(4) 相邻管线安设关系。相邻人因埋设管道如油管、水管、煤气管,架设线路如输电线路、通信线路,需要经过他方的土地时,他方应当允许。但相邻方应当选择损害最小的地点及方法安设。相邻人还应对所占土地及施工造成的损失给予补偿,并于事后清理现场。

(5) 相邻光照、通风、音响、震动关系。相邻人在建造建筑物时,应当与邻人的建筑物留有一定的距离,以免影响邻人建筑物的通风、采光和日照。相邻各方应当注意环境清洁、舒适,讲究精神文明,不得以高音、噪音、喧嚣、震动等妨碍邻人的工作、生活和休息。否则,邻人有权请求停止侵害。

(6) 相邻竹木归属关系。相邻地界上的竹木、分界墙、分界沟等,如果所有权无法确定时,推定为相邻双方共有财产,其权利义务适用按份共有的原则。对于相邻他方土地的竹木根枝超越地界,并影响自己对土地的使用,如妨碍自己土地的庄稼采光,相邻人有权请求相邻他方除去越界的竹木根枝。如果他方经过请求不予除去,相邻人可以自行除去。当然,越界竹木根枝如对相邻人的财产使用并无影响,则相邻人无权请求除去。

不动产权利人因上述用水、排水、通行、铺设管线等利用相邻不动产的,应当尽量避免对相邻的不动产权利人造成损害;造成损害的,应当给予赔偿。

【案情】 红光、金辉、绿叶和彩虹公司分别出资50万、20万、20万、10万元建造一栋楼房,约定建成后按投资比例使用,但对楼房管理和所有权归属未作约定。

【问题】 该楼发生的管理费用应按什么比例承担?该楼所有权该如何划分?四家公司可否转让享有的份额?

【法律规定】

(1)《物权法》第九十八条规定:对共有物的管理费用以及其他负担,有约定的,按照约定;没有约定或者约定不明确的,按份共有人按照其份额负担,共同共有人共同负担。

(2)《物权法》第一百零三条规定,共有人对共有的不动产或者动产没有约定为按份共有或者共同共有,或者约定不明确的,除共有人具有家庭关系等外,视为按份共有。

(3)《物权法》第一百零一条规定,按份共有人可以转让其享有的共有的不动产或者动产份额。其他共有人在同等条件下享有优先购买的权利。

【法律运用及结果】 根据《物权法》第九十八条规定,那么该楼发生的管理费用应按投资比例承担。根据《物权法》第一百零三条规定,该楼所有权为按份共有。根据《物权法》第一百零一条规定,四家公司可以对其享有的份额进行转让。其他共有人在同等条件下享有优先购买的权利。

(案例改编自 2002—2010 年司法考试民法学历年真题解析 www.chinalawedu.com/news/1300/10/2008/12/... 2012-6-29)

【案情】 1996年,吴某购买了一套将近64.73平方米的商品房用于自住。1999年春,长沙某物业发展公司(下称发展公司)经批准在该商品房相邻处建成一栋8层高的楼,两楼间距仅1.9米左右,双方相邻墙均开设窗户。自从该8层楼建成后,吴某住房里能见度极低,即使大白天也要开灯。为此,吴某与发展公司发生争议。经多次协调,2000年9月25日,双方达成协议,发展公司同意吴某提出的在栋距之间搭建阳台的要求。但该协议因未经有关部门批准而无法履行。吴某随即以侵犯采光权为由,向长沙市开福区人民法院提起诉讼,要求发展公司赔偿损失。发展公司辩称,其8层建筑系经有关部门合法批准,手续齐全,故不应承担民事责任。经鉴定,该8层楼确实给吴某住房的自然采光造成影响,导致该房"如果不用人工灯源,不能正常生活"。

据此,一审法院认为,发展公司的8层楼与吴某住房间距仅为1.9米,未考虑吴某通风、采光的需要,给吴某的生活造成不便,侵犯了吴某的合法权益,因此发展公司应补偿吴某损失。由于我国现行法律未明确规定补偿标准,法院认为应以房屋建筑面积为标准,每平方米补偿110元,因此判决发展公司支付给吴某补偿费7 120.3元。

一审判决后,吴某认为7 000元不足以弥补他的损失,向长沙市中级人民法院提起上诉。二审法院经审理后维持了一审判决。

【问题】
相邻权中是否包括采光权?

【法律规定】 (1)《物权法》在第八十九条规定:建造建筑物,不得违反国家有关工程建设标准,妨碍相邻建筑物的通风、采光和日照。

(2)《物权法》第三十七条规定:可以请求损害赔偿,也可以请求承担其他民事责任。

【法律运用及结果】 住宅或其他建筑物的日照和通风是舒适健康的生活所必需的生活利益。相邻建筑物的所有人或使用人所享有的通过门窗保证其室内光照以及室内空气与室外空气的流通和正常开关窗户进行室内外空气交换的权利,法律上称为相邻通风采光权。《物权法》第八十九条的规定,在立法上确立了相邻通风采光权。

近年来,随着城市建设速度加快,住宅建设用地供应趋紧,加之一些城市在对新建住宅楼规划审批环节中存在漏洞,导致基于"采光权"引发的纠纷日益增多。本案即属侵犯采光权的行为,发展公司在吴某住房相邻处修建的8层楼致使吴某房内即使大白天也得依靠人工光源才能保证正常采光,严重影响了吴某的生活质量。

当采光权受到侵犯时,《物权法》第三十二条规定受害人可选择和解、调解、仲裁或诉讼方式解决。受害人依据《物权法》第三十七条的规定,可以请求损害赔偿。所以,本案中吴某要求发展公司赔偿损失的诉请得到了法院支持。但现行法律并没有明确规定采光权受侵害时的补偿标准,我们期待着法律尽早就该方面做出规定。

(案例改编自物权法案例分析 http：//wenku.baidu.com/view/f9b7d7ee5ef7ba0d4a733b20.html)

三、动产所有权

(一) 善意取得

1. 善意取得的概念

善意取得又称即时取得,是指原物由占有人转让给善意第三人(即不知占有人为非法转让而取得原物的第三人)时,善意第三人一般可取得原物的所有权,所有权人不得请求善意第三人返还原物。它是均衡所有权人和善意受让人利益的一项制度,首先它在一定程度上维护所有权人的利益,保证所有权安全。其次它侧重维护善意受让人的利益,促进交易安全。当所有权人与善意受让人发生权利冲突时,应当侧重保护善意受让人。这样有利于维护交易的安全,还有利于鼓励交易。这种情况下,对所有权人利益的限制,我们可以认为是对所有权人在托付别人保管自己财产或管理自己财产时不尽注意义务,而使他承担相应不利后果的责任。

2. 善意取得的构成要件

(1) 无处分权人将不动产或者动产转让给受让人。

(2) 受让人受让该财产时是善意的。货币和无记名的有价证券：不受对价和合理占有限制。

(3) 以合理的价格有偿转让。

(4) 转让的财产依照法律规定应当登记的已登记,不需要登记的已交付给受让人。

(5) 不违反法律的禁止性规定。如被盗、被抢的财物、遗失物不适用善意取得制度。

因此,在善意取得的在主体方面,转让人须为无权处分人,受让人为有民事行为能力人。只有当转让人无权处分该物时,原物所有人的利益才会受到侵害,才会存在牺牲原物权人的利益而保护第三人利益的情形,才有适用善意取得的必要。并且,受让人应当具有民事行为能力,这样才能保证第三人的行为是有效的,一个被撤销或无效的行为就不存在对其利益的保护问题。在客体方面,从《物权法》第一百零六条的规定可以看出,我国规定善意取得的客体包括动产和不动产,动产以交付为其公示原则,不动产以登记为其公示原则。就主观方面来说,受让人应当的善意的。所谓"善意",主要指不知情,指行为人在为某种民事行为时不知存在某种足以影响该行为法律效力的因素的一种心理状态。对于认定这种"心理状态",我认为应当考虑以下几个因素：首先，受让人是否有"知情"的义务，通过他的专业知识水平以及对转让人的了解程度，受让人是否能够判断他的取得是善意的；其次，受让人是否支付了合理的对价，如果受让人明知其取得该物的价格与实际价值相差极大，则可以认定为其行为出于"非善意"；最后，应当考虑交易的场所是否符合常理。在客观方面，善意取得必须依一定的法律行为而存在，这是善意取得的前提。受让人通过交易从转让人处取得财产，而受让人的这种行为是一种"支付合理对价"的法律行为。我国《物权法》中规定"以合理的价格转让"就充分说明了这种行为的性质必须是有偿的，受赠、继承等无偿方式取得的物不能发生善意取得的效力。善意取得既可以适用于动产，也可以适用于不动产，但法律规定禁止流通的动产或者不动产，如贵重金属、毒品、麻醉品、国家专有财产、盗窃物、赃物等不适用善意取得。所以如果所有人因为被盗、遗失等原因而丧失对其财产的占有以后，不问财产几经转手，所有人都有权请求最后占有人返还。如果最后占有人是善意的，也支付了一定的金额，所有人在取回该物时，应该偿还占有人的损失。因为占有人在保管该物时付出了一定的代价，而且最后占有人往往在占有该物时出于善意并非恶意。如果不对善意占有人的利益加以保护反而使其正当的利益受到损害，必然会造成不良后果。同时，根据我国司法实践，如果受让人是无偿取得某项财产的，则不论其取得财产时是善意还是恶意，所有人都有权要求受让人返还原物。

3. 善意取得的适用范围

动产、不动产、其他物权都可以善意取得。

（1）不动产以登记为占有要件和公示效力。善意取得是所有权取得的一种方式，所有权属于物权，物权是一种对世权，对世权是以对方知情为前提的。因此，物权必须具有对世的公示效力。动产物权的公示方法为占有，不动产物权的公示方法为登记。占有仅对动产具有公示力，即普通的第三人对动产的占有人一般都会推定为该动产的所有权人，第三人正是基于这种占有的公示力而误以为无处分权人就是所有人，因此于无处分权的占有人进行交易行为，第三人的信任基础是占有的公示力。对于不动产而言，标的物的转移占有并不移转所有权，只有经过登记才能取得所有权移转的效力，因此不动产经过登记以后法律自然就赋予了它具有公示效力。

【案情】 2003年1月，王某将自己的房产出租给了周某，趁办理租赁手续之际，周某复印并伪造了王某的身份证、户口本、房产证、契税本，并用伪造的房产证调换了王某的真实房产证。随后，周某将该房产以

19.8万元的价格卖给了杨某,并办理了过户登记手续。2003年2月,王某和杨某发现了真相,双方发生争执。王某认为,周某基于诈骗行为而出卖房屋的行为是无效的。杨某则认为,王某的房产证是假的,而自己的房产证是真实的,并且与房产登记机关的登记记录一致,自己在房产买卖过程中尽到了善意买主的审查义务,是房产的合法所有人。

【问题】 本案涉及的是诈骗条件下的不动产善意取得问题。

【法律规定】 《最高人民法院关于贯彻执行〈中华人民共和国民法通则〉若干问题的意见》第八十九条规定:"在共同共有关系存续期间,部分共有人擅自处分共有财产的,一般认定无效。但第三人善意,有偿取得该财产的,应当维护第三人的合法权益。"

【法律运用及结果】 结合本案周某的诈骗行为是基于王某租赁行为产生,并且王某将证件交给周某,导致了伪造行为的便利,对此王某有过失。房产已作产权变更登记。房产变更登记是房产转移的必备条件,作为房产买卖合同的出让方其履行义务完毕的标志除交付房屋外也必须协助完成房产变更登记手续。假如判杨某对该不动产不拥有所有权。则不利于交易安全同时使杨某遭受巨大损失,善意的第三人的合法利益也得不到保护。在不动产善意取得中,探讨当事人之间的过错,以及基于这种过错确定双方各自应当承担的价值损失比例是比较合理的。因此,基于诈骗行为而导致的房款价值损失,应当由王某和杨某根据过错比例共同承担。

(案例改编自法网关于不动产是否适用善意取得制度 china.findlaw.cn/info/minshang/minfa/mins... 2012-6-29)

(2) 其他物权。《物权法》第一百零六条第三款规定:当事人善意取得其他物权的,参照前两款规定。可以善意取得的其他物权,是质权、留置权、所有权、土地承包经营权、地役权、宅基地权、建设用地使用权,没有抵押权。法律另有规定的除外。

4. 善意取得的法律后果

一方面,受让人取得转让财产的所有权,该财产上的原有权利消灭,但善意受让人在受让时知道或者应当知道该权利的除外;另一方面,原权利人有权向无处分权人请求赔偿损失。但是法律对于财产所有权的取得有特殊规定者,则不依上述规则来处理当事人之间的法律关系。

【案情】 甲、乙结婚后购得房屋一套,仅以甲的名义进行了登记。后甲、乙感情不和,甲擅自将房屋以时价出售给不知情的丙,并办理了房屋所有权变更登记手续。

【问题】 该买卖合同是否有效?丙是否可以以善意取得而拥有房屋所有权?

【法律规定】

(1)《婚姻法》第十七条规定,夫妻在婚姻关系存续期间所得的下列财产,归夫妻共同所有:(一)工资、奖金;(二)生产、经营的收益;(三)知识产权的收益;(四)继承或赠与所得的财产,但本法第十八条第三项规定的除外;(五)其他应当归共同所有的财产。夫妻对共同所有的财产,有平等的处理权。

(2)《物权法》第九十七条规定,处分共有的不动产或者动产以及对共有的不动产或者动产作重大修缮的,应当经占份额三分之二以上的按份共有人或者全体共同共有人同意,但共有人之间另有约定的除外。

【法律运用及结果】 本案中,因为房屋是在夫妻关系存续期间购买的,虽然只是登记在甲的名义下,但是实际上也是夫妻共同共有的财产,处分共同共有财产的时候,根据《物权法》第九十七条的规定,应当经过其妻子同意,未经其妻子同意,本题买卖合同无效;但是买卖合同是债权行为,不完全决定物权行为的效力,根据物权法规定的善意取得制度的规定,甲和丙之间的行为完全符合善意取得的条件,房屋所有权已经发生转移,所以买卖合同无效,房屋所有权已转移。

(案例改编自法易网 ask.148365.com/henan/xinyang/1166438.html 2012-6-29)

(二) 先占

1. 先占的概念

所谓先占,是指以所有的意思,先于他人占有无主的动产,先占人从而取得该动产所有权。先占的产生比较古老,在人类社会形成之始,人们基于先占,取得狩猎物等财产的所有权。随着社会不断发展,人们的财产权利日益扩张,无主动产的存在减少,故而基于先占取得所有权的情形渐趋少见。

2. 先占的构成要件

(1) 对象要件

一是先占的对象应为无主物。无主物是指不属于任何人所有的物。只有在无主物上,才存在先占的可能。对于某物是否属于无主物,应着重从物的存在状态来判断。这包括该物所在位置、隐蔽状况、是否为抛弃等方面考察。避免是他人遗失物、埋藏物或隐藏物而进行占有。对于某物是否属于抛弃物,则应看行为人是否有抛弃的意思及抛弃行为。例如,甲、乙为夫妻,一日丈夫甲在清理旧物时扔掉一批衣物,被拾废品者丙捡到。丙翻开一件衣服时发现内包有现金5 000元,经查,此乃妻乙所藏私房钱。此时丙不能取得该笔现金,因为甲仅仅抛弃衣服而非钱。丙只能先占无主物——衣服,不能先占有主物——钱,丙应将钱返还给甲,仅仅保有衣服。

二是先占的对象应为动产。在现代社会,各国民法均将先占制度的适用对象,界定在动产之上。土地及其附着物不适用先占,且一些特殊动产,如尸体,依公序良俗原则,亦不得先占。

(2) 主观要件

对于无主物的先占,主观上应具有自主占有的意思。根据占有人的意思为标准,可分为自主占有和他主占有,前者是指以物属于自己所有的意思的占有,后者乃无所有的意思,仅依某种特定关系支配某物。先占人要基于先占而取得所有权,必须以所有的意思占有该物,即必须对该物构成自主占有。若无法确定,就看占有人是否具有自主占有的意思的情况下,根据事实推定规则,推定占有人自主占有。此外,由于先占属于事实行为,故并不依赖于先占人的行为能力。即无民事行为能力人和限制民事行为能力人均可依据先占而取得无主物的所有权。

(3) 禁止性要件:基于先占而取得所有权,必须受到国家强制性规定的限制。任何行为均要受到一定强行性规范的限制,此乃为维护社会公共秩序和利益而设定。例如宣布为国家所有的野生动物资源,不得先占。

3. 先占取得只适用于法律对于无主财产的归属没有特别权的情形

(1) 所有权人不明的埋藏物、隐藏物,归国家所有。

(2) 无人继承又无人受遗赠的财产,归国家所有。死者生前是集体所有制组织成员的,归所在集体所有制组织所有。

(三) 遗失物

遗失物是所有权人遗忘于某处,不为任何人占有的物(只能是动产)。

1. 相关规定

(1) 无行为能力的所有人将物抛弃,因其欠缺意思能力,不构成所有权的抛弃,只是丧失占有。

(2) 拾得遗失物、漂流物或失散的饲养动物,应当归还失主,因此而支出的费用由失主偿还。所有权人等权利人向受让人支付所付费用后,有权向无处分权人追偿。

(3) 拾得遗失物毁损、灭失,拾得人无故意的,不承担民事责任。据为己有、拒不返还的,承担侵权责任。

(4) 该遗失物通过转让被他人占有的,所有权人等权利人有权向无处分权人请求损害赔偿,或者自知道或者应当知道受让人之日起二年内向受让人请求返还原物,但受让人通过拍卖或者向具有经营资格的经营者购得该遗失物的,所有权人等权利人请求返还原物时应当支付受让人所付的费用。

2. 拾得遗失物的处理

(1) 拾得遗失物,应当返还权利人。拾得人应当自拾得遗失物之日起20日内通知所有权人等权利人领取,或者送交公安等有关部门。

(2) 有关部门收到遗失物,知道所有权人等权利人的,应当及时通知其领取;不知道的,应当及时发布招领公告。

(3) 遗失物自发布招领公告之日起六个月内无人认领的,归国家所有。

(四) 发现埋藏物

埋藏物指包藏于他物之中,不易从外部发现的物。隐藏物指放置于隐蔽的场所,不易被发现的物。

遗失物、失散的饲养动物、漂流物、埋藏物、隐藏物都不是无主财产,一般都要归还原所有人。

(五) 区别

遗失物与埋藏物的区别标准是:发现的时候,是否是处于被埋藏与他物之状态。

拾得遗失物或漂流物、发现埋藏物或隐藏与先占的区别标准是:前者的物为有主物,后者的客体是无主物。

(六) 添附

添附是附合、混合的通称,广义上添附还包括加工在内。

1. 附合

附合是指两个或两个以上不同所有人的物结合在一起而不能分离。动产与动产的附和:由主物或价值较高的物的原所有人取得合成物的所有权,并给付对方补偿。动产与不动产的附和:不动产权人取得所有权,给原动产所有人以补偿。

2. 混合

混合是两个以上不同所有人的动产互相混杂合并,不能识别。

3. 加工

加工是指在他人之物上附加自己的有价值的劳动使之成为新的财产。原则上加工物的所有权归原物的所有人,并给加工人以补偿。但加工价值远远大于原材料价值的除外。

【案情】 王、潘两家同住李村。王家有子王达,潘家有女潘美,两人正在恋爱。两家为子女结婚住房问题议定由潘家出钱,王家出工,在王家已有的3间平房上面加盖上房3间作新人成亲之用。双方对上房3间的权属未作约定。上房3间盖成后,王达和潘美因性情不合解除恋爱关系。为此,王、潘两家反目成仇,并对房屋权属发生争议。

【问题】 根据民法原理,上房3间的所有权应属谁?

【法律规定】 《民通意见》第八十六条规定:"非产权人在使用他人的财产上增添附属物,财产所有人同意增添,并就财产返还时附属物如何处理有约定的,按约定办理;没有约定又协商不成,能够拆除的,可以责令拆除,不能拆除的,也可以折价归财产所有人;造成财产所有人损失的,应当负赔偿责任。"

【法律运用及结果】 本案中,王家因在自家3间平房上加工房屋的附和行为而取得所有权,但应当对潘家予以补偿。

(案例改编自三人行司法考试题库 www.sikaoketang.com/tiku/show-219-1.html 2012-6-24)

第三节 共　　有

一、概述

(一) 共有的概念

共有是两个或两个以上的人(自然人或法人)对同一项财产享受所有权。

根据一物一权原则,共有物尽管为两个以上民事主体所共有,但其所有权仍为完整的一个,按份共有的份额(应有部分)是就所有权予以"量"之分割的结果,此种分割不是对具体的共有物的量上之分割(即所有权的划分),也不是所有权权能的分割,应有部分抽象地存在于共有物之任何微小部分上。因此部分共有人在共有物进行财产分割前是无法就共有物的任何一微小的部分主张一独立的所有权,哪怕该部分之交换价值小于财产分割后该共有人所应享有之份额的价值,也不管该部分是否正在由该共有人占有、使用中。

对共有物的处置(包括管理、改良、变更、使用、收益、转让、设定负担等),必须协商一致(包括事先约定或临时协商),不能取得一致意见时则应按拥有财产份额一半以上的共有人的意见处理,但不得损害份额少的共有人的利益。

共有人在共有物的应有部分上有权自由设定担保物权,而无权自由设定用益物权,区分在于是否会影响物的实际使用。由于共有物在所有权上尽管对内可由各应有部分来明确权利义务关系,但对外则是表现为一个完整的所有权,各共有人无论应有部分的多少均有权知晓共有物作为一个完整的所有权客体所处的状态,也有权监督共有物是否处于正常使用状态,并及时察觉自己的应有部分是否被侵犯。因此共有人在其应有部分上设定担保物权后,有义务告知其他共有人其在共有物应有部分上设定的负担,否则应承担由此给其他共有人在行使权利时造成的损失负赔偿责任。

对于超过应有部分设立的抵押,应属侵权行为,其理至明,无须多论,其法律效力应属效力待定,如经其他共有人追认,则为有效,如其他共有人拒绝,则按无效民事行为处理。在对于善意取得该超出部分不动产抵押权的抵押权人是否可适用善意取得制度而认定抵押有效,由造成侵害的共有人对受害共有人进行损害赔偿,似未有论及。

(二)共有的特征

(1)共有主体不是单一的而是多个的。

(2)共有的客体是特定物。

(3)共有人对共有物或者按照各自的份额,或者平等地享有权利。

二、共有的种类

(一)准共有

准共有是指两个以上的人共同享有的所有权以外的财产权。比如用益物权及担保物权的共有,就称之为准共有。

(二)按份共有

1. 按份共有的概念

按份共有是指两个或两个以上的人对同一项财产按照份额享有所有权。

2. 按份共有的特征

(1)各共有人有确定的份额,他们按份分享权益,分担费用。

(2) 对共有财产的管理，由共有人协商进行。意见不一致时，按多数份额的意见进行管理，但不得损害其他人的利益。

(3) 对共有财产除协商处分外，各共有人对自己的份额可以出卖、赠与，并可继承。但在出卖时，其他共有人有优先购买权。

(4) 在共有财产受到侵害时，每一共有人都有权请求返还原物、排除妨碍和赔偿损失，以维护共有的权益。

(5) 在分割时按份分配。

3. 按份共有的关系

(1) 内部关系

一是共有物的占有、使用、收益。

二是共有物的处分：① 对其享有份额的处分，按份共有财产的每个共有人有权要求将自己的份额分出或者转让。但在出售时，其他共有人在同等条件下，有优先购买的权利（多个共有人时由转让人决定）。② 对整个共有物的处分。共有人抛弃自己份额的，抛弃后归属其他共有人（按其他共有人原所占共有份额的比例进行分配）。

三是共有物的管理及费用负担。

四是共有人之间的物上要求权。

(2) 外部关系

一是共有人对于第三人的权利。

二是共有人对于第三人的义务。

(三) 共同共有

1. 共同共有的概念和特征

共同共有是指两个或两个以上的人基于共同关系，共同享有一物的所有权。

2. 共同共有的特征

(1) 共同共有的基础是共同关系，最常见的是夫妻家庭财产。他们对共有财产不分各自的份额，在共同关系存续期间也不能要求分割。

(2) 共同共有人对共有财产有平等的所有权，他们经平等协商进行管理、支配和进行处分。

(3) 共同共有人对共有财产也承担平等的义务，对外就共同财产负连带责任。

(4) 在共同关系终止时，共有财产进行分割，应经平等协商，确定各自的份额。如果意见不一致，可诉请法院处理。

也有的共有人对共有财产享有的所有权是不平等的，如继承人对未经分析的遗产、合伙人对合伙财产等。

3. 共同共有的内外部关系

(1) 共同共有人对共有财产享有共同的权利,承担共同的义务。在共同共有关系存续期间,部分共有人擅自处分共有财产的,一般认定无效。但第三人善意、有偿取得该财产的,应当维护第三人的合法权益,对其他共有人的损失,由擅自处分共有财产的人赔偿。

(2) 在共同共有关系终止时,对共有财产的分割,有协议的,按协议处理;没有协议的,应当根据等分原则处理,并且考虑共有人对共有财产的贡献大小,适当照顾共有人生产、生活的实际需要等情况。但分割夫妻共有财产,应当根据婚姻法的有关规定处理。

(3) 共同共有财产分割后,一个或者数个原共有人出卖自己分得的财产时,如果出卖财产与其他原共有人分得的财产属于一个整体或者配套使用,其他原共有人主张优先购买权的,应当予以支持。

4. 共同共有的类型

(1) 夫妻共有财产。

(2) 家庭共有财产。

(3) 共同继承的财产。

(4) 合伙财产。

(四) 按份共有与共同共有的不同点

1. 财产份额上

按份共有的共有人从共有关系一开始就有确定的共有份额;而共同共有的共有人只有在共有关系消灭后才协商确定各自的财产份额。

2. 对外债务上

按份共有的共有人对偿还债务超过自己应当承担份额的,有权向其他共有人追偿;共同共有中,共有人之一对外要求共有债权之履行所获得的财产,作为共有财产;共有人之一清偿共同债务后也不存在向其他共有人追偿的问题。

(五) 共有物的分割

共有人约定不得分割共有的不动产或者动产,以维持共有关系的,应当按照约定,但共有人有重大理由需要分割的,可以请求分割。

没有约定或者约定不明确的,按份共有人可以随时请求分割,共同共有人在共有的基础丧失或者有重大理由需要分割时可以请求分割。因分割对其他共有人造成损害的,应当给予赔偿。

(1)《物权法》第一百零三条规定：共有人对共有的不动产或者动产没有约定为按份共有或者共同共有,或者约定不明确的,除共有人具有家庭关系等外,视为按份共有。这显示了私有财产和共有财产都要受宪法保护。这一规定与原有的《民法通则意见》第八十八条的规定(对于共有财产,部分共有人主张按份共有,部分共有人主张共同共有,如果不能证明财产是按份共有的,应当认定为共同共有)完全不同。即《物权法》规定没有特殊的共同关系的共有人之间不能形成共同共有,只能形成按份共有。

(2)根据《物权法》第九十九条的规定,共同共有人原则上不得请求分割共有财产,只有在共有的基础丧失或者有重大理由需要分割时才可以请求分割。而按份共有人原则上可以随时请求分割共有财产。

(3)根据《物权法》第一百条的规定,共有人可以协商确定分割方式。如协商不成的,可根据当事人的要求及财产的性质,可以下述三种方式分割：

一是实物分割。在共有财产可以实物分割且不减损价值的前提下,可对共有财产采取实物分割的方式,可以进行实物分割的共有物一般是可分物,例如金钱、布匹、牛群等。

二是变价分割。对于共有财产难以分割或分割减损其价值,而且各共有人都不愿接受共有物时,可以将共有物拍卖、变卖将共有财产变价为货币,由各共有人对货币进行分割。例如一幢房产等。

三是作价补偿。对于不可分割的共有物,例如一辆汽车、一幅画等,共有人中的一人愿意取得共有物的,可以由该共有人取得该共有物。对于共有物的价值超出其应得份额的部分,取得共有物的共有人应对其他共有人作金钱补偿。

(六)共有财产的管理

(1)共有人按照约定管理共有的不动产或者动产。

(2)没有约定或者约定不明确的,各共有人都有管理的权利和义务。

(3)对共有物的管理费用以及其他负担,有约定的,按照约定；没有约定或者约定不明确的,按份共有人按照其份额负担,共同共有人共同负担。

(七)共有财产的财产执行

人民法院能否对被执行人享有的共同共有财产直接采取执行措施,对此,法学界存有不同观点。绝大多数人认为,在执行程序中,执行法院可以对被执行人共同共有的财产采取查封等控制性措施,甚至可采取拍卖等处分性措施。

从共同共有的性质看,共同共有是两个以上的公民、法人或其他组织基于共同关系而存在的。共同共有中虽存在应有部分,但受到共有目的的拘束,与按份共有有显著区别。所以在共同共有关系存续期间,各共有人不能对该共有财产确定份额。

《民法通则》第七十八条第三款仅规定了按份共有关系中的各共有人得随时请求分出或转让其共有部分财产的权利。《最高人民法院关于贯彻执行〈中华人民共和国民法通则〉若干问题的意见(试行)》第八十九条也明确规定,在共同共有关系存续期间,部分共有人擅自处分共有财产的,一般应认定无效。在共同共有关系存续期间,各共有人不得擅自分割共有财产。

如果在执行程序中,允许执行法院可以直接对共同共有的财产采取处分性的强制执行措施,对被执行人享有的共有财产中的应有部分予以拍卖等处分,势必产生将"共同共有关系终止"的法律事实。依中国现行法律规定,共同共有因下列原因而归于消灭:① 夫妻一方死亡或离婚,婚姻关系终止;② 继承人分割遗产;③ 家庭解散而分家析产。只要这些事实发生,共同共有关系才不复存在。

夫妻共同共有人对外关系与其他共同共有人,如合伙中的共有人等对外关系有较大的区别。依中国法律规定,除夫妻有约定外,在夫妻关系存续期间所产生的财产均为共同共有财产。同理,只有生效法律文书确定夫或妻一人承担债务的,除其显然为个人债务或判决表明其为个人债务的,或者夫妻约定财产分别管理并经婚姻登记机关登记的、且生效法律文书已确定为个人债务的以外,应推定为夫妻共同债务,以夫妻共同管理的财产清偿。而合伙共有关系中,则各合伙人是独立的,某一合伙人的债权人并不能就整个合伙财产主张债权。

【案情】 甲、乙各以20%与80%的份额共有一间房屋,出租给丙。现甲欲将自己的份额转让,甲应当如何做?

【问题】 本案涉及按份共有中转让份额对其他按份共有人的效力问题。

【法律规定】 按份共有关系中,共有人欲出让自己的份额,其他共有人有优先购买权;租赁合同关系中,出租方欲出让自己的所有权,承租人有优先购买权。

【法律运用及结果】 本案中甲、乙各以20%与80%的份额共有一间房屋,属于按份共有,又出租给了丙。因此,甲欲将自己的份额转让时,就存在两个优先购买权,即基于按份共有关系产生的优先购买权和基于租赁合同关系产生的优先购买权,但基于按份共有关系产生的优先购买权实际是基于财产所有权而产生的,根据"物权优先于债权"原则,效力优于基于租赁合同关系产生的优先购买权。乙、丙都有优先购买权,乙的优先购买权优先于丙的优先购买权。

(案例改编自2005年司法考试卷三第12题)

第四节 用益物权

一、概述

(一)用益物权的概念

用益物权是对他人所有的物,在一定范围内进行占有、使用、收益和处分的他物权。它是物权的一种,是指非所有人对他人之物所享有的占有、使用、收益的排他性的权利。比如土地承包经营权、建设用地使用权、宅基地使用权、地役权、自然资源使用权(海域使用权、探矿权、采矿权、取水权和使用水域、滩涂从事养殖、捕捞的权利等)。

(二)用益物权的特征

(1)用益物权以对标的物的使用收益为其主要内容,并以对物的占有为前提。

(2)用益物权是他物权,限制物权和有期限物权。

(3)用益物权是不动产物权。

(4)用益物权主要是以民法为依据,但也有以特别法为依据的。

二、用益物权的种类

(一)地上权

1. 地上权的概念

地上权是因建筑物或其他工作物,而使用国家或集体所有的土地的权利。

2. 地上权的特征

(1)地上权为使用他人土地的一种权利。由于土地作为一种资源是有限的,并不是每个人都拥有土地,在我国,个人是不具有土地所有权的,全部实行公有制;但是土地所有权人由于各种原因,可能不亲自行使所有权而对土地进行开发利用,而是交由他人进行使用。因此地上权"其主要内容在于使用他人的土地"。

(2)地上权是使用他人土地的物权。地上权是对他人所有的土地为占有、使用、收益的权利,因而是他物权。"地上权为他人土地上之权利,故为他物权,乃系限制全面的支配权之所有权,而一面的支配土地之权利"。

(3) 地上权为以有建筑物或其他工作物为目的的权利。这里的建筑物或其他工作物是指在地上下建筑的房屋及其他设施,具体可以包括建筑物、桥梁、沟渠、堤防、铜像、纪念碑、地窖等,有的国家和地区包括的范围还要广。

3. 地上权的产生和期限

(1) 产生。地上权作为一种不动产物权,则不动产物权的一般取得原因,自然也适用于地上权。下面是地上权取得的几项特殊原因:

一是土地划拨。土地划拨是土地使用人只需按照一定程序提出申请,经主管机关批准即可取得土地使用权,而不必向土地所有人交付租金及其他费用。可以通过划拨方式取得的建设用地包括:① 国家机关用地和军事用地;② 城市基础设施用地;③ 国家重点扶持的能源、交通、水利等基础设施用地;④ 法律行政法规规定的其他用地。这些须经县级以上地方人民政府批准。

二是乡(镇)村建设用地。乡(镇)村建设用地,是指在乡(镇)村中,土地使用者通过一定的程序批准,取得使用一定土地的权利。它主要有两种方式:① 农村居民住宅用地。须经乡(镇)人民政府审核,由县级人民政府批准。② 乡(镇)村企业建设用地。按省、自治区、直辖市规定的批准权限,由县级以上地方人民政府批准。上述两项如果其中涉及占用农地的,应当依照《土地管理法》的有关规定办理审批手续。

三是土地使用权出让。土地使用权出让,是国家以土地所有人身份将土地使用权在一定期限内让与土地使用者,并由土地使用者向国家支付土地使用权出让金的行为。土地使用权出让有三种形式:协议、招标和拍卖。

四是土地使用权转让。土地使用权转让,是指土地使用人将土地使用权再移转的行为。

(2) 期限。我国是根据不同种类的地上权进行规定的。通过土地划拨及乡(镇)村建设用地程序取得的地上权是无期限的。通过土地使用权出让取得地上权的,根据《国有土地出让和转让暂行条例》第十二条规定,按照土地的不同用途,土地使用权的最高年限为:① 居住用地 70 年;② 工业用地 50 年;③ 教育、科技、文化、卫生、体育用地 50 年;④ 商业、旅游、娱乐用地 40 年;⑤ 综合或其他用地 50 年。每一块土地的实际使用年限,在最高年限内,由出让方和受让方商定。

4. 地上权的内容

(1) 地上权人的权利。主要有占有和使用土地、权利处分和附属行为。其中权利处分包括以下几个方面:

一是转让。地上权人可以将其权利转让给他人,但合同另有约定不得转让的则不得转让。

二是抵押。地上权可以作为抵押权的标的物,此时,其地上的建筑物或其他工作物也随之抵押。另外,当地上的建筑物或其他工作物抵押时,其使用范围内的地上权也随之抵押。

三是出租。地上权人可以将地上权连同地上建筑物或其他工作物租赁给他人并收取租金。在地上权出租后,地上权人(出租人)仍须向土地所有人履行义务。

但是,通过土地划拨取得的地上权,只有在下列几种情况下,才可以转让、抵押、出租:① 土地使用者为公司、企业、其他经济组织和个人;② 领有国有土地使用证;③ 具有地上建筑物、其他附着物合法的产权证明;④ 签订土地使用权出让合同,向当地市、县人民政府补交土地使用权出让金或者以转让、出租、抵押所获收益抵交土地使用权出让金。在其他情况下,通过划拨土地取得的地上权不得转让、出租、抵押。

附属行为是指地上权人在土地上建造的建筑物或其他工作物以及其他附着物,其所有权归地上权人。有的立法认定地上权人对于建筑物或其他工作物有取回权。但取回对土地所有人和地上权人均非十分有利。故立法上又往往确认土地所有人对建筑物或其他工作物以购买权补充之,即土地所有人以时价购买地上的建筑物或其他工作物时,地上权人不得拒绝。

(2) 地上权人的义务。主要有:支付土地使用费;恢复土地的原状。

(二) 土地承包经营权

1. 土地承包经营权的概念

(1) 承包经营权是存在于集体所有或国家所有的土地或森林、山岭、草原、荒地、滩涂、水面的权利。

(2) 承包经营权是承包使用、收益权。

(3) 承包经营权是为种植业、林业、畜牧业、渔业生产或其他生产经营项目而承包使用收益的权利。

(4) 承包经营权是有一定期限的权利。

2. 土地承包人的权利和义务

(1) 土地承包人的权利:

一是占有承包的土地以及森林、山岭、草原、荒地、滩涂、水面的,承包人有权从集体组织取得一定数量、质量、位置的土地以及森林、山岭、草原、荒地、滩涂、水面,这是承包人进行生产经营活动的前提。

二是使用承包的土地或其他生产资料,独立进行生产经营活动。

三是收取承包土地或其他生产资料的收益,并取得依约定数额向发包人支付收益后所余收益的所有权。公民个人的承包收益,可以继承。

四是转让承包经营权,这是承包人对其承包权的处分,一般是承包人无劳动力或转营他业而将承包的土地转包。

五是承包人承包土地以后,仍有权按集体组织规定的制度使用集体组织所有的农林设施,如灌溉设施、农机具等。

(2)土地承包人的义务:

一是妥善使用承包的土地以及森林、山岭、草原、荒地、滩涂、水面,这不仅要求承包人不得在承包土地上盖房、建窑、建坟,不准进行掠夺性经营,而且还要求承包人根据土地的条件,合理使用,保存、改良土地,提高地力。

二是承包人应依承包合同规定的数额向集体组织交付承包土地或森林、山岭、草原、荒地、滩涂、水面的收益。

三是承包人应独立承担风险。承包人承包土地以后,独立进行生产经营活动,除了当发生不可抗力,承包人承担的交付约定数额的承包收益的义务可以减免外,对于在生产经营中的其他各种风险概由承包人自己承担。

四是承包人应当接受集体组织对其生产经营活动的合法监督、干涉。如承包人连续两年弃耕抛荒的,发包人有权终止承包合同,收回发包的耕地。

承包期届满,土地承包经营权人有权按照国家规定继续承包。

3. 土地发包人的权利和义务

土地发包人的权利和义务基本上是与土地承包人的权利和义务相对应的。

(1)发包人的权利,主要是向承包人收取依承包合同规定数额的承包收益,对承包人的生产经营活动进行监督。

(2)发包人的义务,在于交付土地以及森林、山岭、草原、荒地、滩涂、水面给承包人,提供集体组织的农林设施给承包人使用,不得随意干涉承包人的生产经营活动。

发包人在承包期内不得调整承包地。因自然灾害严重毁损承包地等特殊情形,需要适当调整承包的耕地和草地的,应当依照农村土地承包法等法律规定办理。

发包人在承包期内不得收回承包地。农村土地承包法等法律另有规定的,依照其规定。

4. 土地承包经营权的取得

土地承包经营权自土地承包经营权合同生效时设立。

(三) 典权

1. 典权的概念和特征

(1) 典权是典权人支付典价,对他人的不动产进行占有、使用、收益的权利。

(2) 典权的特征:① 典权是不动产物权;② 是以支付典价而成立的物权;③ 是占有、使用、收益他人不动产的物权。

(3) 典权的性质是用益物权。

2. 典权的权利和义务

(1) 典权人的权利:① 占有、使用、收益权;② 转典权,即在典权存续期间,无禁止转典约定下,典权人有权不经出典人同意将典物以不高于原典价、不超过原典期的条件出典于他人;③ 出租权;④ 转让权;⑤ 抵押设定权。典权人就其所取得典权,有权设定抵押权,以担保债权;⑥ 优先购买权;⑦ 重建修缮权;⑧ 费用求偿权。

(2) 典权人的义务:① 保管典物;② 分担风险;③ 返还典物。

3. 出典人的权利和义务

(1) 出典人的权利:① 让与典物所有权;② 设定担保物权,典权人对典物享有所有权,当可对典物再行设定权利;③ 回赎典物。

(2) 出典人的义务:瑕疵担保责任。

4. 典权的消灭

(1) 回赎。典权因出典人回赎典物而消灭。出典人的回赎权并不是永久的,出典人只在回赎权期限内有权回赎典物。设定典权时双方约定典期的,典期届满出典人可依约定回赎典物,即回赎权期限开始于典期届满时。双方约定典期并规定逾期不赎为绝卖的,若出典人逾期未赎,典权人取得典物的所有权。双方约定典期但未规定逾期不赎为绝卖的,我国司法实践认定出典人在典期届满后经过 10 年仍未回赎的,回赎权消灭,典权人取得典物的所有权。未约定典期的典权,出典人可随时回赎典物。为了防止所有权的权能永久分离而使权利长期处于不确定的状态,根据最高人民法院的司法解释,出典后经过 30 年不赎的,回赎权消灭。

回赎权的主体为典物的所有人。典物所有权未发生转移的,由原出典人行使回赎权。典权存续期内典物的所有权发生转移的,回赎权一并发生转移。

回赎权尽管是出典人的一项形成权,权利的行使无须经典权人的同意,但回赎以返还原典价为要件。仅有回赎的意思表示而无原典价的返还,不发生回赎的法律效力。

(2) 找贴。由于典权是一项限制物权,因此双方约定的典价都低于典物的买卖价格。典权的存续期限内出典人将典物的所有权让与典权人,找回典物当时的买卖价格与典价之间的差额,从而消灭典权,实现所有权的转移,此为找贴。找贴实质上是出典人与典权人的买卖合同,合同一经履行典权即消灭。因此,找贴以一次为限。

(3) 作绝。有期限的典权,附有"到期不赎,即作绝卖"条款的,因期限届满(作绝)由典权人取得所有权,典权亦因混同而消灭。

(4) 别卖。典权附有到期不赎,听由典权人出卖典物收回典价条款时,因典物别卖于第三人而使典权消灭。

【案情】 甲于1972年将房屋出典给乙,典价5 000元,典期20年。1992年典期届满,甲以5 000元向乙回赎,乙主张甲必须以该房现价3万元回赎。

【问题】 甲应按照哪一价款回赎典物?

【法律规定】 典权是典权人支付典价,对他人的不动产进行占有、使用和收益的权利。出典人的权利有:让与典物所有权;设定担保物权;回赎典物。回赎是出典人向典权人提出以支付原典价消灭典权的单方行为。回赎是出典人的权利。

【法律运用及结果】 根据以上法律规定,回赎只需要出典人一方的意思表示并支付原典价即可,不必取得典权人的同意即产生效力。本题中,甲不必征得乙的同意,应按照原典价回赎。故甲应按照5 000元回赎典物。

(案例改编自2004年司法考试卷三第4题)

(四) 地役权

1. 地役权的概念和特征

(1) 地役权是以他人土地供自己土地便利而使用的权利。

(2) 特征:① 地役权是使用他人土地的权利;② 是为自己土地的便利的权利;③ 具有从属性和不可分性。

2. 设立地役权的形式

应当采取书面形式订立地役权合同。

3. 地役权的内容

(1) 地役权人的权利:

一是积极权利,即对供役地的利用权。这种利用权,按不同的权利内容,可分为:占有状态的利用和非占有状态的利用。例如,在他人土地上建设并维持水渠,是占有状态的利用;在他人土地上通行,是非占有状态的利用。当供役地的所有权人、使用权人或者第三人妨碍地役权人实施必要的利用行为时,该地役权人有权请求排除妨害。

二是消极权利,是指限制或禁止供役地所有权人、使用权人在该土地上实施一定行为的权利。禁止妨碍通风、禁止妨碍采光、禁止工程作业等,都是消极的权利。

地役权人行使权利时,应当尊重供役地所有人、使用人的合法权益,尽可能避免损害的发生。因行使地役权而不得不造成损害的,应本着公平原则,给予适当的补偿。因行使权利的方式不当或者对避免损害的发生欠缺必要的注意的,应当对所造成的损失承担赔偿责任。

(2) 地役权人的义务:

一是选择最小损害的义务。地役权人对供役地的使用应当选择损害最小的地点及方式为之,这样使得通过地役权增加需役地价值的同时,不至过分损害供役地的使用。另外,地役权人因其行使地役权的行为对供役地造成变动、损害的,应当在事后恢复原状并补偿损害。

二是谨慎和注意义务。地役权人对于为行使地役权而在供役地修建的设施,如电线、管道、道路,应当注意维修,以免供役地人因其设施损害而受到损害。另外,地役权人对于上诉设施,在不妨碍其地役权行使的限度内,应当允许供役地人使用这些设置。

4. 地役权登记效力

当事人要求登记的,可以向登记机构申请地役权登记;未经登记,不得对抗善意第三人。

5. 地役权的期限

地役权的期限由当事人约定,但不得超过土地承包经营权、建设用地使用权等用益物权剩余的期限。土地所有权人享有地役权或者负担地役权的,设立土地承包经营权、宅基地使用权时,该土地承包经营权人、宅基地使用权人继续享有或者负担已设立的地役权。

6. 地役权的变动

(1) 需役地以及需役地上的土地承包经营权、建设用地使用权、宅基地使用权部分转让时,转让部分涉及地役权的,受让人同时享有地役权。

(2) 供役地以及供役地上的土地承包经营权、建设用地使用权、宅基地使用权部分转让时,转让部分涉及地役权的,地役权对受让人具有约束力。

7. 地役权的取得和消灭

(1) 地役权的取得：① 基于法律行为取得。经由设定行为取得地役权,包括两种情形：一是以合同行为设定地役权；二是单独行为,如遗嘱行为设定地役权。② 基于法律行为以外的原因而取得。一是因时效而取得,仅限于继续并表现的地役权；二是因继承而取得。

(2) 地役权的消灭：① 土地丧失；② 法院宣告（目的事实不能）；③ 抛弃；④ 存续期间的届满或其他预定事由的发生。

8. 地役权的效力

(1) 地役权自地役权合同生效时设立。

(2) 土地上已设立土地承包经营权、建设用地使用权、宅基地使用权等权利的,未经上述用益物权人同意,土地所有权人不得设立地役权。

(3) 地役权不得单独转让。土地承包经营权、建设用地使用权、宅基地使用权等转让的,地役权一并转让,但合同另有约定的除外。

9. 地役权与相邻关系的区别

(1) 地役权是用益物权的一种,而相邻权不是一种独立的物权,它只是所有人或使用人的财产权的延伸；

(2) 地役权一般是基于合同设定或通过让与而取得,而相邻权是法定的；

(3) 地役权的设定可以是有偿的,也可以是无偿的,而相邻权是无偿的；

(4) 地役权可以设定期限。而相邻权的存在是以相邻关系的存在为前提,只要相邻关系存在,相邻权就存在。

【案情】 李某从自己承包的土地上出入不便,遂与张某书面约定在张某承包的土地上开辟一条道路供李某通行,李某支付给张某2万元,但没有进行登记。

【问题】 该约定属于什么性质？如果李某将其承包经营权转移给他人,受让人是否有权在张某承包的土地上通行？如果张某将其承包经营权转移给他人,则善意的受让人是否有权拒绝李某在自己的土地上通行？

【法律规定】

(1) 地役权是以他人土地供自己土地便利而使用以提高自己不动产效益的权利。

(2)《物权法》第一百六十四条规定,地役权不得单独转让。土地承包经营权、建设用地使用权等转让的,地役权一并转让,但合同另有约定的除外。

(3)《物权法》第一百五十八条规定,地役权自地役权合同生效时设立。当事人要求登记的,可以向登记机构申请地役权登记;未经登记,不得对抗善意第三人。

【法律运用及结果】 相邻关系是指两个或者两个以上相邻不动产的所有人或使用人,在行使占有、使用、收益、处分权利时因给对方提供必要便利而发生的权利义务关系。地役权一般是约定的,而相邻关系是法定的,另外根据合同性质,可知李某与张某的书面约定属于地役权合同。

根据《物权法》第一百六十四条规定,如果李某将其承包经营权转移给他人,受让人有权在张某承包的土地上通行,但合同另有约定的除外。

根据《物权法》第一百五十八条规定,本题中,因为张某和李某之间的地役权合同没有进行登记,因此不得对抗善意第三人,如果张某将其承包经营权转移给他人,则善意的受让人有权拒绝李某在自己的土地上通行。

(案例改编自 2012 年司法考试民法模拟试题及答案解析 8http://yingyu. 100xuexi. com/HF/fl/sifakaoshi/MustData/20111212/MustData_d096db84 - d6e3 - 4750 - a99f - d34422d39701. shtml)

【案情】 甲公司与乙公司约定:为满足甲公司开发住宅小区观景的需要,甲公司向乙公司支付 100 万元,乙公司在 20 年内不在自己厂区建造 6 米以上的建筑。甲公司将全部房屋售出后不久,乙公司在自己的厂区建造了一栋 8 米高的厂房。

【问题】 小区业主是否有权请求乙公司拆除超过 6 米的建筑?

【法律规定】 《物权法》第一百六十四条规定,地役权不得单独转让。土地承包经营权、建设用地使用权等转让的,地役权一并转让,但合同另有约定的除外。

【法律运用及结果】 本题中,因为甲公司已经将房屋售出,房屋占用土地范围内的建设用地的使用权也因此转移给了小区的业主,而地役权作为从物权,随之转让,所以小区业主有权请求乙公司拆除超过 6 米的建筑物。

(案例改编自 2007 年司法考试卷三)

【案情】 甲为了能在自己的房子里欣赏远处的风景,便与相邻的乙约定:乙不在自己的土地上从事高层建筑;作为补偿,甲每年支付给乙4 000元。两年后,乙将该土地使用权转让给丙。丙在该土地上建了一座高楼,与甲发生了纠纷。

【问题】 甲对乙的土地是否享有地役权?其效力可以对抗善意第三人吗?

【法律规定】 《物权法》第一百五十六条规定:"地役权人有权按照合法约定,利用他人的不动产,以提高自己的不动产的效益。前款所称他人的不动产为供役地,自己的不动产为需役地。"《物权法》第一百五十七条规定:"设立地役权,当事人应当采取书面形式订立合同。"《物权法》第一百五十八条规定:"地役权自地役权合同生效时设立。当事人要求登记的,可以向登记机关申请地役权登记;未登记的,不得对抗善意第三人。"

【法律运用及结果】 本案中,甲与乙签订了地役权合同,该合同虽然没有办理登记,却是有效的,地役权成立。即甲对乙的土地享有地役权。但是由于该地役权合同没有办理登记,不得对抗第三人。因此,甲对乙的土地享有地役权,但其效力不得对抗善意第三人。

(案例改编自三人行司法考试题库 www.sikaoketang.com/tiku/show-267-1.html 2012-6-24)

第五节 担 保 物 权

一、担保物权的概述

(一) 担保物权的概念

担保物权指的是为确保债权的实现而设定的,以直接取得或者支配特定财产的交换价值为内容的权利。

(二) 担保物权的特征

(1) 以确保债务的履行为目的。

(2) 它是在债务或第三人的特定财产上的设定的权利。

(3) 以支配担保物的价值为内容,属于物权的一种,与一般物权具有同一性质。

(4) 它具有从属性和不可分性。

二、担保物权的种类

(一) 抵押权

1. 抵押权的概念和特征

(1) 抵押权是指债权人对于债务人或第三人不转移占有不动产或其他财产而提供担保,在债权未受清偿时得处分该财产并就其价金优先受偿的权利。

(2) 抵押权的特征:① 抵押权的标的物主要是债务人或第三人提供担保的不动产。在我国,动产也可以用作抵押权。② 抵押权不转移标的物占有。标的物仍然由抵押人占有、使用、收益。因此,抵押权最能实现抵押人用以融资的目的,一方面自己占有、使用、收益,另一方面又用作担保进行融资,真正做到了物尽其用,所以被作为担保之王。③ 抵押权原则上是意定担保物权。

2. 抵押权的设立

(1) 抵押合同。抵押合同必须以书面要式行为订立。所有的担保合同要求书面要式。

(2) 流质禁止条款。当事人在订立抵押合同时,不得在合同中约定在债务履行期满抵押权人未受清偿时,抵押物的所有权转移为债权人所有。流质禁止条款也适用于质押合同。

(3) 登记。登记作为生效要件,不登记不生效。以下财产必须登记,不登记不生效:① 不动产;② 航空器、船舶、机动车辆;③ 企业的机器设备及其他动产。

登记作为对抗要件。除上述所列之财产外,其他标的物进行抵押的,是否登记当事人自愿。不登记的,不得对抗第三人。

登记具有绝对效力,登记的内容与抵押合同的约定不一致的,以登记为准。

3. 不得用以抵押的财产

是否能够进行抵押的标准是,该项财产是否可以转让,抵押权最终是要将标的物处分以其价金优先受偿。因此原则上可转让的财产均可抵押,不可转让的财产均不能进行抵押。根据担保法的规定,下列财产不得抵押:

(1) 土地所有权。(不可流通)

(2) 耕地、宅基地、自留地、自留土等集体所有的土地的土地使用权,但法律有特别规定的除外。(集体土地使用权不可流通)

集体所有的土地使用权不可以抵押,但是有如下两种例外情形:① 抵押人依法承包并经发包方同意抵押的荒山、荒沟、荒丘、荒滩等荒地的土地使用权,可以抵押;② 乡(镇)、村企业的土地使用权不得单独抵押,但是以乡(镇)、村企业的厂房等建筑物抵押的,其占用范围内的土地使用权可同时抵押,但在未来仍不能改变土地使用权的性质。

例如,某村新办了一个砖厂,为筹集资金,向银行借款100万,同时以自己的生产车间厂房作抵押。该抵押就包括该厂占用的集体土地使用权。

(3) 学校、幼儿园、医院等以公益为目的的事业单位和社会团体的教育设施、医疗卫生设施和其他社会公益设施。

此种情形是为了公共利益而设。但是需要注意,《担保法解释》第五十三条规定:"学校、幼儿园、医院等以公益为目的的事业单位、社会团体,以其教育设施、医疗卫生设施和其他社会公益设施以外的财产为自身债务设定抵押的,人民法院可以认定抵押有效。"

例如,某大学向银行举债1 000万元,以其下属幼儿园的一座教学楼作抵押无效,若其以该学校的车队所有的车辆作抵押,则该抵押有效。

(4) 所有权、使用权不明或有争议的财产。抵押是处分行为,此种情形是由于处分权之欠缺。

(5) 依法被查封、扣押、监管的财产。此种情形所有人丧失了处分权。

(6) 以法定程序确认为违法、违章的建筑物抵押的,抵押无效。

(7) 当事人以农作物和与其尚未分离的土地使用权同时抵押的,土地使用权部分的抵押无效。但农作物抵押有效。

4. 抵押权的效力

(1) 担保的范围:有约定的,依照约定。没有约定的,抵押担保的范围包括主债权及利息、违约金、损害赔偿金和实现抵押权的费用。

(2) 对标的物的效力:

① 抵押效力及于从物。《担保法解释》第六十三条规定:"抵押权设定前为抵押物的从物的,抵押权的效力及于抵押物的从物。但是,抵押物与其从物为两个以上的人分别所有时,抵押权的效力不及于抵押物的从物。"

② 对孳息的效力。债务人不履行债务致使抵押物被人民法院依法扣押的,自扣押之日起抵押权人有权收取由抵押物分离的天然孳息以及抵押人就抵押物可以收取的法定孳息。收取的孳息首先充作收取孳息的费用,其次是主债权的利息,再次是主债权。

③ 对添附物的效力。对于添附物,依据《担保法解释》第六十二条规定可以分如下情形对待:

一是添附物归第三人时适用物上代位的有关规定。抵押物因附合、混合或者加工使抵押物的所有权为第三人所有的,抵押权的效力及于补偿金。

二是添附物归抵押人所有时及于整个抵押物。抵押物所有人为附合物、混合物或者加工物的所有人的,抵押权的效力及于附合物、混合物或者加工物。

三是共有时及于抵押人的份额。第三人与抵押物所有人为附合物、混合物或者加工物的共有人的,抵押权的效力及于抵押人对共有物享有的份额。

(3) 对抵押人的效力——抵押人的权利:

一是占有、使用、收益的权利。抵押人在其财产设定抵押后,仍享有对抵押物的使用、收益和处分权。

二是处分权。包括:① 转让标的物的权利。即标的物抵押后抵押人仍可转让其抵押物。但是在我国,抵押人转让抵押物的,受到如下之限制:应通知抵押权人并告知受让人转让物已抵押的情况。不通知、不告知的,不影响转让的效力,即转让仍然有效;抵押人转让抵押物所得的价款,应向抵押权人提前清偿所担保的债权或提存,超过债权数额的部分归抵押人所有,不足部分由债务人清偿;抵押物转让后,抵押权人基于物权的追及效力仍然可以向受让人就抵押物行使抵押权。当然,若债务人已经清偿了其债务的,抵押权消灭。② 就标的物再次设定抵押权或者质权等担保物权。③ 就抵押物为他人设定用益物权。

(4) 对抵押权人的效力——抵押权人的权利:

一是抵押权的保全。在抵押权人因抵押物受到损害而遭受损失时,抵押权人基于其抵押权可以行使如下权利,保全其抵押权:① 在抵押人的行为足以使抵押物的价值减少时,抵押权人有权要求抵押人停止其行为。② 抵押物价值减少时,抵押权人有权要求抵押人恢复抵押物的,或提供与减少的价值相当的担保。抵押人对抵押物价值的减少无过错的,抵押权人有权在抵押人因损害而得到的赔偿范围内要求提供担保。抵押物价值减少的部分,仍作为债权的担保。

二是处分抵押物的权利。在债权到清偿期而未受到清偿时,债权人有权将标的物进行处分,以受偿。

三是优先受偿权。

5. 抵押权的实现

(1) 抵押权实现的要件。抵押权的实现,必须具备以下要件:① 须抵押权有效存在。② 须债务已届清偿期。③ 须债务人未清偿债务。

(2) 抵押权的实现方法。抵押权的实现方式有三种,分别是折价、拍卖、变卖。

(3) 抵押权的实现与诉讼时效。抵押权作为物权,不受诉讼时效的限制。但是抵押权有除斥期间,抵押权担保的债权的诉讼时效届满后,担保物权人可以在诉讼时效届满后的两年内行使担保物权。

6. 最高额抵押

(1) 最高额抵押是指抵押人与抵押权人协议以标的物在最高债权额限度内对一定时期连续发生的债权进行担保。

(2) 最高额抵押的特征:① 最高额抵押是为将来发生的债权作担保,因此最高额抵押在发生上突破了从属性。② 最高额抵押担保的是一定期限内连续发生的债权。③ 担保债权的数额是不特定的。④ 担保的债权具有最高限额。

(3) 最高额抵押的特别规定:① 最高额抵押所担保的主债权不得转让。② 当事人对最高额抵押合同的最高限额、最高额抵押期间进行变更不得对抗顺序在后的抵押权人。③ 抵押权人实现最高额抵押权时,如果实际发生的债权余额高于最高限额的,以最高限额为限,超过部分不具有优先受偿的效力;如果实际发生的债权余额低于最高限额的,以实际发生的债权余额为限,对抵押物优先受偿。④ 最高额抵押权所担保的债权范围,不包括抵押物因财产保全或者执行程序被查封后或债务人、抵押人破产后发生的债权。

【案情】 5月10日,甲以自有房屋一套为债权人乙设定抵押并办理抵押登记。6月10日,甲又以该房屋为债权人丙设定抵押,但一直拒绝办理抵押登记。9月10日,甲擅自将该房屋转让给丁并办理了过户登记。

【问题】 乙可对该房屋行使抵押权吗?甲与丙之间的抵押合同是否有效?甲与丁之间转让房屋的合同是否有效?

【法律规定】

(1)《物权法》第一百八十七条规定:以本法第一百八十条第一款第一项至第三项规定的财产或者第五项规定的正在建造的建筑物抵押的,应当办理抵押登记。抵押权自登记时设立。

(2)《物权法》第十五条规定,当事人之间订立有关设立、变更、转让和消灭不动产物权的合同,除法律另有规定或者合同另有约定外,自合同成立时生效;未办理物权登记的,不影响合同效力。

(3)《物权法》第一百九十一条规定,抵押期间,抵押人经抵押权人同意转让抵押财产的,应当将转让所得的价款向抵押权人提前清偿债务或者提存。转让的价款超过债权数额的部分归抵押人所有,不足部分由债务人清偿。

（4）《担保法解释》第六十七条规定，抵押权存续期间，抵押人转让抵押物未通知抵押权人或者未告知受让人的，如果抵押物已经登记的，抵押权人仍可以行使抵押权；取得抵押物所有权的受让人，可以代替债务人清偿其全部债务，使抵押权消灭。受让人清偿债务后可以向抵押人追偿。

【法律运用及结果】 本案中，根据《物权法》第一百八十七条规定，甲、丙之间的抵押合同已经生效。抵押权因没有办理抵押物登记，故没有生效。丙可基于违约责任要求甲赔偿自己所遭受的损失。故甲与丙之间的抵押合同有效，丙可以要求甲赔偿自己所遭受的损失。同时，根据《物权法》第一百九十一条规定和《担保法解释》第六十七条规定，故乙可对该房屋行使抵押权，甲与丁之间转让房屋的合同无效。

（案例改编自2006年国家司法考试单项选择题9）

【案情】 黄河公司以其房屋作抵押，先后向甲银行借款100万元，乙银行借款300万元，丙银行借款500万元，并依次办理了抵押登记。后丙银行与甲银行商定交换各自抵押权的顺位，并办理了变更登记，但乙银行并不知情。因黄河公司无力偿还三家银行的到期债务，银行拍卖其房屋，仅得价款600万元。

【问题】 关于三家银行对该价款的分配，应当采用怎样的顺序？

【法律规定】 《物权法》第一百九十四条规定，抵押权人可以放弃抵押权或者抵押权的顺位。抵押权人与抵押人可以协议变更抵押权顺位以及被担保的债权数额等内容，但抵押权的变更，未经其他抵押权人书面同意，不得对其他抵押权人产生不利影响。

【法律运用及结果】 根据以上法律规定，本题中，甲银行和丙银行协议变更抵押权的顺位，未经抵押权人乙银行的书面同意，不得对其产生不利影响。因此，虽然排在第一位的抵押权人丙银行有500万的债权，但是其中只有100万可以先于乙银行受偿，否则就对乙银行造成了不利影响，这是法律所不允许的。至于丙银行的其余400万债权，只有乙银行受偿300万之后，才可以受偿，所以最终受偿顺序如下：丙银行的100万债权——乙银行的300万债权——丙银行的400万债权——甲银行的100万债权。因为黄河公司的房产只有600万，所以最终实际上甲银行的100

万债权无法得到清偿,因此,甲银行得不到清偿、乙银行300万元、丙银行300万元。

(案例改编自2008年司法考试卷三第3题)

(二)质权

1. 质权的概念和特征

(1) 质权是指债权人为了担保债权的实现就债务人或第三人移交占有动产或权利,当债务人不履行债务时所享有的优先受偿的权利。

(2) 质权的特征:① 具有一切担保物权具有的共同特征——从属性、不可分性和物上代位性。② 质权的标的是动产和可转让的权利,不动产不能设定质权。质权因此分为动产质权和权利质权。金钱经特定化后也可以出质:债务人或者第三人将其金钱以特户、封金、保证金等形式特定化后,移交债权人占有作为债权的担保,债务人不履行债务时,债权人可以以该金钱优先受偿。③ 质权是移转质物的占有的担保物权,质权以占有标的物为成立要件。

2. 动产质权的设立

(1) 设立书面合同。

(2) 交付标的物:① 交付是质权的成立要件。不交付标的物的质权不成立,但是出质人应当承担过错责任。债务人或者第三人未按质押合同约定的时间移交质物,因此给质权人造成损失的,出质人应当根据其过错承担赔偿责任。② 交付包括现实交付、指示交付和简易交付,但不包括占有改定。出质人代质权人占有质物的,质押合同不生效;质权人将质物返还于出质人后,以其质权对抗第三人的,人民法院不予支持。③ 交付的标的物与合同约定不一致的,以交付的为准。

3. 动产质权的效力

(1) 担保的债权。有约定的依约定,没有约定的,质押担保的范围包括主债权及利息、违约金、损害赔偿金、质物保管费用和实现质权的费用。

(2) 对标的物的效力:① 从物的效力。质权的效力及于从物,但是从物没有交付的,对从物无效。② 对孳息。质权人有权收取孳息,以孳息清偿收取孳息的费用、利息和主债权。

(3) 对质权人的效力:

一是质权人的权利。包括:① 占有质物,质权人有权在债权受清偿前占有质物。② 收取孳息。③ 转质。质权人在质权存续期间,为担保自己的债务,经出质人同意,以其所占有的质物为第三人设定质权的,应当在原质权所担保的债权范围之内,超过的部分不具有优先受偿的效力。转质权的效力优于原质权。质权人在质权存续期间,未经出质人同意,为担保自己的债务,在其所占有的质物上为第三人设定质权的无效。质权人对因转质而发生的损害承担赔偿责任。④ 处分质物并就其价金优先受偿。⑤ 费用支付请求权。有请求出质人支付保管标的物之费用的权利。⑥ 保全质权的权利。质物有损坏或者价值明显减少的可能,足以危害质权人权利的,质权人可以要求出质人提供相应的担保。出质人不提供的,质权人可以拍卖或者变卖质物,并与出质人协议将拍卖或者变卖所得的价款用于提前清偿所担保的债权或者向与出质人约定的第三人提存。

二是质权人的义务。包括:① 保管标的物。② 返还质物的义务——质权消灭时。

(4) 对出质人的效力——出质人的权利:① 出质人在质权人因保管不善致使质物毁损灭失时,有权要求质权人承担民事责任。② 质权人不能妥善保管质无可能致使其灭失或者毁损的,出质人可以要求质权人将质物提存,或者要求提前清偿债权而返还质物。将质物提存的,物品提存费用由质权人负担;出质人提前清偿债权的,应当扣除未到期部分的利息。③ 债务履行期届满,债务人履行债务的,或出质人提前清偿所担保的债权的,出质人有权要求质权人返还质物。

4. 权利质权

(1) 可以出质的权利类型:① 汇票、本票、支票、债券、存款单、仓单、提单。② 依法可以转让的股份、股票。③ 依法可以转让的商标专用权,专利权、著作权中的财产权。④ 依法可以转让的债权。⑤ 公路桥梁、公路隧道或者公路渡口等不动产收益。

(2) 权利质权的成立要件和对抗要件:

一是票据与公司债权交付作为成立要件,背书作为对抗要件。包括:① 以汇票、支票、本票出质,出质人与质权人没有背书记载"质押"字样,以票据出质对抗善意第三人的,人民法院不予支持。② 以公司债券出质的,出质人与质权人没有背书记载"质押"字样,以债券出质对抗公司和第三人的,人民法院不予支持。

二是登记作为成立要件。包括:① 以上市公司的股份出质的,质押合同自股份出质向证券登记机构办理出质登记之日起生效。② 以非上市公司的股份出质的,质押合同自股份出质记载于股东名册之日起生效。③ 以依法可以转让的商标专用权、专利权、著作权中的财产权出质的,出质人与质权人应当订立书面合同,并向其管理部门办理出质登记。质押合同自登记之日起生效。

三是关于权利质权的特别规定。包括：① 以票据、债券、存款单、仓单、提单出质的,质权人再转让或者质押的无效。② 以载明兑现或者提货日期的汇票、支票、本票、债券、存款单、仓单、提单出质的,其兑现或者提货日期后于债务履行期的,质权人只能在兑现或者提货日期届满时兑现款项或者提取货物。③ 以依法可以转让的商标专用权,专利权、著作权中的财产权出质的,出质人未经质权人同意而转让或者许可他人使用已出质权利的,应当认定为无效。因此给质权人或者第三人造成损失的,由出质人承担民事责任。

【案情】 方某向孙某借款1万元,孙某要求其提供担保,方某说:"我有一部手提电脑被刘某租去用了,就以它作质押吧,但租金不作质押。"孙同意,遂付款。

【问题】 质押合同何时生效?下列哪种说法是正确的?

【法律规定】 《物权法》的规定,质权自质物移交于质权人占有时生效。同时《担保法解释》第八十八条规定,出质人以间接占有的财产出质的,质押合同自书面通知送达占有人时视为移交。占有人收到出质通知后,仍接受出质人的指示处分出质财产的,该行为无效。

【法律运用及结果】 根据以上法律规定,当占有人刘某收到关于质押的书面通知时,质押合同生效,所以如刘某收到关于质押的书面通知,则质权发生效力。

(案例改编自中华考试网司法考试历年试题解析 http://www.examw.com/sf/sanjuan/zhenti/66861/23/)

【案情】 周某以公司债券出质,债券上未进行任何记载。周某按约定将债券交付给质权人。

【问题】 质押合同是否生效?

【法律规定】 1.《物权法》第十五条的规定:当事人之间订立有关的设立、变更、转让和消灭不动产物权的合同,除法律另有规定的或则合同另有规定外,合同成立时生效;为办理物权登记的,不影响合同的效力。2.《物权法》第二百二十一条规定:以汇票、支票、本票、债券、存款单、仓单、提单出质的,当事人应当订立书面合同。质权自权利凭证交付质权人时设立;没有权利凭证的,质权自有关部门办理出质登记时设立。3.《担保法解释》第九十九条规定:以公司债券出质的,出质人与质权人没有背书记载"质押"字样,以债券出质对抗公司和第三人的,人民法院不予支持。

【法律运用及结果】 根据《物权法》第十五条的规定可见,质权的生效要件和质押合同的生效要件是两个完全不同的概念。本题中,周某已经将债券交付给了周某,按照物权法的规定,本题中的质押合同都已经生效,质押权也已经成立。根据《担保法解释》第九十九条的规定,可知该质押不具有对抗第三人的效力,因此质押合同生效,但不具有对抗效力。

(案例改编自2003年司法考试试卷三第11题)

(三)留置权

1. 留置权的概念和特征

(1)留置权是债权人按照合同约定占有债务人财产,在债务人逾期不履行债务时,有留置该财产,并就该财产优先受偿的权利。

(2)留置权的特征:① 留置权是以动产为标的物的担保物权。② 是债权人留置债务人动产的权利。③ 留置权是一种法定担保物权。所有的合同都适用留置范围。

2. 留置的条件

(1)积极条件:① 债权已届清偿期。② 须债权人占有债务人的动产。③ 债权人留置的动产,应当与债权属于同一法律关系。但企业之间留置的除外。

(2)消极条件:① 对动产的占有不是因侵权而得。但债权人合法占有债务人交付的动产时,不知债务人无处分该动产的权利,债权人可以行使留置权。② 对动产的留置不违反公共利益或善良风俗。③ 对动产的留置不得与债权人承担的义务或者合同的特殊约定相抵触。

3. 留置权人的权利和责任

(1)权利:① 留置标的物。留置财产为可分物的,留置财产的价值应当相当于债务的金额;留置物为不可分物的,留置权人在债权未受全部清偿前可以就其留置物的全部行使留置权。② 收取留置物的孳息。③ 请求偿还因保管留置物所支出的必要费用。④ 就留置物优先受偿。

(2)责任:① 留置权人负有妥善保管留置物的义务。因保管不善致使留置物灭失或者毁损的,留置权人应当承担民事责任。② 留置权人在留置期间,未经留置人同意,擅自使用、出租、处分质物,因此给出质人造成损失的,由留置权人承担赔偿责任。

4. 债务履行

(1) 须给债务人不少于 2 个月的宽限期。

(2) 债权人未按上述期限通知债务人履行义务,直接变价处分留置物的,应当对此造成的损失承担赔偿责任。

(3) 债务人逾期仍不履行债务的,债权人可以与债务人协议以留置物折价,也可以依法拍卖、变卖留置物。

(4) 留置物折价或者拍卖、变卖后,其价款超过债权数额的部分归债务人所有,不足部分由债务人清偿。

5. 担保物权的竞合

担保物权的竞合是指在同一标的物上存在不同种类的担保物权,此时应以何类担保物权的效力优先的问题。其成立条件:① 须同一标的物上同时存在数个不同种的物上担保权;② 须各个担保物权人不为同一人。

(1) 抵押权与质权的竞合。抵押权与质权同为担保主债权实现而设立的定限物,均具有优先受偿的效力。倘若在同一个担保物上,同时设置抵押权和质权用以担保不同的债权,它们之间就可能发生效力冲突的问题,即两者的权利效力孰优孰劣、孰先孰后,这就是所谓的抵押权与质权竞合。最高人民法院《关于适用〈中华人民共和国担保法〉若干问题的解释》第七十九条中规定,登记抵押权优先原则,即"同一财产法定登记的抵押权与质权并存时,抵押权人优先于质权人受偿。"

【案情】 2007 年 8 月,A 企业以其现有设备材料抵押给 B 信用社,贷款 50 万元,贷款期限为半年。双方签订了抵押合同,但未办理抵押登记。B 农村信用社按约发放了贷款。至 2008 年 4 月贷款到期时,因 A 企业经营困难,无力偿还贷款,B 信用社根据抵押合同要求变卖抵押物,实现其优先受偿权。然而,A 企业已于 2008 年 2 月将上述抵押物又质押给 C 公司,作为 A 企业拖欠 C 公司原材料货款的担保,且 C 公司已将该质押物变卖清偿 A 企业拖欠其货款。

2008 年 10 月,B 信用社将 A 企业和 C 公司告上法庭,请求法院判令 A 企业偿还 50 万元贷款及利息,并请求 C 公司在原抵押物的价值范围内,承担偿还贷款本金及利息的连带责任。法院经审理认为,由于 B 信用社在设立动产抵押权时没有履行登记手续,该抵押权并不具有对抗第三人的效力,为此,无法实现优先受偿的权利,C 公司无需对该笔贷款承担连带责任。根据本案的事实和相关法律规定,法院判决 A 企业承担偿还

50 万元贷款及利息的责任。现因 A 企业出现严重资不抵债,B 信用社 50 万元贷款已形成损失。

【问题】 本案存在因担保物权竞合,谁更优先的问题。

【法律规定】 最高人民法院《关于适用〈中华人民共和国担保法〉若干问题的解释》第七十九条中规定,登记抵押权优先原则,即"同一财产法定登记的抵押权与质权并存时,抵押权人优先于质权人受偿。"

【法律运用及结果】 本案是一则因担保物权竞合导致银行信贷资产悬空的典型案例。其根源是 A 企业违反诚实信用原则,先后在 B 信用社和 C 公司均不知情的前提下,在同一个标的物上设置两个独立担保物权:一是 A 企业与 B 信用社因借贷法律关系而设置的抵押担保物权,二是 A 企业与 C 公司之间因购销法律关系而设置的质押担保物权。因该担保物的价值有限,不足以清偿所担保的两个债权,故 B 信用社所享有的抵押权与 C 公司所享有的质权相冲突。最高人民法院《关于适用〈中华人民共和国担保法〉若干问题的解释》第七十九条中规定,登记抵押权优先原则,因农村信用社未能及时办理抵押登记手续,为此,其在先设立的抵押权不得不让位于后设立的有效质权。

(案例改编自谈抵押权与质权竞合法律风险之防范 http://www.gdrcu.com/magazine_info.php? classid＝6&nclassid＝1&newsid＝387&mid＝163&cid＝317)

(2) 抵押权与留置权的竞合。留置权的标的物为动产,因此只有动产抵押权才可能与留置权发生竞合。抵押权与留置权竞合的发生同样有两种情况:

一是先设定抵押权而后成立留置权。因为先设定抵押权后因标的物不移转占有,所以在抵押人将抵押物交由他人占有时,在具备留置权的成立条件下可在抵押物上再成立留置权。此种情形下发生的抵押权与留置权的竞合效力如何?通说认为,留置权优先于抵押权;因为留置权人占有标的物,并且因留置权担保的债权往往是有利于保全抵押权人利益的。

二是先成立留置权而后设定抵押权。这有两种可能:一是留置物所有人将留置物抵押,此时在留置物上又成立抵押权,抵押权与留置权竞合。因留置权成立在先,留置权的效力当然优先于抵押权。二是留置权人将留置物抵押。于此情形下,因为留置权人非为标的物所有人,抵押应为无效,不发生抵押权与留置权的竞合。但是若经留置物所有人同意,留置权人为自己的债务履行为其债权设定抵押权的,抵押权可为有效,发生抵押权与留置权的竞合。不过于此情形下,抵押权的效力应优先于留置权;因为留置权人是抵押权所担保债权的债务人,债务人的权利不能优于债权人的权利。

【案情】 1996年2月1日,个体运输户李龙向某信用联社营业部(以下简称营业部)贷款5万元,约定到同年12月份前一次还清贷款本息。同时李龙还同营业部订立了一份抵押担保协议,李龙自愿以他所有的一辆八成新的东风牌141货车为此笔贷款的抵押物,并办理了抵押登记手续。1997年3月28日晚,李龙在运输木材途中,因不慎撞到公路旁的大树上,汽车发动机严重损坏,李龙本人也因重伤死亡,此时人车均已脱保。事后李龙之子李铭将车拖到修理厂修理,但李铭在汽车修好后无力支付1.2万的修理费,修理厂不让李铭将车开走。营业部得知车子被扣的情况后,以该车是抵押物不能扣留为由与修理厂协商。未果后向法院起诉,要求李铭替其父履行还贷义务,并请求法院对此车采取保全措施。修理厂闻讯后也向法院起诉,要求李铭立即支付1.2万元修理费,并认为其可以从卖车款中优先受偿。

【问题】 同一财产既设定抵押又设定留置权的话,谁更优先?

【法律规定】 《担保法》第八十二条规定:债权人按照合同的约定占有债务人的动产,债务人不按合同约定的期限履行债务的,债权人有权依照本法规定留置该财产,以该财产折价,或者以拍卖、变卖该财产的价款优先受偿。《担保法》第八十四条规定:因保管合同、运输合同、加工承揽合同发生的债权,债务人不履行债务的,债权人有留置权。

【法律运用及结果】 李龙和营业部订立的汽车抵押合同合法有效,但修理厂留置汽车的行为也是合法有效的。根据《担保法》第八十二条规定以及《担保法》第八十四条规定,本案中,修理厂和李龙之子李铭之间订有修理合同,为加工承揽合同之一种,在李铭无力支付修理费时,修理厂对汽车的留置同样也合法有效。况且,李铭和修理厂并未事先约定修理厂不能留置该汽车,法律也无明文禁止债权人留置已设定抵押权的财产。

虽然抵押合同订立在先,且经过了登记,但并不能简单依登记在先的原则确定抵押权的行使优于留置权的行使。因为所谓登记在先的原则只适用于抵押权与抵押权之间,而并不适用于抵押权和留置权之间,因此不能将所谓登记在先原则作为支持抵押权优先行使的理由。

本案中因修理厂修理使汽车价值增加部分,包括劳务费和添附的新零件,在李铭不能按期支付修理费后对李铭来讲已构成不当得利,修理厂有理由要求李铭返还,只有在李铭支付了足额的修理费后,营业部抵押权的效力才及于汽车新增价值部分。

(案例改编自抵押权与留置权竞合效力辨 http://www.110.com/ziliao/article-16345.html)

(3)留置权与质权的竞合。质权与留置权都以标的物的占有为要件,都因标的物占有的丧失而消灭,当然质权如能恢复占有时质权并不消灭。因而两者的竞合往往会在以下三种情况下发生:

一是质权人基于留置权成立的事由在质物上取得留置权。此时质权与留置权为同一主体享有。在这种场合,留置权对质权不发生影响。而质权对于留置权却有影响效力。因为质权人于质物上有留置权的,其留置物的占有被侵夺时,得基于质权请求收回;留置权可因债务人提供担保而消灭,但质权并不因此而消灭。

二是在留置物上再设定质权。留置权人未经所有人同意以留置物设定质权的,其设定无效。但动产质权的设定,债权人得依善意取得原则设定质权,经所有人同意的质权当然有效。在留置物上再设定质权而发生与留置权的竞合时,质权应优先于留置权,因为在这种情况下,标的物已由质权人实际占有,而留置权人为间接占有人。

三是在质物上成立留置权,即质权人将质物交由第三人占有,第三人基于留置权成立的是由善意取得留置权。在这种情况下,留置权应优先于质权,因为在此情形下,标的物实际由留置权人占有,质权人为间接占有人。如质权人在运送质物时,因拖欠运费,被承运人留置,依据占有优先原则,留置权人有优先权。

【案情】 1999年5月甲因电视机出现故障送至乙处修理。由于甲逾期未支付修理费,乙将电视机留置,并通知甲应在30日内支付其应付的费用,但甲仍未能按期交付,乙遂将该电视机变价受偿。

【问题】 本题主要涉及留置权取得的要件和效力问题。

【法律规定】《合同法》第二百五十二、一百零七条的规定,承揽合同时承揽人按照定做人的要求完成工作,交付工作成果,定作人给付报酬的合同;当事人一方不履行合同义务或者履行合同义务不符合约定的,应当承担违约责任。乙修甲的电视机应属于承揽合同。留置权适用于加工承揽合同中发生的债权,《担保法》第八十二、八十七条规定,因承揽合同发生的债权,债务人不履行债务的,债权人有留置权。债权人留置债务人财产后,应当确定两个月以上的期限,通知债务人在该期限内履行债务。

【法律运用及结果】 根据《合同法》第二百五十二、一百零七条的规定,乙修理甲的电视机应属于承揽合同。因此甲应承担违约责任。留置权适用于加工承揽合同中发生的债权;根据《担保法》第八十二、八十七条规定,乙对该电视机有留置权。

值得注意的是留置权作为法定担保物权,是债权人按照合同的约定占有债务人的财产,在债务人逾期不履行债务时,有留置该财产并就该财产优先受偿的权利。仅适用于保管合同、运输合同、加工承揽合同和行纪合同中发生的债权。其取得须满足积极要件和消极要件。积极要件有:须债权人合法占有债务人的动产;须债权已届清偿期;债权的发生与该动产有牵连关系,"牵连关系"指债权的发生与留置物占有取得是基于同一合同关系或同一生活关系。消极要件有:对动产的占有不是因侵权行为取得,该占有必须是合法占有;对动产的留置不违反公共利益或善良风俗;对动产的留置不得与债权人的义务相抵触。

留置权的效力主要在于掌握留置权人享有:留置财产的占有权、留置物的孳息收取权和优先受偿权。

(案例改编自2010年司法考试复习:物权法考点精析 www.gssf.gov.cn/showmsg.asp? name)

第六节 占 有

一、占有的概念

占有是对物在事实上的占领、控制。其性质是一种事实。

二、占有的分类

(一)自主占有与他主占有

1. 自主占有

指以据为己有的意思而占有。自主占有不以享有所有权为前提。所有人的占有通常为自主占有,小偷的占有、侵占遗失物的拾得人的占有、不知买卖合同无效的买受人的占有均为自主占有。自主占有与所有权人的占有不能等同,只要是所有人以外的人,以"据为己有的意思"而占有均为自主占有。所有人的占有亦可为他主占有。

例如,甲将自己的三间房屋出租给乙,乙将这三间房屋出租给丙,丙又将其中的一间出租给甲。此例中:对甲租赁的这一间房屋,甲属于直接占有、他主占有。丙属于第一层次的间接占有,他主占有。乙属于第二层次的间接占有,他主占有。甲属于第三层次的间接占有,自主占有。

2. 他主占有

指不以据为己有的意思而占有。不具有据为己有的意思而对物进行的占有,为他主占有。如承租人、保管人、质权人、留置权人的占有均为他主占有。若他主占有人"改变了主意",以外界可得而知的方式将他主占有的意思变更为自主占有的意思,则他主占有变更为自主占有。

例如,甲的手机丢失,由乙拾得。若乙发布招领公告或者通知失主,乙的占有为他主占有。若乙不发布招领公告或者通知失主,则通常为自主占有。

甲将手机借给乙使用。乙的占有为他主占有。若乙对甲表示手机为自己所有或者以外界可知的方式表明了自主占有的意思,则乙的占有变更为自主占有。

区分的意义:根据《物权法》第二百四十四条的规定,无权占有的标的物毁损灭失的,对于权利人因此遭受的损失:① 善意的自主占有人无论是否具有过错,均不承担损害赔偿责任。② 善意的他主占有人,因超越假想的占有权对占有物造成的损害,应承担赔偿责任,否则不承担赔偿责任。

(二) 直接占有与间接占有

1. 直接占有

指直接对物进行事实上的管领和控制。例如:质权人、承租人、保管人、借用人的占有为直接占有。

2. 间接占有

指虽未直接占有某物,但依据一定的法律关系而对于直接占有人享有返还占有请求权,从而对该物间接管领和控制。间接占有的构成要件有三:

(1) 具有出租、借用、保管、质押等占有媒介关系;

(2) 对直接占有人享有返还请求权;

(3) 直接占有人为他主占有。例如:出质人、出租人、寄托人为间接占有人。

例如,甲将手机借给乙,不久,乙对甲表示自己对手机享有所有权,拒不返还。这时,乙为直接占有,乙对甲表示自主占有的意思,不属于他主占有,故甲的间接占有消灭。

3. 区分直接占有与间接占有的意义：

(1) 交付既可以通过移转直接占有完成（现实交付与简易交付），也可以通过移转或者创设间接占有完成（指示交付与占有改定）。

(2) 直接占有可以独立存在；间接占有不能独立存在。

(3) 间接占有可以形成占有阶梯，形成多层次间接占有；直接占有则否。

(4)《物权法》第三十四条规定的返还原物请求权之相对人，既包括无权的直接占有人，也包括无权的间接占有人。

(5)《物权法》第二百四十五条规定的占有保护请求权，既保护直接占有人，又保护间接占有人。

(三) 单独占有与共同占有

1. 单独占有

指一人对物为占有。

2. 共同占有

指数人对同一物为占有。共同占有分两种：

(1) 重复共同占有。指各共同占有人在不妨害他共同占有人的情形下，可以各自单独管领其物。例如：数人共租一屋，可各自单独使用共用的浴室、厨房。二人共用一辆汽车，都有车库和汽车的钥匙。

(2) 统一共同占有。指全体共同占有人对占有物有一个管领力，仅得结合全体占有人，为共同的管领。例如：两人共用一辆汽车，一人仅有车库钥匙，另一人仅有汽车钥匙。

3. 区分单独占有与共同占有的意义

共同占有涉及内部关系与外部关系：

(1) 内部关系。数人共同占有一物时，各占有人就占有物的使用范围，不得互相请求占有保护。

(2) 外部关系。共同占有物被侵夺的，各共同占有有权单独行使占有保护请求权，但应请求向全部共同占有人返还，不得仅请求返还给自己。

(四) 自己占有与辅助占有

1. 自己占有

指占有人自己对物进行事实上的管领和控制。辅助占有之外的占有均为自己占有。

2. 辅助占有

指基于雇佣、学徒等类似关系，受雇主的"指示"而事实上控制某物。辅助占有不是占有,以雇主为占有人。例如,甲雇佣乙操作某台机器,乙为占有辅助人,甲为占有人。

再如,甲购买汽车,交雇员乙驾驶。那么乙属于占有辅助人,甲才是占有人;若乙将汽车开回老家隐匿,对甲谎称汽车被盗,则乙不再受甲之指示管领控制汽车,乙荣升为汽车的占有人,甲的占有丧失(非基于甲之意思而丧失占有,标的物原则上不适用善意取得)。

3. 区分自己占有与辅助占有的意义

(1) 占有辅助人不是占有人,其老板、雇主才是占有人。

(2) 占有辅助人基于雇主的指示先占无主动产的,由雇主取得无主物的所有权。如雇人打鱼、采蘑菇,由雇用人先占取得鱼、蘑菇的所有权(由此可以领悟 Marx 关于剩余价值的理论基础了)。

(3) 占有辅助人不得对雇主行使占有保护请求权。

(4) 占有辅助人管理控制的物被侵夺、妨害的,占有辅助人不享有《物权法》第二百四十五条规定的占有保护请求权(无公力救济的权利),但占有辅助人享有自力救济的权利,对于动产可以已力就地或者追踪取回,对于不动产可以即时取回。

(五) 有权占有与无权占有

1. 有权占有

指有本权的占有。换言之,凡是具有占有的物权、债权、亲权等权利,均为有权占有。所有权人、建设用地使用权人、留置权人、质权人的占有为有权占有(本权为物权);借用人、承租人、保管人、运输人、买受人的占有亦属有权占有(本权为债权)。替孩子保管财产的父母对财产的占有属于有权占有(本权为亲权)。

2. 无权占有

指欠缺本权的占有。遗失物拾得人的占有(构成无因管理的除外)、小偷对赃物的占有、无效买卖合同中买受人的占有、租赁期届满后承租人对租赁物的占有均为无权占有。

3. 区分有权占有与无权占有的意义

(1) 有权占有人可以拒绝他人行使本权,反之,遇本权人请求返还占有物的,无权占有人负有返还义务。换言之,占有物返还请求权只能针对无权占有人。

(2) 因侵权行为占有他人之物,不发生留置权。例如,甲将手机借给乙,乙擅自质押给不知情的丙。甲知道后以指示交付的方式将手机出售给丁。这样,基于物权取得的有权占有具有绝对性,即对天下所有人均构成有权占有;丙善意取得手机质权,对手机的占有为有权占有;丙的有权占有具有绝对性,不仅甲不能对丙行使返还原物请求权,丁亦不能对丙行使返还原物请求权。

又如,甲将汽车出租给乙,乙将车交给丙修理,乙欠缴修理费并破产。这样,丙可以善意取得留置权;基于留置权,丙有权对留置的汽车就修理费优先受偿;如果留置的汽车价值不足以清偿修理费,丙无权请求甲承担修理费,因为《物权法》第二百四十三条规定,善意占有人因维护占有物支出的必要费用,有权请求权利人予以补偿。

(六)善意占有与恶意占有

这是对"无权占有"的再分类,有权占有不能进行善意与恶意区分。

1. 善意占有

指占有人不知道也不应当知道缺乏占有的本权而占有,即无权占有人的主观状态为不知情且无怀疑。例如:小偷甲将偷来的手表出卖给"不知情"的乙,乙的占有为善意占有。买卖合同无效,不知无效事由的买受人的占有为善意占有。

2. 恶意占有

指占有人明知无占有的权利,或者虽非明知但仍有所怀疑所形成的占有。例如:小偷甲将偷来的手表出卖给"知情"的乙,乙对手表的占有即为恶意占有。拾得人对遗失物的占有亦为恶意占有(但拾得人发出招领公告或者通知失主后,构成无因管理,拾得人的占有则为有权占有)。

3. 区分善意占有与恶意占有的意义

(1)权利人请求返还占有物时,善意占有人有权请求权利人支付保管、维修等必要费用;恶意占有人则否。

(2)无权占有的标的物因"使用"遭受损害的,恶意占有人应当承担赔偿责任;善意占有人不承担赔偿责任。

(3)无权占有的标的物毁损、灭失的,无权占有人均应返还补偿金、赔偿金或者保险金。没有补偿金、赔偿金或者补偿金,或者尚有损失没有得到弥补的,善意的自主占有人,"不论是否具有过错",均不承担损害赔偿责任;恶意占有人(无论自主、他主占有)"不论是否具有过错",均应承担损害赔偿责任;善意的他主占有人因超越假想的占有权对占有物造成的损害,应承担赔偿责任,否则不承担赔偿责任。

例如,甲的马丢失,被乙拾得,乙将该马出质给不知情的丙。因债务人不清偿到期债务,丙将该马变卖并就卖得价款清偿债务。那么因马为遗失物,丙不能善意取得质权,丙为善意的他主占有人;丙就马取偿无法律上的原因,构成不当得利,甲有权对丙行使不当得利返还请求权;若主张不当得利不能弥补甲的全部损失,甲不得对丙主张损害赔偿。因为丙作为善意的他主占有人，并未超越假想的占有权。

三、占有保护请求权

依照《物权法》第二百四十五条规定，占有的不动产或者动产被侵占的，占有人有权请求返还原物；对妨害占有的行为，占有人有权请求排除妨害或者消除危险；因侵占或者妨害造成损害的，占有人有权请求损害赔偿。

占有人返还原物的请求权，自侵占发生之日起一年内未行使的，该请求权消灭。

占有人在其占有被侵夺时，可以请求返还其占有物；占有被妨害时，可以请求除去妨害；占有有被妨害之虞时，可以请求防止妨害，此三者合称为"占有保护请求权"。与物上请求权的区别十分明显体现在适用时效期间不同：《物权法》第二百四十五条对于占有物返还请求权规定一个除斥期间，为1年；后者没有期间限制。

此外，占有被侵害的，占有人还可以主张侵权损害赔偿请求权即适用债权请求权，受到债权法的保护。

【本章思考题】

一、案例思考题

1. 案情：甲将自己收藏的一幅名画卖给乙，乙当场付款，约定5天后取画。丙听说后，表示愿出比乙高的价格购买此画，甲当即决定卖给丙，约定第二天交货。乙得知此事，诱使甲8岁的儿子从家中取出此画给自己。该画在由乙占有期间，被丁盗走。

问题：该名画的所有权属于下列哪个人？

2. 案情：甲的一只手表被乙占有，甲行使返还原物请求权，而甲的另一只手表被乙占有期间被乙损坏，甲行使损害赔偿请求权。

问题：这两种请求权在性质上有何区别？行使上述两种权利，甲的举证责任有何不同？

3. 案情：甲学校委托乙修理部修理10台笔记本，每台修理费为50元；乙修好后，甲不付费。

问题：乙是否有权留置该10台笔记本？

若甲学校委托丙修理一辆汽车，修理费1 000元，而该辆汽车值10万元。汽车修理好后,甲不付费。

问题:丙是否有权留置该辆汽车?

4. 案情:甲遗失1部相机,乙拾得后放在办公桌抽屉内,并张贴了招领启事。丙盗走该相机,卖给了不知情的丁,丁出质于戊。

问题:下列哪一种说法不正确?

A. 乙对相机的占有属于无权占有

B. 丙对相机的占有属于他主占有

C. 丁对相机的占有属于自主占有

D. 戊对相机的占有属于直接占有

5. 案情:甲公司将自己所有的10台机器出租给了乙公司,乙公司未经其同意,将其低价出售给知情的丙公司,丙公司又将其出租给丁公司。丁公司对上述交易过程完全不了解。

问题:下列哪些选项是正确的?

A. 丙、丁之间的租赁合同有效

B. 甲公司有权请求丁公司返还机器,并且无须补偿其任何损失

C. 甲公司有权请求丁公司返还机器,但是应补偿其损失

D. 甲公司无权请求丁公司返还机器,但是丁公司应当补偿甲公司的损失

二、简答思考题

1. 简述物权变动的原则。

2. 简述所有权的内容。

3. 简述按份共有与共同共有的不同点。

4. 简述地役权的效力。

5. 简述担保物权的竞合。

第三章 债　　权

> **教学要求**
>
> 要求学生掌握债的概念、特征和债的各种要素,债的发生根据以及债的分类,以及分类债的依据是什么,区分他们的意义何在。

第一节　债权概述

一、债的概念、特征和要素

（一）债的概念

所谓"债"特定的当事人之间,依照合同的约定或法律的规定,所发生的特定的权利和义务关系,是特定的当事人之间可以请求为特定给付的财产性的民事法律关系。在债的法律关系中,享有权利的人是债权人,负有义务的人是债务人。债权人有权请求债务人为特定的行为;债务人负有满足债权人的请求而为特定行为的义务。债权人享有的权利即叫"债权";债务人负有的义务即为"债务"。因此,债的基本含义为:

（1）债是一种民事法律关系。不具有法律属性的社会关系,不属于债。如所谓的"人情债"。

（2）债是特定当事人之间的法律关系。债区别于其他法律关系的根本特征在于债是特定当事人间的关系,因而债为相对的法律关系。

（3）债是特定当事人间得请求为特定行为的法律关系。债以当事人得请求为特定行为为内容。此"特定行为"是债的客体,这种特定行为是一种会给当事人带来财产利益的行为,又称为"给付",因而债属于财产法律关系。可见,法律上的债不仅仅指给付金钱,其他诸如当事人间得请求提供劳务、交付货物、移转权利等的法律关系也为债。

(4) 债是按照合同或者法律规定而发生的法律关系。

(二) 债的法律特征

债作为一种法律关系,是民法调整财产关系的结果,物权法律关系也是民法调整财产关系的结果,作为不同的法律概念,债的特征为:

1. 债反映财产流转关系

财产关系依其形成分为财产的归属利益关系和财产流转关系。前者为静态的财产关系,后者为动态的财产关系。物权关系、知识产权关系反映财产的归属和利用关系,其目的是保护财产的静态的安全;而债的关系反映的是财产利益从一个主体转移给另一个主体的财产流转关系,其目的是保护财产的动态的安全。

2. 债的主体双方只能是特定的

债是特定当事人间的民事法律关系,因此,债的主体不论是权利主体还是义务主体都只能是特定的,也就是说,债权人只能向特定的债务人主张权利,而物权关系、知识产权关系以及继承权关系中只有权利主体是特定的,义务主体则不特定的人,也就是说权利主体得向一切人主张权利。

3. 债以债务人应为的特定行为为客体

债的客体是给付,亦即债务人应为特定行为,而给付又是与物、智力成果以及劳务等相联系的。也就是说,物、智力成果、劳务等是给付的标的或客体。债的客体的这一特征与物权关系、知识产权关系相区分。因为特权的客体为物,知识产权的客体则为智力成果。

4. 债须通过债务人的特定行为才能实现其目的

债是当事人实现其特定利益的法律手段,债的目的是一方从另一方取得某种财产利益,而这一目的的实现,只能通过债务人的给付才能达到,没有债务人为其应为的特定行为也就不能实现债权人的权利。而特权关系、知识产权关系的权利人可以通过自己的行为实现其权利,以达其目的,而无须借助于义务人的行为来实现法律关系的目的。

5. 债的发生具有任意性、多样性

债可因合法行为发生,也可因不法行为而发生。对于合法行为设定的债权。法律并不特别规定其种类,也就是说,当事人可依法自行任意设定债。而物权关系、知识产权关系都只能依合法行为取得,并且其割开具有法定性,原则上当事人不能任意自行设定法律上没有规定的物权、知识产权。

(三) 债的要素

1. 债的主体

债的主体也称债的当事人,是指参与债的关系的双方当事人,也即债权人和债务人。其中,享有权利的一方当事人称为债权人,负有义务的一方当事人称为债务人。债权人和债务人是相互对立、相互依存的,缺少任何一方,债的关系便不能成立和存续。在某些债中,债的一方当事人仅享受权利,即仅充任债权人;另一方当事人仅负有义务,即只充任债务人。而在大多数债中,当事人双方互享权利和负有义务,每一方当事人都既充任债权人,又充任债务人。

债的每一方主体,都既可以为一人,也可以为多人。

2. 债的内容

(1) 债权。债权是债权人享有的请求债务人为特定行为(给付)的权利。债权具有以下特征:

一是债权为请求权。民事权利依其内容和效力的不同,可分为支配权、请求权、抗辩权、形成权等类型。债权是典型的请求权,债权人取得其利益,只能通过请求债务人给付来完成。债权人既不能直接支配债务人应给付的特定物,也不能直接支配债务人的人身。但债权与请求权并不相等。一方面,民法上的请求权不仅表现为债权的请求权,还包括物权请求权、知识产权请求权、人身权请求权等;另一方面,债权的内容除请求权外,尚有受领、选择、解除等内容。

二是债权为相对权。债是特定主体之间的法律关系,债权人只能向特定的债务人主张权利,即请求特定债务人为给付,对于债务人以外的第三人,债权人不得主张权利。因此,债权为相对权,或称为对人权。此点区别于物权、知识产权、人身权等以不特定人为义务人的民事权利(称为绝对权或对世权)。需指出的是,债权虽为相对权,但与其他民事权利一样具有不可侵害性,第三人不法侵害债权时,应负侵权的民事责任。

【案情】 甲的同事乙委托甲回乡探亲时买上等茶叶10斤,并付款1 000元。春节期间因无茶叶出卖,甲将情况告知乙,乙说你转托一人在春天三月再买吧。甲在回城前的一天晚上,丙正好前来探望甲,于是甲便委托丙代乙买10斤上等茶叶,丙应允。甲将1 000元放在信封里交付给丙。丙在当晚回家途中,1 000元被抢,抢劫未侦破。甲回城后将此事告知乙,为此引起纠纷。

【问题】 乙到底是向甲要回1 000元还是向丙要求？

【法律规定】 债权具有相对性，仅在当事人间有效，不具有对抗第三人的效力。第三人不因与其无关的债而代他人承担违约责任。

【法律运用及结果】 根据以上规定，乙只能向他委托的甲要求赔偿1 000元。

（案例改编自open.wztvu.com/media_file/）

三是债权具有相容性和平等性。债权的相容性和平等性，是指同一标的物上可以成立内容相同的数个债权，并且其相互间是平等的，在效力上不存在排他性和优先性。因此，在债务人破产时，债务人的各个普通债权人不论其债权发生先后，均可按比例参加破产财产的分配。与此相反，物权具有排他性和优先性，即在同一物上不能成立内容不相容的数个物权（尤指所有权），同一物上有数个物权（尤指担保物权关系）时，其效力有先后之分。

四是债权为有期限权利。一方面，债权多具有请求期限，在请求期限到来之前，债权人不能随时请求债务人履行债务，债务人也不负履行债务的义务。另一方面，债权有一定的存续期限，期限届满，债权即归于消灭。而所有权和人格权则不同。所有权为永久性权利，人格权也不得附有期限。

通说认为，债权包含以下三项权能：① 给付请求权。债的关系有效成立后，债权人享有请求债务人依照债权的内容实行给付的权利。如前所述，债权人利益的实现，并非基于其直接支配债务人的人身或财产，而需借助于债务人自主实施的给付行为。债权人欲实现其利益，必先向债务人请求给付。因此，给付请求权是债权的第一权能，从债权效力的角度而言，为债权的请求力。② 给付受领权。债务人履行债务时，债权人有权予以接受，并永久保持因债务人的履行所得的利益。接受债务人的履行并永久保持因债务人的履行所得利益，是债权的本质所在，也是债权人所追求的最终结果。此项权能体现在债的效力上，为债权的保持力。③ 保护请求权。债务人不履行其债务时，债权人可请求有关国家机关予以保护，强制债务人履行债务。此项权能，在债的效力上表现为债权的强制执行力。

在债权的上述三项权能中，给付请求权具有形式上的意义，给付受领权具有最终的实质性意义，保护请求权则是债权人在债务人不履行债务时借助于国家强制力实现债权的法律手段。

（2）债务。债务是指债务人依当事人约定或法律规定应为特定行为的义务。债务的内容可表现为实施特定的行为（作为义务），也可以表现为不实施特定的行为（不作为义务）。

债务的本质，是债务人负担的不利益。债务的履行，一方面使债权人的利益得以实现，另一方面又使债务人失去既有利益，处于不利益状态。多数情况下，债的当事人同时既为债权人，又为债务人，一方面通过债权的实现获得利益，另一方面又因履行债务失去既有的利益，通过这种平等互利的对待给付分别获得各自利益的满足。

债务的内容具有特定性。债务的内容或者由当事人协商确定，或者由法律直接规定。在每一个具体的债的关系中，债务都有具体和确定的标的及其质量、数量、履行期限等内容。债务的内容一经特定化，非经当事人协商或依法律规定，不得随意加以变更。

债务不许永久存在。债务是一种法律上的拘束，如果允许设定没有期限的债务，将使债务人永久失去人身或交易的自由，这是与现代法律精神相违背的。因此，期限上的有限性是债务的一个重要特征。债务可因清偿、期限届满、债务人主体资格消灭等原因而消灭。债务不仅不能针对某一民事主体而永久存在，也不能当然延续到债务人的继承人。

债务包括给付义务、附随义务和不真正义务。

① 给付义务。给付义务包括主给付义务和从给付义务。主给付义务，是指债所固有的和必备的并用以决定债的类型的基本义务。如买卖合同中，出卖人所负的交付出卖物及转移其所有权的义务，买受人负有支付价款的义务，均属主给付义务。从给付义务，是指不具有独立意义，仅具有辅助主给付义务的功能，其存在的目的不在于决定债的类型而在于确保债权人利益能够获得最大满足。从给付义务的发生，有的是基于法律的明文规定，有的是基于当事人的约定，有的是基于诚实信用原则。

② 附随义务。所谓附随义务，是指在债的关系发展过程中，债务人在给付义务之外，基于诚实信用原则，根据债的性质、目的和交易习惯而应履行的义务，如照顾义务、保管义务、协助义务、保密义务、保护义务等。以卖车为例，交车并转移所有权为主给付义务，提供必要材料（如保险单）为从给付义务，告知该车特殊危险为附随义务。附随义务具有辅助和保护功能，违反之，债权人不能通过诉讼强制执行，也不能解除合同，只能请求损害赔偿。

③ 不真正义务。当事人一方违约后，对方应当采取适当措施防止损失的扩大；没有采取适当措施致使损失扩大的，不得就扩大的损失要求赔偿。当事人因防止损失扩大而支出的合理费用，由违约方承担。当事人约定检验期间的，买受人应

当在检验期间内将标的物的数量或者质量不符合约定的情形通知出卖人。买受人怠于通知的,视为标的物的数量或者质量符合约定。

当事人没有约定检验期间的,买受人应当在发现或者应当发现标的物的数量或者质量不符合约定的合理期间内通知出卖人。买受人在合理期间内未通知或者自标的物收到之日起两年内未通知出卖人的,视为标的物的数量或者质量符合约定,但对标的物有质量保证期的,适用质量保证期,不适用该两年的规定。

出卖人知道或者应当知道提供的标的物不符合约定的,买受人不受前两款规定的通知时间的限制。

3. 债的标的

债的标的,是指债务人依当事人约定或法律规定应为或不应为的特定行为,统称为给付。

债的标的不同于标的物。前者是指债的关系的构成要素,即给付本身,属行为范畴;后者则是债务人的行为所作用的对象,即给付的对象。债的标的为一切债的关系所必备,而标的物则仅在交付财物、交付金钱的债中存在,在单纯提供劳务的债中,其本身即足以完成给付,不必另有标的物。

作为债的标的,给付应具备以下要件:

(1) 合法。以违法行为为给付的,在当事人之间不能发生债权债务关系。给付违反公共秩序和善良风俗的,也属无效。

(2) 确定。给付如果不能确定,债权债务将无法实现。因此,法律要求给付于债成立时已经确定,或于债务履行时能够确定。不能确定的,债的关系无效。

(3) 适格。适格是指依事物的性质适于作为债的标的。一般而言,债的标的须与人的有意识的行为有关,与人的意识无关的事物(如做梦)或者与人的行为无关的事物(如内心意识)不得作为债的标的。债的标的须具有法律意义,宗教事务(如诵经)或单纯的社交事务(如宴客)不得作为标的。就个别债的关系而言,其标的须适于该具体的债的性质。

给付的形态,主要有以下几种:

(1) 交付财物。此为最常见的给付方式。在买卖、互易、租赁、保管等合同之债以及返还侵占物、返还不当得利等债的关系中,均以财物的交付为给付的具体形态。

(2) 支付金钱。金钱在法律上被视为特殊的物,在债的履行以及不履行时的责任构成上具有自身特点,故应作为给付的独立形态。在转移财产、提供劳务等合同之债以及侵权和违约赔偿等领域,支付金钱得到广泛应用。

(3) 移转权利。此处所谓移转权利,是指不伴随物的交付而单独将某项权利移转于他人,如债权、知识产权、名称权、股权的移转。

(4) 提供劳务或服务。提供劳务,有的表现为以自己的劳力供债权人消费(如雇用),有的表现为以自己的设备为债权人提供服务(如运送物品),有的是以自己的知识或技能为他人提供服务(如技术指导、疾病诊治)。劳务的提供,多与债务人的人身不可分离,因而法律禁止以人身奴役性和违背善良风俗的劳务提供作为债的标的。

(5) 提交工作成果。即债务人以自己的劳力、技术、智能等为债权人完成一定的工作,并向债权人提交工作成果,如加工承揽、建筑安装、技术开发等。

(6) 不作为。不作为即不为一定的行为,包括单纯的不作为和容忍。例如不为营业竞争、不泄露商业秘密等。

二、债的发生原因

(一) 合同

合同是指当事人之间设立、变更、终止债权债务关系的协议。

(二) 缔约上的过失

缔约上的过失是指当事人在缔约过程中具有过失,从而导致合同不成立、无效、被撤销或不被追认,使他方当事人受有损害的情况。

(三) 单独行为

单独行为又称单务约束,是指表意人向相对人作出的为自己设定某种义务,使相对人取得某种权利的意思表示。

(四) 侵权行为

侵权行为是指不法侵害他人的合法权益,应承担民事责任的行为。

(五) 无因管理(事实行为)

无因管理是指没有法定或约定的义务而为他人管理事务。

1. 最严格的构成要件

(1) 管理他人事务(除外:违法事务、不作为事务、本人专属事务以及非经本人授权不得办理的事务、因管理人先行为而产生的法定义务);

(2) 为他人利益:利他兼利己成立无因管理;

(3) 没有受委托或无法律上原因。

2. 效力

(1) 关于必要费用;

(2) 关于债务负担;

(3) 关于损害补偿。

应该注意的是,以上费用的承担不以产生管理结果为前提,也不以被管理人所受利益范围为限。

3. 善管义务

但紧迫状态下,除非管理人有恶意或重大过失,对不适当管理不承担责任。

4. 特别注意

(1) 无因管理人不享有报酬请求权;

(2) 管理人管理时不得违反本人明示或可推知的意思,否则,构成侵权。

5. 无因管理与无权代理的区别

(1) 在无权代理中,行为人是以本人的名义进行活动的,而在无因管理中,管理人并不以本人名义实施管理行为;

(2) 无权代理属于民事行为,行为人需具有相应的民事行为能力,而无因管理属于事实行为,无行为能力之要求;

(3) 无权代理发生本人的追认,经本人追认的无权代理为有权代理,对本人发生效力,而在无因管理中,不发生本人的追认,本人是否接受无因管理的后果不影响无因管理的效力;

(4) 无权代理中行为人与第三人发生关系,而无因管理中,管理人并不一定与第三人发生关系。

(六) 不当得利

不当得利是指没有合法根据,致使他人受损失而取得的利益。

1. 最丰富的形态

(1) 基于给付:合同被认定为无效、被撤销、被解除时;非债清偿;超过20%的定金给付(除外:① 履行道德义务;② 履行未到期债务;③ 明知无债务而清偿;④ 不法原因而为给付,但如果是单方面违法,照样构成不当得利,如绑架的赎金、黑社会的保护费等)。

(2) 非基于给付:因受益人行为;因受损人行为;因第三人行为;因法律规定;因自然事件。

2. 构成要件

(1) 一方受有财产利益(不应增加而增加的,应当减少未减少的);

(2) 另一方受有损失(排除反射利益的情况);

(3) 因果关系;

(4) 无法律上根据。

3. 内容

区分善意(不知)恶意(明知)：

(1) 关于利益返还。善意：现存利益；恶意：所受一切利益。

(2) 关于孳息返还。善意：有则返还；恶意：应当所生孳息。

(3) 关于利用不当得利获取的其他利益处理：扣除劳务管理费后收缴。

(4) 善意受益人将利益无偿转让给第三人时，第三人返还义务。

(七) 其他

【案情】 2002年8月5日，唐平在中山市明城电业有限公司(以下简称明城公司)门市部见有招工广告，便入内咨询。次日下午1时30分左右，唐平应约由明城公司员工带到中山市石岐区青溪路145号公司新车间面试。期间，唐平根据对方要求对部分机器设备进行了调试操作。下午4时左右，明城公司投资人冯子强驾驶运载一台冲床的叉车驶入厂房，在准备卸货时冲床向外偏斜，站在旁边的唐平便用手帮忙搀扶，结果冲床没扶稳，反被压伤右手掌。唐平当即被送往医院，直至9月19日出院，共住院45天，花去治疗费18 306.88元(已由明城公司负担)。唐平治疗期间，明城公司还支付其生活费900元。2003年1月10日，唐平向中山市劳动和社会保障局申请工伤认定，该局以双方不存在劳动关系为由不予受理。原告请求法院判令被告支付伙食补助费、交通费、误工费、残疾者生活补助费和精神损失费等费用。一审诉讼期间，经原审法院委托中山市法医学会鉴定中心对唐平作伤残鉴定，结论为残疾程度六级。

中山市人民法院一审认为，唐平为防止明城公司的冲床倒下，而手扶冲床受伤致残，这是意外，没有故意侵害人。作为受益人的明城公司，医疗费应由其承担(已全额支付)，另应给予适当的经济补偿。补偿额参考道路交通事故赔偿的计算标准按50%支付，应支付的补偿费：① 住院伙食补助费：30元/天×45天÷2＝675元；② 交通费：201.50元÷2＝100.75元；③ 误工费：45天×8 099.63元/年÷365天÷2＝499.29元；④ 伤残生活补助费：8 099.63元/年×20年×50%÷2＝40 498.15元，以上合计41 773.19元，明城公司已付900元，还应付40 873.19元。明城公司不是侵权者，而是受益者，唐平要求其支付精神损失费没有法律依据，应予驳回，唐平所要求其他费用100元并非必然产生，应由其自负。依照《中华人民共和国民法通则》第一百零九条之规定，判决：（一）明城公司于本判决发生法律效力之日起补偿唐平40 873.19元；（二）驳回唐平其他诉讼请求；案件受理费2 165元，伤残鉴定费300元，各负担1 232.50元。

唐平不服上述判决，提起上诉称：明城公司应意识到厂房是具有潜在危险性的场所，既允许并带其入内，就有保护其人身财产安全的法定义务；明城公司员工冯子强在笨重的冲床倒下时，应意识到叫唐平帮扶可能会导致伤害的危险，明城公司主观上存在过错。故一审认定事故系意外，属定性错误。唐平所受伤害是明城公司过错造成的，根据《民法通则》规定，明城公司应赔偿唐平全部损失共92 197.80元，已付900元，仍应付91 297.80元。而一审判决参照道路交通事故赔偿标准按50%计算赔付，以及判决驳回唐平精神损失费等，均属处理错误。请求二审变更赔偿款为141 297.80元，一、二审诉讼费用均由明城公司负担。

明城公司也不服上述判决，提起上诉称：事故发生地石岐区青溪路145号系明安电器厂厂房，受益人应是明安电器厂，不是明城公司。作为受益人，在没有受益的情况下，一审判决却要其承担50%补偿责任，显属过重。此外，一台重约1吨的冲床倾斜将要倒下，正常的成年人都知道用双手无法扶住，显然唐平对损害发生也有一定的过失。一审判决认定事实不清，适用法律错误，请求二审予以改判，并由唐平承担二审诉讼费用。

二审审理中，唐平提供明安电器厂的个体工商户登记资料，证实明安电器厂系2002年9月10日成立，而唐平发生人身损害时间在之前的2002年8月6日。明城公司对该证据没有异议。

中山市中级人民法院二审认为：（一）关于本案责任承担问题。根据本案案情，唐平因帮扶明城公司偏斜的冲床而受伤，依法构成无因管理，理由：其一，是属管理明城公司的事务，即唐平对明城公司提供了劳务帮忙；其二，是为避免明城公司利益损失；其三，唐平这一行为，无法律上义务或无法律上的权利。《民法通则》第九十三条规定，没有法定的或约定的义务，为避免他人利益受损失进行管理的，有权要求受益人偿付因此而支付的必要费用。唐平作为管理人因管理事务而受到损害，依法得请求本人即明城公司赔偿其损害，赔偿额可按一审判决确定的参考道路交通事故赔偿计算标准支付。（二）关于承担责任主体问题。唐平是由明城公司员工将其带到新车间面谈招工事宜并在为明城公司调试有关机器设备过程中，因帮扶明城公司叉车上偏斜的冲床而受伤，明城公司系损害关系的一方当事人,是本案适格主体,且明城公司在一审诉讼中并未就此提出异议。明城公司在二审诉讼中提出受益人应为明安电器厂,也与本案查明的事实不符。故明城公司关于其不应成为本案责任主体的抗辩理由,依据不足,本院不予支持。本案上诉人唐平所引法律依据虽有不当,但其要求明城公司承担责任的上诉请求,本院予以支持,因无因管理排斥侵权行为,故对唐平要求明城公司支付精神损失费,于法不符,本院不予支持;明城公司要求二审减轻其责任的上诉请求,本院不予支持。

综上,一审判决认定事实清楚,但定性不准,适用法律不当。本院依照《中华人民共和国民法通则》第九十三条、《中华人民共和国民事诉讼法》第一百五十三条第一款第(二)项的规定,判决如下:一、撤销广东省中山市人民法院(2003)中石民一初字第329号民事判决;二、本判决送达之日起十日内,中山市明城电业有限公司支付唐平损害赔偿金82 646.38元;三、驳回上诉人唐平的其他上诉请求;四、驳回上诉人中山市明城电业有限公司的上诉请求。

【问题】 本案的问题是要正确判定唐平帮扶冲床行为之性质是否是无因管理?

【法律规定】

(1)《民法通则》第九十三条规定:"没有法定的或者约定的义务,为避免他人利益受损失而进行管理的,有权要求受益人偿还因此而支付的必要费用。"

(2)最高人民法院《关于审理人身损害赔偿案件适用法律若干问题的解释》第十五条规定:"为维护国家、集体或者他人的合法权益而使自己受到人身损害,因没有侵权人、不能确定侵权人或者侵权人没有赔偿能力,赔偿权利人请求受益人在受益范围内予以适当补偿的,人民法院应予支持。"

【法律运用及结果】 本案发生于明城公司招工面试过程中,唐平与明城公司之间并未建立劳动合同关系,因此,一审在确认双方成立劳动合同关系的基础上将本案定性为工伤损害赔偿纠纷显属不妥。那么,本案是否成立无因管理呢?

无因管理,是指没有法律上的根据,而为他人利益管理他人事务的一种法律事实。无因管理的成立,在管理人和本人之间发生无因管理的债权债务关系。《民法通则》第九十三条规定须具备以下三个要件:

第一,管理人没有法定或者约定的义务。这是无因管理成立的首要条件。无因管理中的"无因",系指管理人对他人事务进行管理没有法律上的原因。就管理他人事务的法律根据而言,有两种情况:一是管理人有管理的权利;二是管理人有管理的义务。有管理权利而管理为有法律根据的管理,同样,有管理义务而管理也是有法律根据的管理。在法治社会,任何人不得对他人事务加以干涉,没有权利而管理他人事务本属违法行为,但为鼓励和增进各社会成员之间的主动互助,并基于个人不可能对自己所有事务进行管理而在某些情况下必须依赖他人主动协助的客观现实,法律设立了无因管理制度,其目的就是赋予管理人管理他人事务的合法性,亦即阻却管理行为的违法性。本案中,唐平并非明城公司员工,其对明城公司车间内的机械设备并无管理之义务,其行为显然符合这一构成要件。

第二,管理人实施了管理他人事务的行为。所谓"管理他人事务",系指管理人认识其所管理的为他人事务,并欲使管理事务所生之利益归于该他人(本人)。依王泽鉴先生之观点,在管理他人事务时,有两种情形应予注意:一是管理人误将他人事务为自己事务而为管理时,为误信管理,不成立无因管理;二是管理人认识其所管理的是他人事务,但系出于为自己之利益时,为不法管理,原则上应适用侵权行为与不当得利之规定。管理他人事务除应认识系他人事务外,其管理行为还应符合本人明示或可推知之意思,且属可由他人管理之事务范畴。本案中,唐平帮忙搀扶即将倾倒的冲床的行为,显然不违反明城公司的意思,亦非上述他人不得管理之事务。

第三,管理人有为他人利益进行管理的意思。为他人利益的意思,是构成无因管理的主观要件。此处所说的利益,既包括通过管理人的行为使本人获得一定利益,也包括因管理人的行为使本人避免一定损失。所谓有为他人利益进行管理的意思,系指管理人意识到他是在为他人利益进行管理,管理或服务所产生的利益将属于他人而非自己。如甲在台风来临之前,见乙之房屋有倾塌之危险,遂请来建筑工人对该房屋进行加固修葺,但因房屋年久老化,台风过后依然倒塌,从结果上看,乙并未从甲的管理行为中获益,但并不妨碍甲以无因管理为据要求乙偿还房屋加固和修葺之费用。本案中,唐平见运载冲床的叉车在卸货时,冲床向外偏斜有倾倒之虞,便主动施与援手帮忙搀扶,但冲床没扶稳,反被压伤右手掌。从唐平帮忙搀扶冲床的目的看,显然是为了明城公司的利益,尽管最后冲床没有扶稳,明城公司亦未从中获得实际利益,但仍得成立无因管理,这是与无因管理制度设立的目的是一致的。

综上所述,唐平之行为构成无因管理当无疑义,然而,本案还涉及以下两个问题:一是管理人在管理他人事务时应尽何种注意义务。通说认为,无因管理人无法律上义务而干预他人事务,依其事件之特性,原则上应负善良管理人之注意义务。管理人管理他人事务不得任意为之,而应视同自己的事务,在考虑他人真正的或者可推知的意愿的基础上以符合他人利益的方法为之,否则,因管理不当给本人造成的不必要损失,管理人应负损害赔偿责任。本案中,唐平在冲床倾斜即将倒下之时施与援手,因事出紧迫,其行为乃任一善良管理人的正常反应,除其有恶意或重大过失外,实难指责其未尽善良管理人之注意义务及管理方法不当。二是本人对管理行为所生之费用进行补偿应以何为限。根据《民法通则》第九十三条之规定,管理人之支出费用偿还请求权应以必要或有益为限,是否必要或有益,应依支出当时的客观标准为判断。至于管理人因管理事务致受损害所生之损害赔偿请求权,则应以损害与管理事务之间存在相当因果关系为依据。此外,2004年5月1日起施行的最高人民法院《关于审理人身损害赔偿案件适用法律若干问题的解释》第十五条规定:"为维护国家、集体或者他人的合法权益而使自己受到人身损害,因没有侵权人、不能确定侵权人或者侵权人没有赔偿能力,赔偿权利人请求受益人在受益范围内予以适当补偿的,人民法院应予支持。"其中将"必要费用"具体为"适当补偿",与本案的处理也是相印证的。本案中,唐平手掌被压伤系帮助明城公司挽扶冲床所致,其所受之损害与管理事务之间显然存在相当因果关系,其据此请求明城公司予以赔偿理据充分,二审的判决是正确的。

(案例改编自唐平诉中山市明城电业有限公司无因管理纠纷案 http://www.panjueshu.com/guangdong/zhongshan/zhongyuan/wuyin.html)

【案情】 2005年3月4日,彭萍因急需钱用,便通过亲戚黄英的介绍向江西省丰城市某信用社贷款20 000元。同年7月彭萍与丈夫刘某协议离婚后外出打工,一直未归还借款。该信用社让黄英向彭萍催款,因联系不到彭萍,黄英代其还清了借款及利息共计人民币20 266元。后黄英向彭萍催讨未果而形成纠纷。

法院在审理中存在两种不同的意见：第一种意见认为，黄英为了彭萍的利益，在无法定或约定义务的情况下，代彭萍偿还了借款及利息，双方形成了无因管理之债，此案应适用无因管理的规定，判决彭萍给付黄英所支出的费用20 266元。第二种意见认为，彭萍无法律上的原因而受到一定利益，致使黄英遭受损失，双方形成了不当得利之债，此案应适用不当得利的规定，判决彭萍返还所得不当利益20 266元给黄英。

【问题】 黄英的行为到底是无因管理还是不当得利？

【法律规定】《民法通则》第九十三条规定：没有法定的或约定的义务，为避免他人利益受损失进行管理或服务的，有权要求受益人偿付由此支出的必要费用。《民法通则》第九十二条规定：没有合法根据，取得不当利益，造成他人损失的，应当将取得的不当利益返还受损失的人。

【法律运用及结果】 所谓无因管理，是指没有法律规定或约定的义务而为他人管理事务。《民法通则》第九十三条规定：没有法定的或约定的义务，为避免他人利益受损失进行管理或服务的，有权要求受益人偿付由此支出的必要费用。这一规定在我国民法上确立了无因管理制度，是审判实践中处理无因管理纠纷的基本依据。

所谓不当得利，是指无法律上的原因而受利益，致使他人受损失的事实。《民法通则》第九十二条规定：没有合法根据，取得不当利益，造成他人损失的，应当将取得的不当利益返还受损失的人。这是我国民法确立的不当得利制度，也是民事审判机关解决不当得利问题的基本依据。

因管理之债与不当得利之债都属于法定之债，前者是因合法的事实行为而发生，后者是基于当事人之间的利益发生不当变动的法律事实而发生。

本案是无因管理之债还是不当得利之债，关键要看当事人之间的债权债务关系符合哪一种债的成立要件。前者的成立要件有三项：管理他人事务；有为他人利益的意思；无法律上的原因。后者的成立要件有四项：一方取得利益；一方受到损失；取得利益与受到损失之间有因果关系；没有法律上的依据。两种意见都排除了合同之债，因为当事人之间并无合同上的关系。当然，本案中黄英的行为也不属于"赠与"，否则就不会产生纠纷。持第一种意见者认为黄英代彭萍还款可视为"管理他人事务"，若不限定"管理"的范围（可涵盖保管、整理、维修、保存、改良、利用、处分和服务等内容),替他人偿还借款似乎也是一种管理他人事务的行为。但黄英并无为彭萍利益的意思表示,也没想过要避免彭萍利益受损,相反,其代彭萍还款时已经产生了事后向彭萍追讨的想法,也正是这种心理促使其积极代彭萍还款。为了他人的利益是无因管理成立的主观要件,其意思表示必须是真实的、自愿的,本案中很难体现这一点,从黄英的起诉行为可知其是在无奈之下或者说是为了自己的利益而代彭萍还款,其目的只是想缓解信用社与其之间的矛盾,甚至相信彭萍事后会返还这笔钱。况且根据《民法通则》的规定,无因管理之债的管理人有权要求受益人偿付管理所支出的费用,假设第一种意见成立,那么黄英为彭萍还款这一"管理"行为所支出的费用不只是 20 266 元,还应包括其他费用如交通费、电话费等。但在本案中所争议的标的仅限于借款及利息(20 266 元),这说明黄英本人也不是以无因管理之债提起诉讼,只是想通过法院追回自己替彭萍偿还的 20 266 元。由此可见,黄英与彭萍之间的债权债务关系并不符合无因管理之债的成立要件。

因此本案完全符合不当得利之债的成立要件,具体可作如下分析:

一是受益人彭萍取得了财产上的利益。本案中黄英的代付行为使得彭萍与信用社之间的债权债务关系归于消灭,对彭萍而言,其已实际占有、使用该笔借款,但黄英代其向信用社履行还款义务,从而间接地使彭萍在事实上获得了一定财产利益。判断受益人是否受有财产利益,一般以其现有的财产利益与发生利益变动后所应有的财产利益相比较而决定。那么,凡是现财产状况或利益较以前增加,或应减少而未减少均为受有利益;既有得利又有损失,损益抵消后剩余有利益的也为受利益。本案中的彭萍作为债务人负有还款的义务,其占有的财产利益本应减少而未减少,可视为利益的消极增加。

二是对于黄英而言,代彭萍还款使其财产利益受到了损失。在本案中,彭萍与信用社之间是合同之债,黄英既不是借款合同的相对人,也不是担保人,并无偿还借款的义务。黄英在没有负债的情况下替他人还债,其动机在此暂且不论,但其财产利益受损失是不争的事实。

三是彭萍取得利益与黄英受到损失之间有因果关系。从法理学的角度分析,是否有因果关系通常采取"有 A 即有 B、无 A 即无 B"说。在本案中,只要有黄英的代付行为就有彭萍的受益,黄英不代其还款,彭萍就无从获得利益。因此,两者之间存在有牵连的因果关系。

四是黄英代彭萍还款使彭萍受益并没有法律上的根据。关于我国《民法通则》第九十二条规定的取得利益"没有合法根据"的具体含义,目前多数学者主张采纳"非统一说"来界定,认为不同类型的不当得利有其存在的不同基础,应分别说明无法律上的原因。非统一说通常区分给付型不当得利和非给付型不当得利。给付型不当得利"无法律上的原因"又分为自始欠缺给付目的、给付目的嗣后不能成立和给付目的不达。本案当然属于给付型不当得利,而且是"给付目的不达"的不当得利。黄英的给付行为是以实现将来彭萍向其还款为目的,但之前双方并没有债务债权关系,彭萍在被动消灭债务(受益)之后并未向黄英还款,致使黄英的给付目的不能按其意图实现,彭萍的受益欠缺保有该利益的正当性,因此构成了不当得利。

综上所述,彭萍没有合法的根据取得不当利益,造成黄英受到损失,应当将取得的不当利益返还给黄英。

(案例改编自替人还债是无因管理还是不当得利 http://www.lawtime.cn/info/zhaiquan/zqzwdt/2011082525727.html)

第二节 债的分类

一、意定之债与法定之债

按照债的设定及其内容是否允许当事人以自由意思决定,债可以分为意定之债与法定之债。

(一) 意定之债

意定之债是指债的发生及其内容由当事人依其自由意思决定的债。合同之债和单方允诺之债均为意定之债。

(二) 法定之债

法定之债是指债的发生及其内容均由法律予以规定的债。侵权行为之债、无因管理之债和不当得利之债均属法定之债。

(三) 区分意定之债与法定之债的意义

前者贯彻意思自治原则,在债的客体、内容及债务不履行的责任等方面均可由当事人约定;而在后者,债的发生及效力均由法律规定。

二、特定之债与种类之债

根据债的标的物的不同属性,债可划分为特定之债和种类之债。

(一)特定之债

以特定物为标的的债称为特定之债。债发生时,其标的物即已特定化;

(二)种类之债

以种类物为标的的债称为种类之债。债成立时其标的物尚未特定化,甚至尚不存在,当事人仅就其种类、数量、质量、规格或型号等达成协议。

(三)区分特定之债与种类之债的意义

(1)在特定之债,除非债务履行前标的物已灭失,债务人不得以其他标的物代为履行,而种类之债则无此问题;

(2)在法律规定或当事人约定的情况下,特定之债标的物的所有权可自债成立时发生转移,标的物意外灭失的风险随之转移,而种类之债标的物的所有权及其意外灭失风险则自交付时起转移。

三、单一之债与多数人之债

根据债的主体双方是单一的还是多数的,债可分为单一之债和多数人之债。

(一)单一之债

单一之债是指债的主体双方即债权人和债务人均为一人的债;

(二)多数人之债

多数人之债是指债权人和债务人至少有一方为二人或二人以上的债。

(三)区分单一之债和多数人之债的意义

有助于准确地确定债的当事人之间的权利义务关系。在单一之债中,当事人之间的权利义务关系较为简单明了。多数人之债则既涉及债权人与债务人之间的权利义务关系,又涉及多数债权人之间或多数债务人之间的权利义务关系,其法律关系较为复杂。

四、按份之债与连带之债

对于多数人之债,根据多数一方当事人之间权利义务关系的不同状态,可分为按份之债和连带之债。

(一)按份之债

按份之债是指债的多数人一方当事人各自按照确定的份额享有权利或者承担

义务的债。

1. 按份债权

债权人为两人以上,各自按照确定的份额分享权利的,称为按份债权;在按份债权中,各个债权人只能就自己享有的债权份额请求债务人给付和接受给付,无权请求和接受债务人的全部给付。

2. 按份债务

债务人为两人以上,各自按照确定的份额分担义务的,称为按份债务。在按份债务中,各债务人只对自己分担的债务额负责清偿,无须向债权人清偿全部债务。

(二)连带之债

连带之债是指债的多数人一方当事人之间有连带关系的债。所谓连带关系,是指对于当事人中一人发生效力的事项对于其他当事人同样发生效力。连带之债有连带债权和连带债务之分。在连带之债中,享有连带权利的每个债权人都有权要求债务人履行义务,负有连带义务的每个债务人都负有清偿全部债务的义务。履行了债务的连带债务人,有权要求其他连带债务人偿付其应当承担的份额。

(三)区分按份之债和连带之债的主要意义

两者的效力不同。在按份之债中,任一债权人接受了其应受份额义务的履行或任一债务人履行了其应负担份额的义务后,与其他债权人或债务人均不再发生任何权利义务关系。在连带之债中,连带债权人的任何一人接受了全部债务的履行,或者连带债务人的任何一人清偿全部债务时,虽然原债归于消灭,但在连带债权人或连带债务人内部则会产生新的按份之债。

【案情】 甲、乙、丙合伙经营,合伙后发生亏损,欠债权人丁 10 万元。

【问题】 债权人丁可否要求甲一个人清偿?或要求甲、乙、丙共同清偿?

【法律规定】 在连带债务中,每个债务人均负有履行全部债务的义务。债权人有权向连带债务人中的一人、数人或者全体同时或者先后请求履行,也有权向连带债务人中的一人或者数人请求履行全部债务或者履行一部分债务。

【法律运用及结果】 因此,丁可以请求甲清偿 10 万元或者请求甲清偿 5 万元,乙和丙共同清偿 5 万元,或者先请求甲清偿 5 万元,次请求乙清偿 3 万元,再请求丙清偿 2 万元,或者请求甲、乙、丙共同清偿 10 万元。

(案例改编自 open.wztvu.com/media_file/)

五、简单之债与选择之债

根据债的标的有无选择性,债可分为简单之债和选择之债。

(一)简单之债

简单之债是指债的履行标的只有一种,债务人只能按照该种标的履行、债权人也只能请求债务人按该种标的履行的债。

(二)选择之债

选择之债是指债的履行标的有数种,债务人可从中选择其一履行或债权人可选择其一请求债务人履行的债。

(三)简单之债与选择之债的区别

两者的主要区别在于,简单之债的标的无可选择,而选择之债则可在数个标的中选择履行。

【案情】 甲为买方,与乙订立买卖合同,合同标的物为一级红富士或者一级国光苹果。合同履行期内,乙将一级国光苹果送至甲处,但由于市场变化,国光苹果滞销,甲表示如交付一级红富士就接收,国光就拒收。

【问题】 本案当事人间的关系中,债权人有没有选择权?

【法律规定】 选择之债的选择权归属应由当事人双方约定或者由法律直接规定,在既无约定又无法律的明确规定时,选择权应债务人一方享有。

【法律运用及结果】 根据以上法律规定,本案当事人间的关系应为选择之债。乙有选择权,故甲不能拒收。

(案例改编自 open.wztvu.com/media_file/)

六、主债与从债

在存在从属关系的两个债中,根据其不同地位,可分为主债和从债。

(一)主债

主债是指能够独立存在,不以其他债的存在为前提的债。

(二)从债

从债是指不能独立存在,必须以主债的存在为存在前提的债。

(三)主债与从债的区别

主债和从债是相互对应的,没有主债不发生从债,没有从债也无所谓主债。主债与从债之分常见于设有担保的债中,被担保的债(如买卖合同、借贷合同之债)为主债,为担保该债而设之债(如保证合同、抵押合同之债)为从债。

七、财物之债与劳务之债

根据债务人所负给付义务的不同内容,债可分为财物之债和劳务之债。

（一）财物之债

凡债的标的为给付财物的,为财物之债,如买卖合同之债。

（二）劳务之债

债的标的为提供劳务的,为劳务之债,如委托合同之债。

（三）财物之债与劳务之债的区别

两者的主要区别在于,当债务人不履行债务时,财物债务可强制履行,而劳务债务则不得强制履行。

【本章思考题】

一、案例思考题

1. 案情：张某外出,台风将至。邻居李某担心张某年久失修的房子被风刮倒,祸及自家,就雇人用几根木料支撑住张某的房子,但张某的房子仍然不敌台风,倒塌之际压死了李某养的数只鸡。

问题：(1)李某初衷是为自己,故不构成无因管理对吗?(2)房屋最终倒塌,未达管理效果,故无因管理不成立对吗?(3)张某不需支付李某固房费用,但应赔偿房屋倒塌给李某造成的损失对吗?

2. 案情：甲的一头牛走失,乙牵回关入自家牛棚,准备次日寻找失主,当晚牛棚被台风刮倒,将牛压死。乙将牛肉和牛皮出售,各得款500元和100元。请人屠宰及销售,支出100元。

问题：甲是否有权要求乙返还一头同样的牛或者返还钱?能返还多少钱?

3. 案情：一日清晨,甲发现一头牛趴在自家门前,便将其拴在自家院内,打探失主未果。时值春耕,甲用该牛耕种自家田地。期间该牛因劳累过度得病,甲花费300元将其治好。两年后,牛的主人乙寻牛来到甲处,要求甲返还,甲拒绝返还。

问题：甲是否应返还牛或要求乙支付300元?

4. 案情：某演出公司与"黑胡子"四人演唱组合订立演出合同,约定由该组合在某晚会上演唱自创歌曲 2~3 首,每首酬金 2 万元。

问题:由此成立的债的关系属何种类型?

5. 案情:甲对乙说:如果你在三年内考上公务员,我愿将自己的一套住房或者一辆宝马轿车相赠。乙同意。两年后,乙考取某国家机关职位。

问题:有人认为甲与乙的约定属于种类之债,有人认为属于选择之债,有人认为属于连带之债,有人认为属于劳务之债。你认为呢?

二、简答思考题

1. 概述债的概念和特征。
2. 债的要素有哪些?
3. 简述债的发生原因。
4. 债有哪些分类?分类的法律意义是什么?

第四章 继 承 权

教学要求

要求读者掌握继承权的概念、特征和本质,继承权的接受、放弃、丧失和保护以及我国继承法的基本原则;掌握法定继承的概念和特征,法定继承的适用范围,法定继承人的范围和继承顺序,代位继承和转继承的区别,以及遗产的分配原则;掌握遗嘱继承的概念和特征,遗嘱的设立;遗嘱的变更、撤销和执行;遗赠的概念和特征,遗赠扶养协议的概念和特征以及遗嘱继承、遗赠和遗赠扶养协议三者的不同;掌握继承开始的时间和意义,遗产的概念和特征,遗产的范围,遗产的分割与债务清偿,无人继承又无人受遗赠的遗产如何处理。

第一节 继承权概述

一、继承权的概念和特征

(一)概念

继承权是指继承人依法取得被继承人遗产的权利。包括两种含义:

(1)客观意义上的继承权。它是指继承开始前,公民依照法律的规定或者遗嘱的指定而接受被继承人遗产的资格,即继承人所具有的继承遗产的权利能力。

(2)主观意义上的继承权。它是指当法定的条件具备时,继承人对被继承人留下的遗产已经拥有的事实上的财产权利,即已经属于继承人并给他带来实际财产利益的继承权。这种继承权同继承人的主观意志相联系,不仅可以接受、行使,而且还可以放弃,是具有现实性、财产权的继承权。继承权的实现以被继承人死亡或宣告死亡时开始。

(二) 特征

(1) 继承权是自然人基于一定的身份关系享有的权利。

(2) 继承权是依照法律的直接规定或者合法有效的遗嘱而享有的权利。

(3) 继承权的标的是遗产。

(4) 继承权是继承人于被继承人死亡时才可行使的权利。

二、继承权的取得、放弃、丧失和保护

(一) 继承权的取得

自然人取得继承权主要有两种方式：法律直接规定和合法有效的遗嘱的指定，前者称之为法定继承权的取得，后者称之为遗嘱继承权的取得。

1. 法定继承权的取得

《继承法》规定，自然人可以基于以下三种原因而取得继承权：

(1) 因婚姻关系而取得。婚姻法、继承法均明确规定，配偶之间有互相继承遗产的权利，并且是第一顺序继承人。

(2) 因血缘关系而取得。父母子女、兄弟姐妹间相互享有继承权正是基于血缘关系产生的。

(3) 因抚养、赡养关系而取得。有抚养关系的继父母与继子女间以及有抚养关系的继兄弟姐妹之间有继承权；丧偶的儿媳对公、婆，丧偶女婿对岳父母，尽了主要赡养义务的，作为第一顺序继承人。这是权利义务相一致原则的体现。

2. 遗嘱继承权的取得

自然人取得遗嘱继承权必须依据被继承人生前立下的合法有效遗嘱。被继承人只能在法定继承人的范围内选定遗嘱继承人或者对法定继承人的继承份额作出规定，而不能任意选定遗嘱继承人。

(二) 继承权的放弃

继承权的放弃是指继承人在继承开始后、遗产分割前，以明示的方式作出的拒绝接受被继承人遗产的意思表示。放弃继承的意思表示属单方法律行为，只要放弃继承的继承人有放弃继承的意思表示即可，无须经他人同意。

继承人放弃继承的意思表示应该在继承开始后遗产分割前以明示的方式作出。继承人在遗产分割前没有作出意思表示的，视为接受继承。

放弃继承的继承人不享有请求分割遗产的权利；同时，对被继承人遗留的债务也不负清偿责任，并且放弃行为的效力溯及到继承开始时。在遗产处理前或诉讼进行中,继承人对放弃行为反悔的,由人民法院依其提出的理由决定是否予以承认。遗产处理后,继承人对放弃继承反悔的,法院不予承认。

(三)继承权的丧失

继承权的丧失是指继承人因对被继承人或其他继承人有法律规定的违法行为而被依法剥夺继承权,从而丧失继承权的法律制度。

1. 继承权丧失的法定事由

根据《继承法》第七条的规定,继承人有下列行为之一的,丧失继承权:

(1)故意杀害被继承人的。故意杀害被继承人的继承人不但应当受到刑罚处罚,而且应剥夺其继承权。其构成要件主观上的要求是故意,客观上必须有杀害行为,不予考虑是否既遂。

(2)为争夺遗产而杀害其他继承人的。只有继承人杀害的动机是争夺遗产,杀害的对象是其他继承人时,才能确定其丧失继承权。并不是出于争夺遗产的目的杀害其他继承人的则不能剥夺其继承权。

(3)遗弃被继承人的,或虐待被继承人情节严重的。遗弃被继承人是指有赡养能力、抚养能力的继承人,拒绝赡养或抚养没有独立生活能力或丧失劳动能力的被继承人的行为。虐待被继承人主要是指经常对被继承人进行肉体或精神上的折磨,如侮辱、打骂、冻饿等。依照相关司法解释的规定,继承人以后确有悔改表现而且被遗弃人、被虐待人又在生前表示宽恕的,可以不剥夺其继承权。

(4)伪造、篡改或者销毁遗嘱,情节严重的。"情节严重"是指伪造、篡改或销毁遗嘱的行为侵害了缺乏劳动能力又无生活来源的继承人的利益,并造成其生活困难的。

2. 继承权丧失的效力

继承权丧失的效力是指继承权丧失的法律效果,它包括时间效力和对人的效力。我国《继承法》对继承权丧失的时间效力没有明确规定,从立法精神来看,当继承人具有丧失继承权的法定事由时,其继承权就当然丧失;若丧失继承权的法定事由出现在继承开始之后,则其效力追溯至继承开始之时。在对人的效力方面,继承权的丧失具有特定性,即使丧失了对特定人的继承权,继承人仍享有对其他被继承人的遗产继承权。

(四)继承权的保护

1. 继承权保护的概念

继承权的保护是指合法继承人的继承权受到他人侵害时,继承人可以通过诉讼程序请求人民法院予以保护,从而使继承权恢复到继承开始时状态的情形。对继承权的保护实际上是继承恢复请求权的行使。继承恢复请求权的行使必须以继承权受到侵害为前提,它包括请求返还遗产的权利和请求确认继承人的资格的权利。

2. 继承恢复请求权的保护期限

根据《继承法》第八条的规定,继承恢复请求权的诉讼时效期间为2年。自继承人知道或应该知道其权利受到侵害之日起2年内,继承人没有行使其请求权的,人民法院不再给予保护,而且自继承开始之日起超过20年的,不得再提起诉讼。

3. 对去台人员和台湾同胞的继承权的保护

对去台人员和台湾同胞继承权的保护主要体现在以下三个方面:

(1) 人民法院在处理继承案件过程中,对去台的合法继承人和台胞继承人应设法通知其参加诉讼;无法通知的应保留其继承份额并且指定财产代管人。

(2) 去台人员和台湾同胞可以向人民法院申请取得为其保留的遗产份额。

(3) 在诉讼时效适用方面,根据《民法通则》第一百三十七条的规定,人民法院可以将其作为特殊情况予以延长。

三、我国《继承法》的基本原则

(一) 保护公民合法财产继承权的原则

我国《宪法》规定,法律保护公民的私有财产继承权,这是我国《继承法》的立法依据,也同时决定了我国《继承法》的立法宗旨和首要任务就是保护自然人的私有财产继承权。《继承法》一方面规定了继承权的主体、客体、内容、变动等事项,起到确权的作用;另一方面规定了继承权受到侵害时的法律保护措施,起到护权的作用,充分体现了保护公民私有财产继承权的原则。

(二) 继承权平等原则

(1) 继承权男女平等。

(2) 非婚生子女与婚生子女继承权平等。

(3) 养子女与亲生子女继承权平等。

(4) 儿媳与女婿在继承权上权利平等。

《继承法》赋予了那些对公、婆、岳父母尽了主要赡养义务的丧偶儿媳或丧偶女婿第一顺序法定继承人的法律地位。

(5) 同一顺序继承人继承遗产的权利平等。

(三) 养老育幼、互助互济原则

养老育幼是人类文明的体现,也是家庭的一项重要职能。它既是一项道德的要求,也是我国《继承法》确立的一项基本原则。继承法中的"特留份"制度、对缺乏劳动能力又没有生活来源的继承人的照顾都是这一原则的体现。

(1) 继承人为有法定扶养义务的近亲属。
(2) 遗产的分配有利于养老育幼。
(3) 在遗嘱继承和遗赠中保护老幼、残废人的利益。
(4) 遗产分割不能侵害未出生人的利益。
(5) 承认遗赠扶养协议的效力。

(四) 互谅互让、团结和睦的原则
(1) 继承人的继承权受法律的平等保护。
(2) 法定继承人有平等的继承权。
(3) 继承人协商处理继承问题。

第二节 法定继承

一、法定继承的概念和适用范围

(一) 法定继承的概念和特征

1. 概念

法定继承是指根据法律直接规定的继承人的范围,继承人继承的顺序,继承人继承遗产的份额及遗产的分配原则,继承被继承人的遗产。

2. 特征

(1) 法定继承是遗嘱继承的补充。
(2) 法定继承是对遗嘱继承的限制。
(3) 继承人是法律基于继承人与被继承人间的亲属关系规定的,而不是由被继承人指定的。
(4) 法定继承规定具有强行性,任何人不得改变。

(二) 适用范围

(1) 遗嘱继承人放弃继承或者受遗赠人放弃受遗赠的。
(2) 遗嘱继承人丧失继承权力。
(3) 遗嘱继承人受遗赠人先于被继承人死亡的。
(4) 遗嘱无效部分涉及的遗产。
(5) 遗嘱未处分的遗产。

二、法定继承人的范围和继承顺序

（一）法定继承人的范围

（1）配偶；

（2）子女；

（3）父母；

（4）兄弟姐妹；

（5）祖父母和外祖父母。

（二）法定继承人的继承顺序

1. 第一顺序

配偶、子女、父母。

2. 第二顺序

兄弟姐妹、祖父母和外祖父母。

三、代位继承的概念和适用范围

（一）代位继承的概念和特征

1. 概念

代位继承是在被继承人的子女先于被继承人死亡的情形下由其晚辈直系血亲代位继承被代位继承人应继承份额的继承方式。

2. 特征

（1）被代位人须为先于被继承人死亡的子女。

（2）代位人须是被继承人的晚辈直系血亲。

（3）被代位人未丧失继承权。

（4）代位继承人只能继承被代位人应继承的遗产份额。

（5）代位继承只适用于法定继承。

（二）代位继承与转继承的区别

1. 发生的时间和成立条件不同

代位继承基于继承人先于被继承人死亡的事实而发生。转继承基于继承人后于被继承人死亡的事实而发生。

2. 适用范围不同

代位继承只适用于法定继承。转继承既适用于法定继承也适用于遗嘱继承。

3. 主体不同

代位继承中的代位继承人只能是被代位继承人的晚辈直系血亲。转继承中的继承人是被转继承人的一切法定继承人,既可以是被转继承人的直系血亲也可以是被转继承人的其他法定继承人。

4. 性质和效力不同

代位继承继承人的子女直接参与对被继承人遗产的分割,与其他有继承权的人共同参与继承活动。转继承只能对其法定继承人应继承的遗产进行分割,不能与被继承人的其他合法继承人共同分割被继承人的遗产。

例如,甲乙丙三人,甲为乙的父亲,乙为丙的父亲。如果甲死亡时,乙已经不在世,则丙继承甲的遗产属于代位继承。如果甲死亡时,乙还在世,只是分割遗产时乙已经死亡了,丙继承甲的遗产属于转继承。

【案情】 小王的外祖母病故,小王母亲在料理丧事期间,因食物中毒抢救无效死亡。外祖母遗下瓦房五间,本应由小王母亲和小王舅舅共同继承。

【问题】 由于小王母亲死亡,外祖母的遗产怎样继承?

【法律规定】 根据法律规定,继承人在被继承人死亡后,遗产分割以前死亡的,其应得份额由他的法定继承人继承,这在法律上叫做"转继承"。

【法律运用及结果】 从继承人的范围来说,转继承是由其法定继承人继承,而代位继承是由其直系晚辈亲属继承。小王外祖母死亡后,应由小王舅父和小王母亲共同继承遗产,由于小王母亲在取得遗产前死亡,这样小王母亲应继承的那份遗产,应由小王父亲、小王姐姐和小王本人共同继承。

(案例改编自继承法案例分析 http://wenku.baidu.com/view/b2fa58eeb8f67c1cfad6b812.html)

四、法定继承中的遗产分配

(一)分配原则

(1)继承人继承遗嘱的份额一般应当均等。

(2)特殊情况下继承人继承的份额可以不均等:
① 对生活特别困难的缺乏劳动能力的继承人,分配遗产时,应当予以照顾;
② 对继承人尽了主要抚养义务或者与被继承人共同生活的继承人,在分配遗

产时,可以多分;

③ 有抚养能力和有抚养条件的继承人,不尽抚养义务的,分配遗产时,应当不分或者少分。

④ 继承人协商同意不均分。

(二) 非继承人的遗产取得权

(1) 依靠被继承人抚养的缺乏劳动能力又没有生活来源的人。

(2) 对被继承人扶养较多的人。

养子女对其生父母若尽了主要赡养义务的,可以依据这一规定适当分得其亲生父母的遗产。

【案情】 王某和李某于1975年结婚,生育有甲、乙、丙、丁四个子女,1980年,王某和李某因感情不和离婚,后来,王某娶赵某为妻,并生育一子戊,1981年,王某的父亲病故,留给王某6间房由王某继承。后来,王某的子女均搬出另过,只有甲一个人同两位老人一起生活,照顾其生活,1986年,戊病逝,王某和赵某的感情恶化而分居,分居期间,甲还经常到赵某的住处照料赵某。1992年,王某死亡,留下房屋6间、存款2万元。甲处理好丧事。通知了乙、丙、丁和赵某分割财产,乙和丙以王某生前主要由甲照料为由,主张多分给甲一点,丁明确表示放弃继承。但是,赵某认为自己是王某的妻子,是第一顺序法定继承人,应当继承全部财产。那么,本案应当如何处理?

【问题】 本案涉及的是法定继承的继承顺序问题。

【法律规定】 在法定继承中,应当遵循以下的原则:一是同一继承顺序法定继承人继承遗产的份额应当均等,即在没有法律规定的特别的情况下,同一顺序的法定继承人应按照人数平均分配遗产。二是特殊情况下,继承人的继承份额可以不均等。

【法律运用及结果】 本案中,甲、乙、丙、丁和赵某均为王某的第一顺序的法定继承人,其中丁明确表示放弃继承权,其他的几位接受继承,对于这几位继承人,应当按照法律规定将遗产分出一半(房屋3间,存款1万元)作为赵某的个人财产,其余的一半作为王某的遗产由继承人等额继承。由于乙、丙对王某尽的义务较少,甲尽的义务较多,因此,在分配遗产时乙和丙应当少分,甲应当多分。所以,甲、乙、丙、丁和赵某同时作为第一顺序继承人,应当等额分割遗产。丁明确表示放弃继承,因此,应当由甲、乙、丙和赵某等额分割遗产;甲尽了主要的扶养义务,应当适当多分得遗产。

值得注意的是,所谓继承中"一般情况",是指同一顺序的各个法定继承人,彼此在生活状况、劳动能力以及对被继承人所尽抚养、扶养或赡养义务等方面,情况基本相同,条件大致相近。所谓"均等分配遗产",是指同一顺序的各个法定继承人所取得的被继承人遗产数额比例相同,没有明显差别取得的被继承人遗产数额比例相同,没有明显差别。

特殊情况下同一顺序的继承人可不均等分配遗产,这些特殊情况是指:① 生活有特殊困难的缺乏劳动能力的继承人,在分配遗产时应当予以照顾,可以多分。若具备上述条件,在分配遗产时,必须给予照顾,其实际取得遗产份额,应当较其他继承人多。② 对被继承人尽了主要赡养或扶养义务或者与被继承人共同生活的继承人,在分配遗产时,可以多分。对于符合上述情况的继承人,在分配遗产时可以适当多分。③ 有扶养能力和有扶养条件的继承人,不尽扶养义务的,分配遗产时,应当不分或者少分。④ 经继承人之间协商同意的,也可以不均等分配。在同一顺序的各个法定继承人的条件大致相当的情况下,继承人之间既可均等分配也可以协商,在达成一致同意的基础上,对被继承人的遗产进行不均等分配,这是继承人自主自愿的行使其继承权的结果,法律对此不加以干预。

(案例改编自2007年司法考试继承法考点)

【案情】 1985年,王晴雯的单位分给了她住房2间,1988年8月王晴雯死亡,所留2间房屋由丈夫魏文杰继承。1988年魏文杰再婚,娶妻常英,常英也是再婚,其与前夫所生之女刘小方已经搬出另过,后来,魏文杰搬到城市里与常英同住,其在乡下的2间房屋由魏文杰的侄子魏仁毅照料。随着魏文杰和常英年事已高,常英搬到女儿刘小方的住处由刘小方照料,魏文杰搬回去由魏仁毅照料。1992年魏文杰去世,留下财产房屋2间、电视机1台、存款5万元。魏文杰病逝时,常英正在住院,魏仁毅料理了魏文杰的后事,并占有了魏文杰的财产,常英听说后,就遗产问题与魏仁毅产生了纠纷,认为自己是魏文杰的唯一的继承人,魏文杰的财产应当由自己单独继承,魏仁毅无权取得遗产,那么,本案如何处理?

【问题】 本案涉及的是继承人以外的人取得遗产的问题,是对《继承法》第十四条的考查,在法定继承中,除依法参加继承的法定继承人以外,具备法定条件的其他人也有权取得一定的遗产。

【法律规定】《继承法》第十四条规定:"对继承人以外的依靠被继承人扶养的缺乏劳动能力又没有生活来源的人,或者继承人以外的对被继承人扶养较多的人,可以分给他们适当的遗产。"

【法律运用及结果】 《继承法》第十四条规定是继承人以外的人适当分得遗产的法律依据,本案中,常英是魏文杰的配偶,刘小方虽然为常英之女,应当是与魏文杰形成继父女关系的,但是,没有在一起生活,尚未形成扶养关系,没有继承权,故常英为魏文杰的唯一的第一顺序法定继承人,有权继承魏文杰的全部遗产,另外,在本案中,魏仁毅是魏文杰的侄子,不属于魏文杰法定继承人的范围,因此,他无权继承魏文杰的遗产,但是,他在魏文杰生前对其尽了较多的赡养义务,魏文杰死后他又负责料理了魏文杰的后事,因此,他属于法律规定的对被继承人尽了较多的赡养义务的人,依法可以分得一定数额的遗产,当然,魏仁毅所分得的只能是魏文杰个人财产的一部分,魏文杰所留下的财产是魏文杰与常英夫妻的共有财产,应当从中分割一半归常英所有,剩余一半可以由魏仁毅适当分得。

值得注意的是,对这种可以酌情分得遗产的情况,我们必须记住:酌情分得遗产的权利主体是参加继承的继承人以外的不得参加继承的人,即可以是非法定继承人,也可以是不能参加继承的法定继承人。例如在第一顺序法定继承人的继承遗产时,第二顺序法定继承人不能参加继承,如果具备法定的条件,可以适当分得遗产。有权酌情分得遗产的人包括:① 继承人以外的依靠被继承人扶养的缺乏劳动能力又没有生活来源的人;② 继承人以外的对被继承人扶养较多的人。对被继承人的扶养,既包括经济上的扶助、劳务上的扶助、也包括精神上的慰藉。是否扶助较多,应从扶助的质和量上进行综合比较分析。酌情分得遗产的义务主体,通说认为,应是参加遗产继承的继承人。被继承人死亡后,遗产在分割前即转归继承人所有,有多个继承人的,归他们共同共有,因此,应由参加继承的继承人分给酌情分得遗产的人适当的遗产。《继承法若干意见》第三十二条规定,可以分给适当在其依法取得被继承人遗产的权利受到侵犯时,本人有权以独立的诉讼主体资格向人民法院提起诉讼,其权利保护的诉讼时效期间是2年。但本人在遗产分割时,明知而未提出请求的,一般不予受理。

（案例改编自司法考试继承法复习指导：法定继承中的遗产分配 http://www.chinalawyer.cc/fangwudichan/20101007012513_421647_3.html)

第三节 遗嘱继承、遗嘱和遗赠、遗赠扶养协议

一、遗嘱继承

（一）遗嘱继承的概念和特征

1. 概念

遗嘱继承是指继承开始后，按照被继承人的所立的合法有效的遗嘱继承被继承人遗产的制度。

2. 特征

(1) 遗嘱继承直接体现着被继承人的遗愿。

(2) 发生遗嘱继承的法律事实须有合法有效的遗嘱。

(3) 遗嘱继承是对法定继承的一种排斥。

（二）遗嘱继承的适用条件

(1) 没有遗赠扶养协议。

(2) 被继承人立有遗嘱且合法有效。

(3) 遗嘱中指定的继承人未丧失继承权，也未放弃继承权。

二、遗嘱

（一）遗嘱的概念和特征

1. 概念

遗嘱是自然人生前按照法律规定处分自己的财产及安排与此有关的事务并于死亡后发生法律效力的单方民事行为。

2. 特征

(1) 遗嘱是一种单方民事行为；

(2) 是由遗嘱人生前亲自独立实施的民事行为；

(3) 是死亡后的行为；

(4) 是要式行为；

(5) 是依法律规定处分财产的民事行为。

(二) 遗嘱的形式

(1) 公证遗嘱；
(2) 自书遗嘱；
(3) 代书遗嘱；
(4) 录音遗嘱；
(5) 口头遗嘱。

对以上五种形式的遗嘱应当注意以下三点：

一是代书遗嘱、录音遗嘱、口头遗嘱须有两个以上见证人在场见证。

二是在这五种形式中，公证遗嘱的效力最强，若其他遗嘱的内容和公证遗嘱的内容冲突无论公证遗嘱订立的时间先后均优先适用。

三是口头遗嘱只能在情况紧急来不及订立其他遗嘱时才能使用，并且紧急情况解除后应当采取其他形式订立遗嘱，否则口头遗嘱无效。

其中，在需要有见证人在场方可生效的遗嘱形式中，以下人不得作为证人：

一是无行为能力人、限制行为能力人；
二是继承人、受遗赠人；
三是与继承人、受遗赠人有利害关系的人。

所谓利害关系人是指和继承人、受遗赠人具有某种法律关系而基于此种法律关系继承人、受遗赠人受有利益时其也会随之受有利益。例如：丈夫和妻子基于夫妻关系，丈夫取得财产，妻子也受有相应的利益。

(三) 遗嘱的内容

(1) 指定继承人、受遗赠人。
(2) 说明遗产的分配办法或份额。
(3) 对遗嘱继承人、受遗赠人附加的义务。
(4) 再指定继承人。
(5) 指定遗嘱执行人。

(四) 遗嘱的有效要件

(1) 遗嘱人须有遗嘱能力。
(2) 遗嘱须是遗嘱有真实的意思表示。
(3) 遗嘱不得取消缺乏劳动能力又没有生活来源的继承人的继承权。
(4) 遗嘱中所处分的财产须为遗嘱人的个人财产。
(5) 遗嘱须不违反社会公共利益和社会公德。

（五）合立遗嘱

合立遗嘱，是指两个以上被继承人共同订立的遗嘱，多表现为夫妻合立遗嘱。

（六）遗嘱的变更、撤销和执行

1. 遗嘱的变更和撤销

（1）遗嘱人须有遗嘱能力。

（2）遗嘱的变更、撤销须为遗嘱人的真实意思表示。

（3）遗嘱的变更、撤销须依法定方式由遗嘱人亲自为之。

2. 遗嘱的执行

遗嘱的执行是指在遗嘱发生法律效力以后，为实现遗嘱人在遗嘱中对遗产所作出的积极的处分行为以及其他有关事项而采取的必要行为。遗嘱一般由遗嘱继承人来执行。但根据《继承法》的规定，遗嘱人也可以指定遗嘱执行人，负责执行遗嘱。

遗嘱执行人负责保管遗产，并有权提起关于排除妨害继承的诉讼以及参与有关的诉讼活动。如果遗嘱人生前没有指定遗嘱执行人，或者执行人拒绝接受，或者执行人不称职，则可以由全体继承人参加执行遗嘱；也可以由利害关系人申请，由人民法院指定或撤销遗嘱执行人。

根据民事诉讼法的规定，因继承遗产纠纷提起的诉讼，由被继承人死亡时住所地或者主要遗产所在地人民法院管辖。

遗嘱执行人可使遗嘱人的遗嘱依法得以完全实现，同时可以使遗产的分割得以顺利进行，避免纷争。

除遗嘱中另有特别规定外，遗嘱执行人可执行下列事务：

（1）查明遗嘱是否合法真实；

（2）清理遗产；

（3）管理遗产；

（4）诉讼代理；

（5）召集全体遗嘱继承人和受遗赠人，公开遗嘱内容；

（6）按照遗嘱内容将遗产最终转移给遗嘱继承人和受遗赠人；

（7）排除各种执行遗嘱的妨碍；

（8）请求继承人赔偿因执行遗嘱受到的意外损害。

【案情】 甲乙为夫妻，两人于解放前结婚。甲的祖上于解放前分家，分给甲平房六间，此时甲乙已婚并生育子女，乙于1961年因车祸去世，据其子女称，乙生前无遗嘱。乙父先于其去世，而乙母后于其在1963年去世,乙遗有配偶、子女和一个弟弟。"文革"期间,上述房产上交政府房管部门,"文革"后落实政策,房产发还给甲。1985年甲取得该房产的房产证,房产证登记在甲的名下。1988年甲立有自书遗嘱四份,将上述全部房产留给其四个子女。甲的子女于近日持甲的自书遗嘱申请办理继承权公证。公证员经审查认为,此自书遗嘱符合遗嘱的法定形式。甲的子女均对四份自书遗嘱无异议。

【问题】 该遗嘱是否为有效遗嘱?公证员能否直接以该遗嘱为依据办理继承权公证?关于诉讼时效是否已经超过?

【法律规定】

(1)根据《继承法》规定,公民只能立遗嘱处分属于自己所有的财产,该处房产是否为甲的个人财产,甲对该房产是否拥有完全的所有权?如果不是甲的个人财产,该遗嘱内容将匪于无效或部分无效。

(2)《继承法》第八条规定:"自继承开始之日起超过二十年的,不得再提起诉讼。"

(3)《民法通则》第一百三十七条规定:"诉讼时效期间从知道或应当知道权利被侵害时起计算,但从权利被侵害之日起超过二十年的,人民法院不予保护。"

【法律运用及结果】 公证处受理该继承公证应审查该遗嘱是否符合法定的形式和内容。从形式上看,该遗嘱为自书遗嘱,由甲亲笔书写,给每个子女人手一份,上面有甲的签名、私章并注明了年月,形式上合乎继承法所规定的要件。内容是否有效呢?首先该房产为甲乙二人婚后甲方从其祖上分家继承所得,且共同使用,依据相关民事法律规定,该房产应为甲乙双方的夫妻共同财产,乙去世后,属于乙的一半房产遗产开始发生继承。在乙的继承人中有其配偶、其父母及其子女。乙的父亲于解放前去世,则其遗产份额应由配偶、母亲和子女共同继承。但是,根据中国人的传统习惯,夫妻二人在一方去世、另一方在世的情况下,去世一方遗留下的财产往往不进行实际的遗产分割,而是由全体继承人概括继承供家庭共同使用,在遗产实际分割之前,各继承人之间形成共同共有关系,被继承的遗产成为共同继承财产。本案的背景情况历经解放前后、"文革"前后,故上述现象均存在。尽管如此,但根据民法原理,共同继承财产不是遗产的形态,而是财产所有权的形态。根据继承法的规定,继承开始后,只要继承人不明示放弃继承的权利,则均享有继承权,因此应当认为乙的房产份额已经由各继承人概括继承,只是尚未实际进行分割,因此该遗产已转化为共同继承财产,各继承人之间形成《民法通则》所规定的共同共有关系。后乙母于1963年去世,因其在继承开始后、遗产尚未分割前,即尚未实际取得遗产时死亡,按照转继承的规定,其应继承的乙的遗产份额,应由其合法继承人继承,乙母的父母及乙父均在解放前去世,乙有一个弟弟,则该份额应转由乙的弟弟继承。乙的弟弟又于1999年去世,乙弟有妻子和子女若干,则又适用一次转继承,该份额转由乙弟的妻子、子女继承。至此,几经辗转,截至甲去世,甲之子女申请遗嘱继承公证之日,乙的遗产份额应由甲、甲之子女、乙弟的妻子和子女共同继承。由此可以得出,甲对该处房产并没有完全的所有权,该遗嘱处分了配偶所占份额的部分无效,其余部分均有效。

关于诉讼时效问题,根据《继承法》第八条对诉讼时效的规定,认为乙的遗产继承开始后早已超过二十年,乙的其他合法继承人从来没有提起过主张或诉讼,如果他们现在向法院提起诉讼,也早已过了诉讼时效,根据上述法条的规定,法院作为最后一道救济,也会将乙的其他合法继承人"拒之门外",即使可以立案受理,但根据该规定也将丧失胜诉权而被驳回。既然起诉权都消灭了,则乙的其他合法继承人继承乙的遗产份额的实体权利也将无法实现,就此可推断其实体权利实质已消灭,该处房产应为甲及其子女的共有财产。这一观点是否合理?我们不妨分析一下。

首先我们先来看《继承法》中的这条规定。不难看出,《继承法》第八条规定与《民法通则》第一百三十七条规定是矛盾的。第一百三十七条规定:"诉讼时效期间从知道或应当知道权利被侵害时起计算,但从权利被侵害之日起超过二十年的,人民法院不予保护。"《民法通则》是普通法,《继承法》是特别法,一般情况下特别法优于普通法,但是如果特别法规定本身不科学,为保护当事人的合法权益,则可能优先适用普通法。笔者通过查阅相关文献资料,发现《继承法》的这条规定因其不科学性已遭到诸多学者的批评。他们认为,"不得起诉"与"不予保护"是两个不同的概念。"不得起诉"的说法不科学,公民通常都享有程序上的诉权,这是一种公权利,一般情况下是不能剥夺的。《继承法》1985年实施,早于《民法通则》,《民法通则》规定"不予保护",也就是说当事人可以起诉,只是胜诉权可能会消灭。《民法通则》关于诉讼时效的规定比继承法科学、合理。笔者同意上述学者的观点,认为如果本案中乙的弟媳及子女现在提起继承权被侵害之诉,法院还是应先予受理的。就此问题笔者咨询了法院审判人员,他们的答复是,为保护当事人的合法权益,在实务中也是如此操作,并不是一概将之"拒之门外"。另外,根据诉讼时效是胜诉权消灭而实体权利不消灭的通说,从《继承法》第八条规定并不能推导出继承的实体权利因诉讼时效超过而消灭。笔者认为,既然法院尚不能作出如此判断,公证员在办理继承公证阶段更不宜直接作出实体权利已消灭的判断,如果依此出具公证书,公证员就超越了职权范围。

对共同继承财产享有的分割请求权是否会罹于诉讼时效而消灭?

这涉及诉讼时效的适用范围问题。虽然这个问题不属于公证处的审查范围,但笔者认为有必要澄清其中可能认识模糊之处。虽然《民法通则》对诉讼时效的客体未作明确规定,但目前我国关于诉讼时效适用范围的通说认为,并非所有的民事权利都罹于诉讼时效。诉讼时效的客体为请求权,请求权是要求特定人为特定行为(作为、不作为)的权利,是由基础权利发生的,依其基础权利的不同,请求权可分为债权请求权、物上请求权、人格上的请求权及身份上的请求权等。由于权利的性质不同,也并非所有的请求权都罹于诉讼时效。多数学者认为债权请求权适用诉讼时效,物上请求权、人格上的请求权及身份上的请求权则一般不适用诉讼时效,不过具体的应用细节尚存不少争议。

就本案例而言,如果乙的合法继承人以继承权被侵害为诉由,向法院提起诉讼,法院会适用诉讼时效的规定。如果未发生侵权行为,在遗产未被分割期间,乙的合法继承人提出分割遗产的请求权,则不适用诉讼时效。前文已经提到,该项继承开始后,各继承人并未明示放弃继承的权利,因此应当认为乙的房产份额已经由各继承人继承,只是尚未进行实际分割,这部分遗产已转化为共同继承财产,各继承人之间形成民法通则中规定的共同共有关系。对于这种财产共有关系,法律并没有限制其存续时间,不存在因怠于行使而应予消灭的问题,如果共有物的分割请求权适用诉讼时效,则有可能使部分共有人利益受损。台湾学者胡长清、史尚宽曾提出过一个观点,认为如果请求权与一定的事实关系或法律关系相终始,则不能单独因消灭时效(对应民法通则规定的诉讼时效)而消灭。分割请求权是继承人随时请求分割的权利,属于上述请求权之一。基于上述理由,笔者认为,对于遗产已经全体继承人共同继承之后,在分割之前各继承人形成了共同共有关系,对于共同继承财产享有的权利以及遗产分割请求权均不应罹于时效而消灭。基于此,如果本案乙的继承人向法院提出分割遗产请求权,是不应该受诉讼时效限制的。

(案例改编自法律常识网遗嘱继承案例 http://china.findlaw.cn/falvchangshi/yizhujicheng/yizhujichengren/yzjcral/16193.html)

三、遗赠

(一)遗赠的概念和特征

1. 概念

遗赠是指自然人以遗嘱的方式将其个人财产赠与国家、集体或者法定继承人以外的人,而于其死后发生效力的民事行为。

2. 特征

(1) 遗赠是一种单方的民事行为。
(2) 遗赠是于遗赠人死亡后发生效力的死后行为。
(3) 受遗赠人是法定继承人以外的人。
(4) 遗赠是无偿给予受遗赠人财产利益的行为。
(5) 遗赠是只能由受遗赠人接受的行为。

(二)遗赠与遗嘱继承的区别

(1) 受遗赠人与遗嘱继承人的主体范围不同。
(2) 受遗赠权与遗嘱继承权的客体范围不同。
(3) 受遗赠权和遗嘱继承权的行使方式不同。
(4) 受遗赠人与遗嘱继承人取得遗产的方式不同。
(5) 在遗赠中,遗赠人不能于指定受遗赠人后再指定;而在遗嘱继承中遗嘱人可以于遗嘱中指定候补继承人。

四、遗赠扶养协议

(一)遗赠扶养协议的概念和特征

1. 概念

遗赠扶养协议是指自然人与扶养人之间关于扶养人扶养受扶养人,受扶养人将财产遗赠给扶养人的协议。

2. 特征

(1) 遗赠扶养协议是双方的民事行为。

(2) 是诺成、要式民事行为。
(3) 是双务、有偿行为。
(4) 协议内容的实现有阶段性。
(5) 协议不因受扶养人的死亡而终止。
(6) 协议中的扶养人须无法定扶养义务。

(二) 遗赠扶养协议的效力

1. 内部效力
(1) 扶养人的义务；
(2) 受扶养人的义务。

2. 外部效力
是遗产处理的依据，在遗产处理时排斥遗嘱继承和法定继承。

【案情】 张某年近7旬，老伴已去世，生有一女丁某，在外省某城市工作。由于年岁大了，行动不便，又不愿到女儿家住，生活起居无人照料。于是想找一个人照顾自己，后来通过居委会，找到沈某。通过一段时间的相处，张某觉得沈某心地善良，照顾周到，便于2002年5月20日与沈某签订了一份协议书，协议书明确约定："由沈某照顾自己生活起居直至养老送终，死后自己所有的房产上二下二独家小院一座归沈某所有。"2005年国庆节期间丁某一家人回来看望母亲，张某享受天伦之乐，异常高兴。于是就于2005年10月10日和丁某一起到公证部门亲自书写遗嘱，并进行了公证，遗嘱上写道"我死后房产上二下二独家小院一座由丁某继承"。2006年春节刚过，张某因脑溢血抢救无效死亡，其丧事亦由沈某一手操办。事后，丁某要继承房产，沈某拿出张某生前与其签订的遗赠扶养协议，要求房产归自己所有。丁某拿出自己公证遗嘱认为遗嘱经过公证效力最高，房屋应归自己。无奈沈某于2006年3月初以丁某为被告诉至法院，请求法院依法确认遗赠抚养协议有效，房产应归自己所有。

【问题】 公证遗嘱与遗赠抚养协议的效力。

【法律规定】

(1)《中华人民共和国继承法》第二十条规定："遗嘱人可以撤销、变更自己所立的遗嘱。立有数份遗嘱，内容相抵触的，以最后的遗嘱为准。自书、代书、录音、口头遗嘱，不得撤销、变更公证遗嘱。"

(2)《中华人民共和国继承法》第三十一条规定："公民可以与扶养人

签订遗赠扶养协议。按照协议,扶养人承担该公民生养死葬的义务,享有受遗赠的权利。公民可以与集体所有制组织签订遗赠扶养协议。按照协议,集体所有制组织承担该公民生养死葬的义务,享有受遗赠的权利。"

(3)《中华人民共和国继承法》第五条规定:"继承开始后,按照法定继承办理;有遗嘱的,按照遗嘱继承或者遗赠办理;有遗赠扶养协议的,按照协议办理。"

(4)《最高人民法院关于贯彻执行〈中华人民共和国继承法〉若干问题的意见》第五条规定:"被继承人生前与他人订有遗赠扶养协议,同时又立有遗嘱的,继承开始后,如果遗赠扶养协议与遗嘱没有抵触,遗产分别按协议和遗嘱处理;如果有抵触,按协议处理,与协议抵触的遗嘱全部或部分无效。"

【法律运用及结果】 2002年5月20日,张某与沈某签订的协议书实际上就是一份遗赠扶养协议。所谓遗赠扶养协议是指遗赠人与扶养人(包括组织)签订的,遗赠人的全部或部分财产在其死亡后按协议规定转移给扶养人所有,扶养人承担对遗赠人生养死葬义务的协议。该案中沈某按照协议约定承担了对张某生养死葬的义务。但张某生前却违背协议,于2005年10月10日和丁某一起到公证部门亲自书写遗嘱,进行公证,将自己所有的房产上二下二独家小院确定给丁某继承,该公证遗嘱看似具有最高效,但是根据《中华人民共和国继承法》第五条"继承开始后,按照法定继承办理;有遗嘱的,按照遗嘱继承或者遗赠办理;有遗赠扶养协议的,按照协议办理"之规定,继承开始后应先执行遗赠抚养协议,然后才按遗嘱继承和法定继承处理遗产。根据《最高人民法院关于贯彻执行〈中华人民共和国继承法〉若干问题的意见》第五条"被继承人生前与他人订有遗赠扶养协议,同时又立有遗嘱的,继承开始后,如果遗赠扶养协议与遗嘱没有抵触,遗产分别按协议和遗嘱处理;如果有抵触,按协议处理,与协议抵触的遗嘱全部或部分无效"之规定,张某的公证遗嘱内容和张某与沈某签订的遗赠抚养协议的内容完全相抵触,张某的公证遗嘱全部无效。综上,张某的公证遗嘱全部无效,遗赠扶养协议有效,房屋应转移给沈某所有。

(案例改编自法律常识网扶养协议和遗嘱该采用谁? http://china.findlaw.cn/falvchangshi/yizhujicheng/jcgz/jcal/139995.html)

第四节 遗产的处理

一、继承的开始

(一) 继承开始的时间和意义

1. 继承开始的时间

继承从被继承人死亡时开始。

2. 意义

(1) 依继承开始的时间确定法定继承人的范围。

(2) 确定遗产的范围。

(3) 确定继承人的应继份额。

(4) 确定放弃继承权及遗产分割的溯及力。

(5) 确定遗嘱的效力。

(6) 确定保护继承权的最长期间。

(7) 确定遗产的权利归属。

(二) 继承开始的地点

(1) 继承开始的地点一般为被继承人的生前最后的住所地。

(2) 被继承人生前的最后住所地与主要遗产所在地不一致的,以主要遗产所在地为继承的地点。

(3) 遗产为不动产的,以不动产所在地为继承的地点。

(三) 继承开始的通知

(1) 继承开始后,知道被继承人死亡的继承人应当及时通知其他继承人或遗嘱执行人。

(2) 继承人中无人知道被继承人死亡或者知道被继承人死亡而不能通知的,由被继承人生前所在单位或者住所地的居民委员会、村民委员会负责通知。

【案情】 胡某有两个儿子、一个女儿。1983 年 6 月份,胡的老伴去世。1987 年胡患病住院,胡怕自己死后儿女们为争遗产伤感情,便立下书面遗嘱,两个儿子一个女儿各执一份。胡某出院后便住在大儿子家。胡的二儿子怀疑父亲的 8 500 元钱会被哥哥慢慢花掉,便提出先分割这笔钱。胡不同意,认为自己还没死,钱不能分。为此,胡的二儿子和女儿跑到哥哥家吵闹,提出按照胡立的遗嘱分钱。

【问题】 父亲还没有去世,能按遗嘱开始继承吗?

【法律规定】 《中华人民共和国继承法》第二条规定:"继承从被继承人死亡时开始。"

【法律运用及结果】 根据这一法律规定,继承的开始的原因,是被继承人死亡这一法律事实,且从被继承人死亡之时才开始。被继承人所立的遗嘱,也只有到继承开始的时候才能确定是否有效。在上面所提问题中,胡某虽然立下遗嘱,但是还没有去世,继承尚未开始,这样立的遗嘱还不能生效。所以,胡的子女在胡生前要求按遗嘱继承财产是不符合法律规定的。

(案例改编自继承法案例分析 http://wenku.baidu.com/view/b2fa58eeb8f67c1cfad6b812.html)

二、遗产

(一)遗产的概念和特征

1. 概念

遗产是公民死亡时遗留的个人合法财产。

2. 特征

(1) 遗产只能是公民死亡时遗留的财产,具有时间上的特定性。

(2) 遗产的内容具有财产性和包括性。

(3) 遗产范围上的限定性和合法性。

(二)遗产的范围

1. 遗产包括的财产

(1) 公民的收入。

(2) 公民的房屋、储蓄和生活用品。

(3) 公民的林木、牲畜和生活用品。

(4) 公民的文物、图书资料。

(5) 法律允许公民所有的生产资料。

(6) 公民的著作权、专利权中的财产权利。

(7) 公民的其他合法财产。

2. 遗产中不能包括的权利义务

(1) 与被继承人人身不可分的人身权利。

(2) 与人身有关的和专属性的债权债务,因为这些债权债务具有不可转让性。
(3) 国有资源的使用权。
(4) 承包经营权。

三、遗产的分割和债务清偿

(一) 遗产的分割

1. 遗产分割的原则
(1) 遗产分割自由原则;
(2) 保留胎儿继承的份额;
(3) 互谅互让、协商分割原则。

2. 遗产的分割方式
关于遗产的分割方式,若遗嘱中已经指定,则应按遗嘱中指定的方式分割;遗嘱中未指定的,由继承人具体协商;继承人协商不成的,可以通过调解或者诉讼解决。《继承法》第二十九条规定:"不宜分割的遗产,可以采取折价、适当补偿或者共有等方法处理。"据此,对遗产的分割可根据具体情形采用实物分割、变价分割、补偿分割和保留共有的分割四种方式。

3. 遗产分割的效力
关于遗产分割的法律效力,各国继承法上有两种不同的主张:一是转移主义,即以遗产分割为一种交换,各继承人因分割而互相让与各自的应有部分,而取得分配给自己的财产的单独所有权。依此遗产分割有转移或创设效力。二是宣告主义,又称溯及主义,认为因遗产分割而分配给继承人的财产,视为自继承开始业已归属于各继承人单独所有,遗产分割只是宣告既有的状态,依此遗产分割有宣告的效力或认定的效力。我国法律上未明确规定遗产分割的效力,学者中也有两种不同的观点。多数人主张,遗产分割的效力应当溯及自继承开始,继承人因遗产分割所取得的财产为直接继承被继承人的遗产。

(二) 被继承人的债务清偿

1. 债务的范围
(1) 被继承人依照税法规定应缴纳的税额。
(2) 因合同之债发生的未履行的给付财物的债务。
(3) 因不当得利而承担的返还不当得利的债务。
(4) 因无因管理之债的成立而负担的偿还管理人必要费用的债务。

(5) 被继承人因侵权行为而承担的损害赔偿债务。
(6) 其他债务。
2. 债务清偿原则
(1) 限定继承原则。
(2) 保留必留份的原则。
(3) 清偿债务优先于执行遗赠的原则。
(4) 无人继承又无人受遗赠的遗产。
(三) 无人继承又无人受遗赠的遗产的范围
(1) 死者无法定继承人,也未与他人订立遗赠扶养协议。
(2) 被继承人的法定继承人、遗嘱继承人全部放弃继承,受遗赠人全部放弃受遗赠。
(3) 被继承人的法定继承人、遗嘱继承人全部丧失继承权,受遗赠人全部丧失受遗赠权。
(四) 无人继承又无人受遗赠的遗产的归属
(1) 归国家所有;
(2) 归所在的集体所有制组织所有。

【案情】 小张母亲退休后与小张一家共同生活,小张哥哥分居另过。小张和小张爱人的工资都交由母亲统一支配使用,近两年来买了一些高档家具和家用电器。今年初母亲去世时,小张哥哥提出要继承母亲的遗产。

【问题】 遗产中有涉及非被继承人财产时该如何处理?怎样进行遗产分割?

【法律规定】 《继承法》第二十六条规定:"遗产在家庭共有财产之中的,遗产分割时,应当先分出他人的财产。"

【法律运用及结果】 遗产是被继承人死亡时遗留的个人所有财产,而不是与他人共有财产。因此,《继承法》第二十六条规定:"遗产在家庭共有财产之中的,遗产分割时,应当先分出他人的财产。"根据这一规定,小张母亲的遗产处在小张家庭共有财产之中,所以,如果小张哥哥要分割遗产,应当按照《继承法》的这一规定办理,先将小张家庭财产从共有财产中分出来,然后再开始继承。

(案例改编自继承法案例分析之遗产在家庭共有财产之中怎样进行分割? http://wenku.baidu.com/view/b2fa58eeb8f67c1cfad6b812.html)

【本章思考题】

一、案例思考题

1. 案情：甲与乙签订协议，约定甲将其房屋赠与乙，乙承担甲生养死葬的义务。后乙拒绝扶养甲，并将房屋擅自用作经营活动，甲遂诉至法院要求乙返还房屋。

问题：（1）该协议是附条件的赠与合同吗？为什么？（2）该协议在甲死亡后会发生法律效力吗？为什么？（3）法院是否应判决乙向甲返还房屋？为什么？（4）法院应判决乙取得房屋所有权吗？为什么？

2. 案情：甲有一子一女，二人请了保姆乙照顾甲。甲为感谢乙，自书遗嘱，表示其三间房屋由两个子女平分，所有现金都赠给乙。后甲又立下书面遗嘱将其全部现金分给两个子女。不久甲去世。

问题：（1）甲的前一遗嘱是否无效？为什么？（2）甲的后一遗嘱是否有效？为什么？（3）本案中所有现金是否应归甲的两个子女所有？还是所有现金应归乙所有？

3. 案情：徐某死后留有遗产100万元。徐某立有遗嘱，将价值50万元的房产留给女儿，将价值10万元的汽车留给侄子。遗嘱未处分的剩余40万元存款由妻子刘某与女儿按照法定继承各分得一半。遗产处理完毕后，张某通知刘某等人，徐某死亡前1年向其借款，本息累计70万元至今未还。经查，张某所言属实，此借款系徐某个人债务。

问题：徐某的女儿应向张某偿还多少钱？

二、简答思考题

1. 简述遗赠与遗嘱继承的区别。
2. 简述遗嘱的形式及注意点。

第五章 人 身 权

教 学 要 求

要求学生掌握什么是人身权,它有哪些特点,人身权的分类,人身权包括哪些权能,人身权的意义;掌握人格权的概念和性质,一般人格权的概念特征、功能和内容以及各种具体人格的概念、特征和内容;掌握身份权的概念和特征,以及亲权、亲属权、荣誉权的概念、特征和权利内容。

第一节 人身权概述

一、人身权的概念、特征和分类

(一)人身权的概念和特征

1. 概念

人身权是民事主体依法享有的,以在人格关系和身份关系上所体现的与其自身不可分离的利益为内容的民事权利。

2. 特征

(1)人身权是民事主体固有的权利。人身权的权利主体是特定的,而义务主体是不特定的,任何他人都负有不得侵犯权利主体人身权的义务。

(2)人身权是没有直接财产内容的民事权利。人身权是以生命、健康、姓名、肖像、名誉等人身利益为客体的,而这类客体都不是财产,都不能用金钱来估算与衡量其价值。人身权虽无直接的财产内容,但它与财产权又有着密切联系。首先,人身权的确认或享有,是某种财产权发生的前提或条件。如养父母对养子女享有亲权,养子女凭借其身份权,取得对养父母财产的继承权。其次,企业法人等的名称权本身又具有财产权的属性。再次,人身权受到侵犯时,往往也会产生相应的财产损害。最后,对人身权的侵犯,即使仅造成非财产损害,依法也可能产生财产赔偿问题。

(3) 人身权是与民事主体不可分离的权利。人身权依民事主体的存在而存在,不得以任何形式转让,即不能出售、赠与或继承;同时,民事主体违反民事法律,只能追究其民事法律责任,而不能任意剥夺其人身权或者限制其人身权的行使。这就决定了民事主体不能仿照财产权、知识产权的行使方式实现其权利,不可能用"占有"、"使用"、"处分"或者"独占实施"等方式来行使人身权的一部或全部。

(二) 人身权的分类

1. 人格权包括

(1) 生命权;

(2) 健康权;

(3) 身体权;

(4) 姓名权;

(5) 肖像权;

(6) 自由权;

(7) 名誉权;

(8) 隐私权;

(9) 贞操权;

(10) 信用权;

(11) 其他。

2. 身份权包括

(1) 配偶权;

(2) 亲权;

(3) 亲属权;

(4) 荣誉权;

(5) 知识产权中的人身权。

二、人身权的权能与意义

(一) 人身权的权能

1. 控制权

这是民事主体以自己的意思对自身的权利客体进行控制的权利。这种权利的行使,以将自己的人身权由自己的意志支配为内容。例如:自然人对自己的姓名、肖像等人格利益控制,使自己享有精神活动的自由;通过对身体、健康、生命的控制,如锻炼身体以增进健康、患病或受伤时进行治疗、改进卫生饮食习惯修身养性以延长生命,从而享受生命、身体安全的利益。

2. 利用权

这是民事主体以自己的意志去利用人身权的客体,从事各种活动,以满足自身需要的权利。利用权首先表现为利用自己人身权的客体,体现个体活动的特征、特点以区别于他人,体现个人存在的价值。如利用姓名权、名称权于社会活动和商业活动中,以标志个体的特征;利用肖像于身份证、护照以及其他证明身份的场合,以区分个体的形象标志等。利用权还表现为利用人身权的客体,以满足自身的需要,如自然人利用自己的生活资料撰写小说、报告文学、回忆录,从事文学创作活动;利用自己的形象进行绘画、摄影、录像,从事艺术活动等。

3. 有限转让权

这是权利主体对其部分权利客体的利用可以适当转让他人的权利,这也是利用权的有限制延伸,例如:将肖像利用权部分转让给他人,以使他人使用肖像;将自己的生活资料提供给他人,由他人进行创作;法人名称权的转让更加充分,不仅可以转让利用权,甚至还可以把整个名称权全部转让,当然有限转让人身权客体的利用权能,应依有效的民事法律行为进行。同时也应当看到,人身权的转让权不是普遍人身权的权能,而受到权利客体性质的限制,自由权、自然人姓名权、身体权、健康权、生命权、名誉权、荣誉权、亲权、配偶权等专属于个人的权利,不得转让。即使有些可转让的权利客体,也不能全部转让,只有法人的名称权例外。

4. 人身利益处分权

这是权利主体对于自己享有的人身利益进行自主支配的权利,人身利益处分权实际上是支配权,是指权利人在权利范围内不仅有自由活动的权利,而且对某些人身利益具有适当处分的权利,比如捐献血液、骨髓、皮肤、肾脏等人体器官或组织,正是支配权的体现。需要注意的是,这种处分权也是有限制的,并非所有的人身利益都可以自由处分,如自由、名誉不得抛弃、转让,原则上生命也不得抛弃,如果为正义事业(如抢救国家、集体、他人的生命或财产,见义勇为与歹徒搏斗等)贡献生命,道德伦理上视为壮举,法律上无需提倡。

(二)人身权的意义

1. 人身权成为现代民法的两大支柱之一

现代社会经济日益发展,社会结构日益复杂,人作为社会的主体,在这样的社会中,其社会价值和自身价值愈来愈重要,同时,其自身安全和个体利益也越来越受到来自各方面的威胁。人身权利受到侵害的各种危险无时不在。为了维护人的价值、尊严和安全,民法不断加强对民事主体人身权进行法律保护的功能,不断完善人身权保护的立法体系。在现代社会,人身权已经成为民法体系中的一个独具特色的、完整的、严密的分支系统,与财产权一起,构成现代民法的两大支柱。

2. 对人身权的保护,使民法在整个法律体系中具有独特的价值

人身权法在现代社会的重要作用,就在于它维护了人的社会价值和自身价值,保护了人的自由、尊严和安全,使人真正成为人类社会的主宰,使民事主体的自身完善和发展得到了保障,也推动了社会文明、进步的进程。也正是因为对人身权的保护,使民法在整个法律体系中,具有独特的价值。

3. 人身权制度构成了一种权利制衡结构

民法的人身权制度要求每个人都要尊重他人的人身权、人格尊严、人身自由,所以政府机构在行使其行政权、新闻记者在行使其言论自由权以及作家在享有其创作作品的权利时,都应当充分尊重他人的人身权。这样,人身权制度便构成了一种权利制衡结构,为发展个人之间的和睦关系、协调个人利益之间及个人利益与社会利益的冲突提供了条件,尤其是对权利意识、人权意识的培育将起到重要作用。

人身权,是人生而就有的,是由民法加以确认的一项基本权利,正如1789年《人和公民权利宣言》中宣称的那样,"在权利方面,人们生来是而且始终是自由平等的"。"自由、财产、安全和反抗压迫是人的自然的不可动摇的权利",人身权作为民法的支柱之一,在历史上走过曲折的道路。在罗马法中,法律赋予自由人以独立的人格,享有完整的人身权,在资产阶级革命初期建立的近代民法,过于强调财产权利,宣称私有财产神圣不可侵犯,对人身权的重要性不甚主张,认为人格平等乃是交易和占有财产要求的产物,以至于"人格权本质上就是物权"。随着历史的发展,人们终于认识到这种观念的褊狭,发现了人身权本身的固有价值,提出了普遍的人权观念。现代人权观念引导人们重新认识人身权,更加关注人格尊严、人格独立、人格自由,以及生命、身体、健康、自由、姓名、肖像、名誉、隐私、信用、贞操等等权利,正是人之所以为人所应当享有的与人身须臾不可分离的基本权利。民事主体丧失了这些权利,就丧失了做人的资格和人的基本价值。基于这样的认识,人身权在民法中的地位才日益重要。

但民法对人身权的重视,绝不意味着人身权可以滥用。民法对人身权的保护,不是个人主义的产物,而是维护社会利益的需要,法律价值是多元的,在社会秩序和个人权利、社会利益和个人利益之间总有各种摩擦,而法律则需要在不同的利益

之间寻求平衡。所以,个人享有的人身权的范围、权能、行使的方式等均受到法律的制约,权利膨胀或滥用私权危及社会和他人利益,为民法所不容,个人的人身权应与其负有的社会责任协调一致。

第二节 人 格 权

一、人格权概述

(一)人格权的概念与特征

1. 概念

人格权是指民事主体固有的,由法律确认的,以人格利益为客体,为维护民事主体具有法律上的独立人格所必备的基本权利。

2. 特征

(1)人格权是作为民事主体资格所必备的权利。民事主体只有具有人格权,才能实现人格的独立与自由,才能成立民法上的"人"。

(2)人格权是民事主体固有的一种权利。人格权始终与民事主体相伴随而客观存在,不依民事主体的意志更无需民事主体为一定的行为去取得。对自然人来讲,无论其年龄、智力、能力、社会地位、种族、肤色、信仰等存在何种差别;对法人和其他组织来讲,无论其所有制性质、资产规模等存在多少区别,都平等地享有人格权。此外,人格权不能由民事主体转让、抛弃,也不能由继承人继承。对于触犯刑法的人,虽然可以剥夺其政治权利(或政治权利上的人身权),但不能剥夺其民法上的人格权。人格权随着权利主体的存在而存在,并随着权利主体的消亡而消灭。

(3)人格权以人格利益为客体。人格权是以人格利益为客体的民事权利。人格利益分为一般人格利益和具体人格利益,前者泛指人的自由与人格尊严;后者指的是生命、健康、身体、姓名(名称)、名誉、肖像、隐私等人格利益。人格利益不是对人的身体,而是对人的人身和行为自由、安全及精神自由等方面享有的利益。

(4)人格权是由法律确认的。民事主体的人格权,无论是自然人的,还是法人或其他组织的,并不是与生俱来的"天赋",都是由法律赋予的。当然,在不同国家,以及在同一国家的不同历史时期,人格利益受法律确认和保护的范围并不一定相同。

(二)人格权的性质

1. 人格权的自然属性

(1)人格权始终与民事主体相伴随而客观存在,不依民事主体的意志更无需民事主体为一定的行为去取得。

(2) 民事主体只能享有这些权利,不得转让乃至抛弃这种权利。

(3) 法律旨在确认,维护这种权利,而不能剥夺。

2. 人格权的法定属性

(1) 人格权如果没有法律的确认和保护,就会沦为空泛的口号。

(2) 人格利益受法律确认和保护的范围,在不同国家,以及在同一国家的不同历史时期是不相同的。

(3) 人格权属于法定权利,属于私权利。

二、一般人格权

(一) 一般人格权的概念和特征

1. 概念

一般人格权是指民事主体基于人格独立、人格自由、人格尊严全部内容的一般人格利益而享有的基本权利。

2. 特征

(1) 主体普遍性。一般人格权的主体,是普遍主体。一般人格权的主体既包括公民,也包括法人,所有主体一律享有,且公民和公民之间、法人和法人之间一律平等。

(2) 权利客体具有高度概括性。一般人格权的客体是一般人格利益,这种一般人格利益具有高度的概括性。从具体内容上分,一般人格利益包括人格独立、人格自由和人格尊严,但这些人格利益不是具体的人格利益,而是高度概括的人格利益。这种概括性,包括两个方面的意义:一是一般人格利益本身的概括性,人格独立、人格自由和人格尊严都不能化成具体的人格利益,也不能成为具体人格权的客体。二是一般人格利益是对所有一般人格权客体的概括,任何一种具体人格权的客体,都可以概括在一般人格利益之中。因此,一般人格权才成为具体人格权的渊源,由此产生并规定具体人格权。

(3) 权利内容极具广泛性。一般人格权的内容包括具体人格权的内容,但是,对于具体人格权所不能包括的人格利益,也都包括在一般人格权之中。它不仅是具体人格权的集合,而且为补充和完善具体人格权立法不足提供切实可靠的法律依据,人们可以依据一般人格权,对自己的人格利益遭受损害,但又不能成为具体人格权所涵盖的行为,依据一般人格权的法律规定,寻求法律上的救济。

(4) 人格权是人的基本权利。一般人格权相对于具体人格权而言,是基本权利。一般人格权虽然对具体人格权有概括的作用,但它也是一个独立的民事权利,是人身权中的基本权利。一方面,它决定着和派生着各种具体的人格权;另一方面,它更为抽象和具有概括性,成为人身权中最具抽象意义和典型性的基本人格权。

(二)一般人格权制度的功能

1. 解释具体人格权

由于一般人格权的高度概括性和抽象性,使其成为具体人格权的母权,即对各项具体的人格权具有指导意义的基本权利。当对具体人格权进行解释时,应当以一般人格权的基本原理和基本特征为标准。尤其在司法解释中,不应该对具体人格权作有悖于一般人格权基本原理和基本性质的解释。比如关于侵犯他人肖像权的行为,是否以侵权人具有营利目的为构成要件?按照一般人格权的基本原理,人格尊严不具有与财产直接相关的经济价值,无论出于何种目的或者即使不具有任何目的,只要构成对人格利益的侵犯,均构成侵权行为。所以侵犯肖像权行为的责任构成不应以营利为目的。按照现行《民法通则》第一百条的规定,侵犯肖像权的行为人应以营利为目的的,这显然与一般人格权的基本原理相悖。

2. 产生具体人格权

一般人格权是具体人格权的源泉,从中可以引出各种具体的人格权。纵观人格权的发展历史,它是一个逐渐从弱到强、从少到多,不断壮大的权利组合(也可以称为权利束)。尤其是近现代民事立法中,随着人权运动及各种弱者利益保护运动的高涨,确认了大量新的具体人格权。这些权利的确认,都渊源于一般人格权的概念、原理和性质。在成文法国家,一般人格权的这个意义更加显著,法官判案必须依法,而法律对"不胜枚举"的权利难免有所遗漏,法官使用"一般人格权"这种类似于"诚实信用"的一般条款,可以正确解决现行法律缺项及运用现行法律达不到公平正义结果的个案。面对不断涌现的丰富多彩的人格利益,"立法周全固然重要,判例更不容忽视。"法官依此一般条款,可以创设新的人格权。

3. 补充具体人格权

一般人格权是一种弹性很大的权利,可以通过对具体人格权的补充确认保护相关的其他人格利益。现实生活中,有些人格利益遭到侵害时,用现行法律确认的人格权制度予以保护不甚贴切,但也未到创设一种新的人格权的程度,这时一般人格权就可发挥其补充的功能,以达公正保护受害人利益的目的。比如通常认为,名誉权的客体是社会的评价而不包括名誉感。当侮辱行为没有使受害人的社会评价降低,而仅使受害人的名誉感受到严重损害时,受害人不能以现行法律规定的名誉权受侵害为由请求救济。但事实上,名誉感关系到人格尊严,名誉感受到侵害,实际上是人格尊严受到侵害,这实际上构成对一般人格利益的侵害,受害人应基于此而得到救济。我国《消费者权益保护法》第十四条、第二十五条、第四十三条等明确规定,消费者的人格尊严应受尊重。经营者不得对消费者进行侮辱、诽谤,凡侵害消费者人格尊严的,应承担相应的民事责任。这些规定中包含了一般人格权的补充意义。在实践中,许多违法行为,诸如骚扰电话、恐吓电话、语言骚扰等,确实侵害了他人的人格利益,但这种人格利益究竟属于现行法中列举的哪一种,很难界定。这时,与其费时费力去认定究竟属于哪一种人格利益,不如利用一般人格权的概念,发挥其补充具体人格权的功能,追究侵权行为人的责任以救济受害人。

(三)一般人格权的内容

1. 人格独立

人格独立的本质,就是民事主体在人格上一律平等。在法律面前,任何民事主体都享有平等的主体资格,享有独立的人格,不受他人的支配、干涉和控制。我国《宪法》确认了法律面前人人平等的基本原则,《民法通则》随之规定,民事法律关系中主体地位平等。

人格独立在民法中的基本含义是,人人都有平等的人格权,人人都有保护、捍卫自己独立人格的权利。具体包括以下两方面的含义:其一,民事主体的人格由自己支配。主体人格生而平等,每个人都可依自己的精神生活、物质生活的需要自由支配自己的人格,他人不得支配,否则将是对他人独立人格的否定。当然无民事行为能力人或者限制民事行为能力人需要其法定代理人代其进行民事活动,甚至支配其人格利益。从形式上讲,这种情况似乎是对民事主体独立人格的否定,但从实质上讲,这种情况是为了实现民事主体的人格。因为如果法定代理人不代其进行民事活动,这种特殊的民事主体又无能力为自己进行民事活动,欠缺能力者无异于没有独立的人格。其二,民事主体的人格不受他人干涉和控制。人格为民事主体作为人的资格,任何组织、个人不得干涉和控制他人的人格,对他人人格的干涉和控制,意味着对"法律面前人人平等"的冲击。在民事法律关系中,民事主体地位平等,不允许任何人凌驾于他人之上,对他人的精神自由、身体自由横加干涉。比如干涉他人的婚姻自主、行动自由、言论自由等,干涉法人或其他组织的设立自由、变更自由、解散自由、订立合同自由等经营活动的自由等,都构成对他人人格独立的侵犯。

2. 人格自由

人格自由是私法上抽象的自由,既不是公法上的言论自由、出版自由、集会自由、结社自由、信仰自由、游行自由等政治自由,也不是私法上具体的契约自由、财产自由、意志自由、行为自由等,而是指人格不受约束、不受控制的状态。比如一个人的身体受到阻碍或被他人拘束,其具体的身体自由受到了限制,但他作为享有人格自由权的主体,仍不丧失其为自由人的身份,可以依其自由的人格寻求司法上的保护,救济其具体的自由权。

人格自由具体包括三方面的含义和两方面的内容。从含义上讲,人格自由既是指民事主体人格自由的地位,也是指民事主体人格自由的权利,更重要的是,人格自由是区别人和动物的标准。有了人格自由,权利主体才可以自主地参加社会活动,享有权利、行使权利,否则,只能沦为他人的财产。人格自由是民事主体享有一切自由权的基础和根源。从内容上讲,人格自由包括保持人格自由和发展人格自由两方面的内容。保持人格自由,是指民事主体无论将人格自由看作是一种权利,还是把它看作是一种地位,都有保持自己人格自由的权利,同时也有此义务。近现代国家的民法典大都规定"任何人不得让与自己的自由"。人格可以说是作为人的资格,与生俱来,与人不可分离,主体只有保持自己的人格,才能成为独立的主体;发展人格自由,是指在民事主体尤其是自然人的生存期间,可以通过接受教育、不断深造,加强体育锻炼,增进修养等发展、完善自己的人格,使自己成为更健康更完美的人。

3. 人格平等

一般人格权确立了这样一种观念,即一个人,不论其在社会上有何种政治地位、身份、财产,都平等地享有人格权,这些权利与个人的生命相伴随。在传统民法中,平等从来是与商品交换联系在一起的,然而商品交换瞬间的价值平等不能掩饰甚至替代事实上的不平等。为此,必须从人的共同特性中,构造出一个超越特定社会结构和经济结构的基本价值,这就是人格平等。法律面前人人平等,作为一种理念,指的是资格平等、机会平等,实质上就是人格平等。自然人、法人和其他组织在人格上具有平等性。当然,这种平等并不意味着在具体的民事法律关系中,每个当事人享有的具体民事权利和民事义务都是一样的。"人格平等"意味着每个人享有平等的机会,每个人都有权利用这个机会充分实现自己的价值。最终结果是否平等,取决于每个人的努力、能力、智力、身体状况、对各种机会的把握力、风险的防范力等。

4. 人格尊严

这是一般人格权中最重要的内容,是指民事主体作为一个"人"所应有的最起码的社会地位并且受到他人和社会最起码的尊重。应该说人格独立、人格平等是指人的客观地位、人格自由是指人的主观状态,那么人格尊严是一种主观认识和客观态度的结合。人格尊严具体包括如下内容:其一,人格尊严是人的一种观念。是民事主体对自身价值的认识。这种认识基于自己的社会地位、自身价值和自我感觉。从这个意义上讲,人格尊严具有主观因素;其二,人格尊严是一种社会态度。是这个社会中的具体的人对他人作为"人"应有的尊重。这种尊重是对"人"最起码的态度。这种态度与具体民事主体的能力、智商、社会地位、信用、资产不同,后面这些因素会因人而异,所以社会对具体民事主体的评价也会有高低区别。但是人格尊严中所包含的社会对"人"的最起码的尊重不应受这些具体因素的影响。也就是说,所有民事主体,在能力、智商、文化程度、信用、资产等方面肯定会存在差异,但所有民事主体所应得到的社会最起码的尊重应当是一样的。从这个意义上讲,人格尊严具有客观因素。完整的人格尊严应当是上述两方面内容的完美结合。

三、各种具体的人格权

(一) 生命权

1. 特征

(1) 生命权以自然人的生命安全为客体。

(2) 以维护人的生命活动的延续为其基本内容。

(3) 保护的对象是人的生命活动能力。

2. 内容

(1) 生命安全维护权。

(2) 生命利益支配权。

(二) 健康权

1. 特征

(1) 以人体的生理机能正常运作和功能的正常发挥为具体的内容。

(2) 以维持人体的正常生命活动为根本利益。

2. 内容

(1) 健康维护权。

(2) 劳动能力的所有、利用和发展权。

(3) 健康利益支配权。

(三) 身体权

1. 特征

身体权是公民维护其身体完全并支配其肢体、器官和其他组织的人格权。

2. 内容

(1) 完整性身体保持权。

(2) 对自己身体组织部分的肢体、器官和其他组织的支配权。

(四) 姓名权

1. 特征

姓名权是自然人决定使用和依照规定改变自己姓名的权利。

2. 内容

(1) 姓名决定权。

(2) 姓名使用权。

(3) 姓名变更权。

(五) 名称权

1. 特征

名称权是指自然人以外的民事主体依法享有的决定、使用、改变、转让自己的名称并排除他人非法干涉的一种人格权。

2. 内容

(1) 名称决定权。

(2) 名称使用权。

(3) 名称变更权。

(4) 名称转让权。

(六) 肖像权

1. 特征

(1) 肖像权所体现的基本利益,主要是精神利益。

(2) 还体现一定的物质利益。

(3) 是自然人专有的民事权利。

(4) 肖像权的客体即肖像具有可重复利用性和再生性。

2. 内容

(1) 肖像制作权。

(2) 维护肖像完整性。

(3) 肖像使用权。

(七) 名誉权

1. 特征

(1) 名誉权的主体包括所有民事主体。

(2) 客体是名誉利益。

(3) 名誉权不具有财产性,但与财产利益有关系。

2. 内容

(1) 名誉保有权。

(2) 维护权。

(3) 利益支配权。

(八) 自由权

1. 特征

(1) 政治权利说。

(2) 一般人格权说。

(3) 具体人格权说(通说)。

2. 内容

(1) 行为自由权。

(2) 意志自由权。

(九) 婚姻自主权

1. 特征

(1) 客体是权利人自主决定的婚姻关系的人格利益。

(2) 权利的行使需要权利人具有完全的婚姻行为能力。

(3) 具有意志自由的性质。

2. 内容

(1) 结婚决定权。

(2) 离婚的决定权。

(十) 贞操权

1. 特征

(1) 以性为特定的内容。

(2) 以自然人的贞操为客体。

(3) 体现了自然人在性方面的适当自由。

2. 内容

(1) 贞操保持权。

(2) 反抗权。

(3) 支配权。

（十一）信用权

1. 特征

(1) 主体具有多样性。

(2) 客体具有单一性。

(3) 与财产权益联系紧密。

2. 内容

(1) 信用的维护、保护权。

(2) 一定信用利益的支配权。

（十二）隐私权

1. 特征

(1) 具有专属性。

(2) 具有秘密性。

(3) 具有可放弃性。

2. 内容

(1) 个人生活安宁权。

(2) 个人信息和生活情趣的控制、保密权。

(3) 个人通讯秘密权。

(4) 个人对其隐私的利用权。

【案情】 原告齐玉苓与被告陈晓琪均是被告山东省滕州市第八中学（以下简称滕州八中）的90届应届初中毕业生，当时同在滕州八中驻地滕州市鲍沟镇圈里村居住，二人相貌有明显差异。齐玉苓在90届统考中取得441分的成绩，虽未达到被告济宁市商业学校（以下简称济宁商校）当年统一招生的录取分数线，但超过了委培生的录取分数线。当年录取工作结束后，济宁商校发出了录取齐玉苓为该校90级财会专业委培生的通知书，该通知书由滕州八中转交。

被告陈晓琪在1990年中专预选考试中，因成绩不合格，失去了继续参加统考的资格。为能继续升学，陈晓琪从被告滕州八中处将原告齐玉苓的录取通知书领走。陈晓琪之父、被告陈克政为此联系了滕州市鲍沟镇政府作陈晓琪的委培单位。陈晓琪持齐玉苓的录取通知书到被告济宁商校报到时，没有携带准考证；报到后，以齐玉苓的名义在济宁商校就读。陈晓琪在济宁商校就读期间的学生档案，仍然是齐玉苓初中阶段及中考期间形成的考生资料,其中包括贴有齐玉苓照片的体格检查表、学期评语表以及齐玉苓参加统考的试卷等相关材料。陈晓琪读书期间,陈克政将原为陈晓琪联系的委培单位变更为中国银行滕州支行。1993年,陈晓琪从济宁商校毕业,自带档案到委培单位中国银行滕州支行参加工作。

被告陈克政为使被告陈晓琪冒名读书一事不被识破,曾于1991年中专招生考试体检时,办理了贴有陈晓琪照片并盖有"山东省滕州市招生委员会"钢印的体格检查表,还填制了贴有陈晓琪照片,并加盖"滕州市第八中学"印章的学期评语表。1993年,陈克政利用陈晓琪毕业自带档案的机会,将原齐玉苓档案中的材料抽出,换上自己办理的上述两表。目前在中国银行滕州支行的人事档案中,陈晓琪使用的姓名仍为"齐玉苓",陈晓琪一名只在其户籍中使用。

经鉴定,被告陈克政办理的体格检查表上加盖的"山东省滕州市招生委员会"钢印,确属被告滕州市教育委员会(以下简称"滕州教委")的印章;学期评语表上加盖的"滕州市第八中学"印章,是由被告滕州八中的"滕州市第八中学财务专章"变造而成。陈克政对何人为其加盖上述两枚印章一节,拒不陈述。1999年1月29日,得知真相的齐玉苓以侵害其姓名权和受教育权为由,将陈晓琪、济宁市商业学校、滕州市第八中学和滕州市教委告上法庭,要求其停止侵害、赔礼道歉并赔偿经济损失16万元和精神损失40万元。

1999年,枣庄市中级人民法院一审判决陈晓琪停止对齐玉苓姓名权的侵害、赔偿精神损失费35万元,并认定陈晓琪等侵害齐玉苓受教育权的主张不能成立。

原告不服,向山东省高级人民法院提起上诉。在该案二审期间,山东省高级人民法院向最高人民法院递交了《关于齐玉苓与陈晓琪、陈克政、山东省济宁市商业学校、山东省滕州市第八中学、山东省滕州市教育委员会姓名权纠纷一案的请示》。2001年8月13日,最高人民法院根据山东省高级人民法院的请示,作出《关于以侵犯姓名权的手段侵犯宪法保护的公民受教育的基本权利是否应当承担民事责任的批复》,认定"陈晓琪等以侵犯姓名权的手段,侵犯了齐玉苓依据宪法规定所享有的受教育的基本权利,并造成了具体的损害后果,应承担相应的民事责任"。2001年8月24日,山东省高级人民法院据此作出二审判决:陈晓琪停止对齐玉苓姓名权的侵害;齐玉苓因受教育权被侵犯而获得经济损失赔偿48 045元及精神损害赔偿5万元。

【问题】 陈晓琪等的行为是否侵害了齐玉苓的受教育权以及姓名权？

【法律规定】 自然人的姓名权，就是自然人决定、使用和依照规定改变自己姓名的权利，是自然人所享有的一项重要人格权。采取盗用、假冒、非法干涉、不当使用等方式，侵害他人姓名权的，构成侵权行为。侵害姓名权的主要方式，就是盗用和假冒，凡是盗用他人姓名的，都构成侵权行为。非法干涉、不当使用他人姓名的，也构成侵权行为。

构成侵害姓名权民事责任，须具备以下四个要件：① 侵害姓名权的违法行为一般由作为的方式构成。如盗用、冒用、非法干涉他人姓名的行为，均须以作为的方式实施，不作为不构成此种侵权行为。以不作为方式侵害姓名权，只存在应使用而不使用他人姓名的场合，范围很小。② 侵害姓名权的损害事实，以盗用、冒用他人姓名、干涉他人行使姓名权、不使用他人姓名的客观事实确凿，不必具备特别的损害事实，如精神痛苦、感情创伤等。因而，受害人只要证明侵害姓名权的行为为客观事实，即为举证责任完成，无须证明侵害姓名的事实已为第三人所知悉。③ 由于侵害姓名权的违法行为和损害事实合一化的特点，因而两者之间的因果关系无须加以特别证明。④ 侵害姓名权的主观过错，必须为故意，过失不构成侵害姓名权。过失造成与他人姓名混同，不认为是侵害姓名权，因为命名权为姓名权的基本内容，权利主体有权决定使用什么样的姓名。但是，如果故意使用姓名混同方法达到某种目的，则为侵害姓名权。

【法律运用及结果】 从侵权行为法的角度，这也是一个典型的侵害姓名权损害赔偿的案件。

假冒他人姓名，不仅是未经姓名权人的同意而使用其姓名，而且还冒充该姓名权人行事。本案是一起典型的假冒他人姓名侵害姓名权案件，符合侵害姓名权的责任构成，被告应当承担侵权责任。首先，被告陈晓琪冒用原告齐玉苓的姓名进入济宁商校学习，这也是被告陈晓琪本人承认的事实，这显然是侵害原告姓名权的违法行为；其次，正是被告侵害姓名权的违法行为，对原告造成了很大损害，使得原告丧失了受教育的机会，也使得原告在精神方面受到损害；再次，被告侵害姓名权的行为与原告的损害具有相当因果关系，没有被告的行为，原告就不会受到这些损害；最后，很明显被告陈晓琪、陈克政、滕州八中、滕州教委在主观方面是一种故意，济宁商校在主观上是一种过失。可见被告的行为符合侵害姓名权精神损害赔偿责任的构成要件，应当承担精神损害赔偿责任。

侵害姓名权应当承担的责任方式，是停止侵害、赔礼道歉、消除影响、赔偿损失。在侵害姓名权的侵权责任中，这几种责任方式都是可以采用的，并且更侧重于对精神利益的保护。本案的处理在责任方式方面非常全面，具有典型意义。首先，在精神利益损害赔偿上，原告由于被告侵害姓名权的行为造成自身精神利益损害。终审法院判决陈晓琪、陈克政、济宁商校、滕州八中、滕州教委于收到本判决书之日起10日内，赔偿齐玉苓精神损害费50 000元，一定程度上补偿了原告的精神损害。其次，在财产利益损害的赔偿上，原告由于被告的侵害姓名权行为，在财产方面受到了直接的和间接的损失。终审法院判决陈晓琪、陈克政于收到本判决书之日起10日内，赔偿齐玉苓因受教育的权利被侵犯受到的直接经济损失7 000元，济宁商校、滕州八中、滕州教委承担连带赔偿责任；判决陈晓琪、陈克政于收到本判决书之日起10日内，赔偿齐玉苓因受教育的权利被侵犯遭受的间接经济损失（按陈晓琪以齐玉苓名义领取的工资扣除最低生活保障费后计算，自1993年8月计算至陈晓琪停止使用齐玉苓姓名时止；即从1993年8月至2001年8月，共计41 045元），济宁商校、滕州八中、滕州教委承担连带赔偿责任。最后，在非财产责任方式的适用上，由于被告侵害原告姓名权的行为直到诉讼时仍然在继续，所以，一审法院在责任方式上判决被告陈晓琪停止对原告齐玉苓姓名权的侵害。此外，基于被告侵害原告姓名权的影响，为使原告得到抚慰，一审法院还判决被告陈晓琪、陈克政、济宁商校、滕州八中、滕州教委向原告齐玉苓赔礼道歉。

在侵权责任竞合方面，本案也有一定的代表意义。根据最高人民法院的批复，本案中被告的侵权行为还是对原告齐玉苓受教育权的侵害，因此，本案存在侵害姓名权与侵害受教育权的竞合。

（案例改编于侵权责任案例分析http://wenku.baidu.com/view/f29fd501a6c30c2259019e80.html）

【案情】2001年3月20日，被告作家出版社所属的《作家文摘》刊登了文章《音乐家刘炽与李容功38年婚外婚内情》。原告即文中所涉及的著名音乐家刘炽的前妻柳春认为，该文对原告与刘炽的婚姻与感情生活加以歪曲和捏造，文中有大量对原告及其家庭进行侮辱和诽谤的文字，诸如原告对刘炽"以刀相向"、"刘炽被刺"、"浪迹天涯"，等等。该文严重损害了原告及其家人的名誉。原告认为被告作为大众媒体，对其刊登的文章不经核实、任意编发,严重侵犯原告的名誉权,故请求法院判令被告承担侵权责任,在全国报刊上向原告公开赔礼道歉、全面消除影响,并给付精神损害赔偿金10元。

而被告辩称,《作家文摘》刊发的文章,并未构成对原告名誉权的侵害。《作家文摘》是由国家新闻出版署批准并由中国作家协会主管的文艺类报纸,可以摘发境内任何一家经合法登记注册的期刊、杂志、报纸上的有关文艺类文章而不需要向被摘发的刊物、杂志、报纸核实,遵循的原则就是文责自负。《作家文摘》摘发的文章没有贬损刘炽及原告柳春名誉权的主观故意。且文章的内容都是被采访者李容功的叙述,并有刘炽生前的信件为证,均属事实。

法院经审理认为:本案原告所列举文章中的内容,是该文章作者根据被访者李容功的叙述书写,庭审中被采访者李容功的证言表明上述内容除个别时间有误外,其他均属实。文章中虽使用了一些形象化的言辞,有些言辞的使用也不够恰当,但这些言辞都不会给一般公众留下含有横暴无理色彩的认识。

法院还认为,被告作为传媒性单位,尽管其"摘发境内任何一家经合法登记注册的期刊、杂志、报纸上的文艺类文章无须核实"的辩解有悖于法,但传媒性单位构成名誉侵权的前提是其疏于审查,未尽到审慎注意之义务,致使具有侵犯他人名誉权内容的文章得以刊登。法院在判决中指出,名誉与名誉感是不同的,名誉是公众对公民或法人的综合社会评价,名誉感是主体自我的主观感受。原告认为《音乐家刘炽与李容功38年婚外婚内情》文章中相关内容把其丑化成伤残丈夫的恶人,用省略号让读者任意想像,对非法同居予以宣扬是对其的侮辱;诽谤其不讲卫生,暗示其对刘炽生活照顾不周,都是其个人的主观感受,属于名誉感的范畴。名誉感并不属于名誉权的保护之列。

北京市东城区人民法院于2003年9月4日一审宣判,驳回原告的诉讼请求。

一审宣判后,原告不服,提起上诉。

【问题】 支配个人的隐私同时又涉及他人隐私的保护,对此究竟应当怎样进行法律协调的问题。

【法律规定】 按照隐私权保护的基本规则,任何人都有自己的隐私权,隐私权就是自然人支配自己隐私的权利,权利人对于自己的隐私,愿意隐瞒就隐瞒,愿意公布就公布。但是,行使自己的隐私权有一个界限:隐瞒自己的隐私、守卫自己的隐私,不得违反公共利益,当向你调查犯罪行为而你借口隐私而予以隐瞒,就不是行使隐私权的问题了;宣扬自己的隐私、诉说自己的隐私,不得侵害他人的权利,侵害他人的权利,也构成侵权行为。

【法律运用及结果】 在很多场合和情况下,一个人的隐私是与他人的隐私相关联的,例如,所谓"第三者"的隐私,就一定会涉及"第一者"和"第二者"的隐私,讲述其中一个人的故事,就会涉及另外两个人的隐私。相关隐私,就是指涉及两个以上的人的隐私的隐私。"第三者"讲述自己的故事,必然会涉及相对应的另外两个关系人的隐私。如果处理不当,就会发生侵权后果。

相关隐私不是"家庭隐私权","家庭隐私权"的概念是不存在的,因为它不是法律上的概念。一个家庭可能会有自己的"集体隐私",但是,由于家庭不是民事主体,不具有民事权利能力,所以它不会享有隐私权。相关隐私,是民事主体之间有着共同内容的隐私。对于这种隐私,不是由一个隐私权来保护的,而是由各个人自己的隐私权保护。对于涉及自己的那一部分隐私,自己都有权进行支配和保护。因此,相关隐私也不是相关隐私权或者集体隐私权。

与相关隐私有关的民事主体对于属于自己的那一部分隐私有权进行支配。讲述自己的故事,支配自己的隐私,都是在行使自己的权利,不会受到非法干涉和限制,如果存在非法干涉和限制,也是侵害隐私权。但是,任何人在行使自己的权利时,不能牺牲或者侵害他人的隐私,不能侵害他人的权利。在相关隐私中,一个人行使自己的隐私权,支配自己的隐私利益,应当很好地保护他人的隐私,使有着相关隐私的关系人的隐私权不会因此而受到侵害。如果在行使自己的隐私权支配相关隐私时,没有尽到保护相关隐私的关系人的隐私权不受侵害的义务,那么他就要承担侵权责任。这种保护义务就是对相关隐私关系人的保护注意义务,应当以高度的注意程度谨慎行事。未尽这种保护义务,造成相关隐私关系人的权利损害的,应当承担侵权责任。

因此,处理涉及相关隐私的侵权行为时,应当注意三个问题:

第一,处置自己的隐私涉及相关隐私时,应当征得相关隐私关系人的同意。以别人写给自己的书信为依据写的回忆录,双方对此都愿意公开,那么一方自己写作回忆录,说到这些信中涉及的隐私问题,不会造成侵权的结果。如果对方不同意公开，写作者却硬要写出来，那也是对相关隐私关系人隐私权的侵害，也构成侵权。如果这封信或者这些信还涉及第三人的隐私，那就不仅仅要征求对方的意见，还要征求涉及的第三人对于相关隐私的意见。如果不征求对方和第三人的意见，那就要处理好，凡是涉及对方和第三人的隐私问题都要处理好，不能泄露他人的隐私。违反相关隐私的保护注意义务，造成对方或者第三人的隐私权损害的，都构成侵权。

第二，处理相关隐私的案件，最基本的原则就是行使自己权利的时候不能侵害他人的权利。没有征得相关隐私其他关系人即隐私权人的同意，不能就这样的隐私进行描写，进行描写也必须隐去他人的隐私，只能暴露或者公布自己的隐私部分，否则构成侵权。

第三，在对已经去世的名人的回忆中，也应当保护他们的隐私利益，不得非法侵害。他们的人格利益受到侵害，法律确认由其近亲属作为保护人，有权进行保护，可以在受到侵害后提出追究侵权责任的请求。

细究之下，本案应当为因相关隐私侵害隐私权的行为，为此原告有权以侵害隐私权为由请求被告承担损害赔偿责任。令人遗憾的是，原告的起诉并未如此，这应当也是其一审败诉的一个原因所在。

（案例改编自侵权责任案例分析之侵害他人相关隐私，行为人应否承担侵权责任？http://wenku.baidu.com/view/f29fd501a6c30c2259019e80.html）

【案情】 2000年4月22日原告高彬和朋友去北京市朝阳区工体东路一家由被告北京敦煌餐饮有限责任公司（以下简称敦煌公司）开办的"TheDen"酒吧。中间她因有事出了一次门，但当她想再次进入该酒吧时，与服务员发生了争执。服务员说："顾客太多了，要控制消费人数。"然而，后面来的人却源源不断地又进了酒吧。4月29日晚，高彬第二次来到这家酒吧。刚进门，两个门卫就挡住了她的去路。在高小姐的一再追问下，门卫说："你就是我们要禁止入内的人。"4月30日，高彬的朋友道格拉斯先生和另外两位朋友决心试探这家酒吧。结果高彬又被拦在门外，朋友们返身回来把她夹在中间才得以进入。高彬只是象征性地在酒吧里待了3分钟就转身离去了。2000年7月，原告向北京市朝阳区人民法院提起诉讼。原告诉称，酒吧工作人员的行为侵害了其人格尊严权，给其造成了极大的精神伤害，要求被告赔偿精神损失费5万元及交通费、查询费等经济损失 2 847 元,并公开赔礼道歉。

一审法院判决被告向高彬书面赔礼道歉,赔偿高彬交通费、复印费、咨询费 40 350 元、精神损失费 4 000 元。

被告敦煌公司不服一审判决,上诉至北京市第二中级人民法院。二审法院审理后认为,敦煌公司的保安在拒绝高彬进入酒吧时具有容貌歧视的主观意识,构成了对高彬人格权的侵害。事发后高彬再次去酒吧,又被拒于门外,使高彬自主选择服务经营者的权利受到侵害。但是敦煌公司的侵权行为情节轻微,赔礼道歉并负担高彬的合理支出已经足以抚慰其精神损害,所以撤销了一审中判赔的精神损失费。

【问题】 人格尊严受到侵害,如何确定责任?

【法律规定】 最高人民法院《关于确定民事侵权精神损害赔偿责任若干问题的解释》第十条第一款的规定,即"精神损害的赔偿数额根据以下因素确定:(一)侵权人的过错程度,法律另有规定的除外;(二)侵害的手段、场合、行为方式等具体情节;(三)侵权行为所造成的后果;(四)侵权人的获利情况;(五)侵权人承担责任的经济能力;(六)受诉法院所在地平均生活水平",由审理法官对精神损害赔偿数额根据这几个因素进行酌量,合理确定。

【法律运用及结果】 本案在社会上引起了极大关注,引发了一些有关歧视的讨论。实际上,本案涉及的主要是对人格尊严的侵害,对此应当从侵权行为法法理上进行分析,以准确认定有关责任。人格尊严是一般人格权的基本内容之一,也是基本人格权中人格尊严、人格独立、人格自由三大利益中最重要的利益。人格尊严是一个极抽象的概念,并非如有的著作所说的"人格尊严是每个自然人对自己的社会地位、社会价值的自我认识和自我评价",而是指民事主体作为一个"人"所应有的、最起码的社会地位并且应受到社会和他人最起码的尊重。换言之,所谓人格尊严,即把人真正当成"人"。因此,无论自然人职业、职务、政治立场、宗教信仰、文化程度、财产状况、民族、种族、性别有何差别,其人格尊严是相同的,绝无高低贵贱之分。

人格尊严在性质上,与人格独立、人格自由并不相同。人格独立是人的客观地位,人格自由是人的主观状态,而人格尊严则是一种主观认识与客观评价的结合。

第一,人格尊严是一种人的观念,是自然人、法人对自身价值的认识。

这种认识基于自己的社会地位和自身价值,它来源于自身的本质属性,并表现为自己的观念认识。因而,人格尊严具有主观的因素。

第二,人格尊严具有客观的因素。这种客观的因素是他人、社会对特定主体作为人的尊重。它是一种对人的价值的评价,但与名誉这种社会评价不同,它是对一个人最起码的做人资格的评价,评价的内容不是褒贬,而是把人真正作为一个人所应具有的尊重。因而无论人的各种属性、状态有何不同,对其尊严的评价都无任何不同之处。

第三,人格尊严是人的主观认识和客观评价的结合。它既包括自我认识的主观因素,也包括社会和他人的客观评价和尊重,这两种因素结合在一起,才构成完整的人格尊严。人格尊严是一般人格权客体即一般人格利益的基础。在法律适用中,应当依据人格尊严解释各项具体人格权,创造新的具体人格权,以及补充不被具体人格权所涵括的一般人格利益。例如,对于在实务上和理论上所争论的侵害肖像权的营利目的是否为必要构成要件的问题,只要弄清人格尊严是各项具体人格权的基础,则必然得出营利目的不是侵害肖像权责任构成的必要条件,就不会舍本逐末,硬要去强调侵害肖像权的构成必须具备营利目的的要件,使对肖像权的法律保护走上歧途。

显而易见,被告开办的酒吧因原告容貌丑陋就拒绝其进入消费,这与其经营性质不符,也违反了《宪法》、《民法通则》、《消费者权益保护法》等法律关于人格尊严的具体规定,是一种侵害原告人格尊严的违法行为。正是由于被告故意地拒绝原告进入酒吧,致使原告的人格尊严受到侵害,造成原告精神利益受损,对此被告应当承担相应的责任。对于侵害人格尊严的行为,应当主要适用精神损害赔偿的责任方式,对受害人进行法律救济。关于精神损害赔偿金的具体计算方法,应当遵循精神损害赔偿的一般原则、方法,根据最高人民法院《关于确定民事侵权精神损害赔偿责任若干问题的解释》第十条第一款的规定,由审理法官对精神损害赔偿数额根据以上几个因素进行酌量,合理确定。令人遗憾的是,本案一审法院判决被告向原告给付4 000元精神损害费,二审法院却对此予以撤销,这对受害人的损害无法完全填补。

当然,对侵害人格尊严造成受害人财产损害的,也应当予以赔偿,本案一审、二审都对此予以确认,判决被告向原告给付合理支出的费用。此外,在侵害人格尊严时,除了对财产损失进行赔偿,以及利用精神损害赔偿金的形式进行赔偿以外,停止侵害、消除影响和赔礼道歉等非财产责任方式也有适用的余地,而且还具有重大的意义。本案一审、二审都判决被告向原告赔礼道歉,这有利于缓和当事人之间的矛盾,也有利于平复受害人的精神痛苦。

(案例改编自侵权责任案例分析之容貌丑陋进酒吧被拒,消费者何种权利被侵害?http://wenku.baidu.com/view/f29fd501a6c30c2259019e80.html)

第三节 身 份 权

一、身份权的概念与特征

(一)概念

身份权是基于民事主体的特定身份而产生的一种人身权。所谓身份,是指民事主体在特定的民事关系中所享有的不可让与的地位和资格。因此,身份权是指民事主体基于某种特定的身份而依法享有的以身份利益为客体的一种民事权利。

(二)身份权的特征

身份权与人格权同属于人身权,两者具有人身权的共同特征。但身份权与人格权相比,也具有自己的特殊性,这主要表现在:

1. 身份权是基于特定身份而取得的人身权

身份权不是民事主体所固有的,也并不是每一民事主体都具备的,它是通过一定的行为或事实获得特定身份而取得的。

2. 身份权不是民事主体必须具备的权利

身份权不是民事主体所必须享有的权利,没有身份权,民事主体依然可以存在,可进行各种民事活动。正因为如此,有些身份权是可以依法剥夺的。

3. 身份权的客体是身份利益

身份权的客体是身份利益,不是身份关系的对方当事人。身份利益具有多元性,不同的身份权以不同的身份利益为客体。比如,配偶权的身份利益,是夫妻共同生活、相互依靠、相互扶助、相互体贴关爱的人类最密切的情感;亲权的身份利益,是父母对未成年子女的管教、抚养及相互尊重、照顾等亲情和责任。而且此种身份利益不独为权利人的利益,同时为受其行使的相对人的利益而存在。

4. 身份权虽然在本质上是权利,但有些权利中包含着义务

身份权的特性在于它是基于特定的身份而产生,而不在于它是否是对人的支

配。传统民法上的身份权强调对人的支配,这是与其社会制度相适应的。我国是社会主义国家,由于贯彻人人平等原则,而且特别强调对妇女、老人、儿童合法权益的保护,身份权的内容与性质发生了变化。法律设置身份权制度的目的并不在于实现对人的支配,而主要是为相对人的利益。身份权虽然在本质上是权利,但权利人在道德和伦理的驱使下自愿或非自愿地受制于相对人的利益,因而权利之中包含义务。

(三)人格权与身份权的区别

人格权与身份权都属于人身权的范畴,这是其共性。但它们毕竟是两种不同的民事权利,又各有其个性,它们的区别主要有:

1. 取得原因不同

自然人的人格权是基于出生这一事件而取得,法人、其他组织的人格权是基于依法成立的事实而取得;而身份权则是基于特定的身份而产生。因而人格权人人具有,毫无例外;而身份权并非人人具有。

2. 权利性质不同

人格权纯为一种权利,而身份权虽然在本质上是权利,但大多在权利中包含义务;人格权纯为一种支配权,而身份权除了荣誉权外必以相对人存在为前提,往往需要相对人的作为或不作为,或者可以依自己的行为享受法律上的效果,所以身份权严格地说有支配权、请求权、形成权的性质。

3. 利益归属不同

人格权的利益只归属于权利人自身;而有些身份权如亲权更主要是为了相对人的利益。

4. 权利期限不同

人格权是无期限的权利;而身份权是以特定身份的存在为其存续的前提。

二、各种具体的身份权

(一)亲权

1. 亲权的概念及特征

(1)概念:亲权是父母对未成年子女的人身和财产的管教、保护的权利。

(2)特征:① 亲权是基于父母身份而取得的一种身份权,父母身份的丧失会带来亲权的丧失。② 亲权权利义务具有统一性。③ 亲权具有专属性。④ 亲权是为了保护未成年子女利益而设定的权利。⑤ 亲权具有绝对性和支配性。

2. 亲权的内容

(1)人身照护权:① 居所指定权;② 子女交还请求权;③ 惩戒权;④ 职业许

可权;⑤ 身份行为和身上事项同意权、代理权。

(2) 财产管理权:① 代理权;② 同意权;③ 管理权。

(二) 亲属权

1. 亲属权的概念及特征

(1) 概念:亲属权是指除配偶关系、父母子女关系以外基于其他亲属之间的身份利益而产生的权利。

(2) 特征:① 亲属权是基于血缘或者婚姻形成的亲属关系而产生的一种身份权。② 亲属权具有派生性。③ 亲属权效力具有补充性。④ 亲属权主体具有一定的范围限制。

(3) 亲权与亲属权的区别:① 权利主体不同。② 权利主体的相对人不同。③ 权利内容不同。④ 双方当事人的地位不同。

2. 亲属权的内容

(1) 抚养权。

(2) 赡养权。

(3) 代理权。

(4) 申请、宣告、失踪、死亡,申请宣告无民事行为能力或限制民事行为能力权。

(三) 荣誉权

1. 荣誉权的概念与特征

(1) 概念:荣誉权是指自然人、法人或其他团体获得保持、利用荣誉并享有其所生利益的权利。

(2) 特征:① 它是一种身份权威。② 权利主体是自然人、法人或其他组织。③ 荣誉权可因荣誉被取消而消灭。

2. 荣誉权的内容

(1) 荣誉获得权;

(2) 荣誉保持权;

(3) 荣誉利用权。

【案情】 吴云霞、吴玉华与吴林(1927 年出生)系同胞姐妹。吴林与丈夫高善文婚后无子女,高善文于 1997 年去世。1983 年,苏达(1943 年 1 月 1 日出生)因租用吴林邻居吴长才的房屋与吴林相识。吴林认苏达为干儿子。2003 年底,吴林在清河区繁荣村的房屋面临拆迁,便要求住到苏达家,苏达同意。2004年4月1日,吴林因房屋被拆迁而与淮安市清河区拆迁办公室签订了《拆迁安置协议》1份,协议约定吴林回迁安置房位于清河区金佳园小区B1幢506室与202室,面积合计为193.43平方米。同年5月6日,吴林与苏达在淮安市清浦区浦楼法律服务所签订了《赠与书》1份,并由该所进行了见证。赠与书载明:一、赠与人吴林(丈夫高善文、父母双亡、无子女)将其所有的坐落在淮安市金佳园小区二套房屋产权(二楼202室98.66平方米、五楼506室94.77平方米)和土地使用权同时赠与苏达所有,并且当场移交原被拆迁房屋土地使用证和拆迁安置协议等相关资料给受赠人苏达所有,无任何附加条件。二、受赠与人苏达自愿接受吴林的房产,并对吴林年迈后给予养老送终。2005年5月上旬,吴林生病。5月15日零点后,苏达发现吴林死亡,于当夜两三点钟通知吴林原邻居吴长友等人帮助操办后事。

凌晨四五点钟,苏达到淮三路社区居委会开吴林死亡证明,因吴林户籍不在当地未果,后苏达去吴林原住所地繁荣村开死亡证明,途中因淮阴区殡仪馆火化不要死亡证明而返回。早晨6时左右,苏达将吴林遗体送到淮阴区殡仪馆火化,苏达在火化申请单中与死者关系一栏填写"母子"。火化后,苏林为吴林买了棺材和墓地,对吴林进行了安葬。2006年4月12日,吴云霞、吴玉华在淮安市清浦区人民法院起诉苏达、淮阴区殡仪馆,要求两被告公开赔礼道歉,并赔偿精神损害抚慰金50 000元。审理过程中,吴云霞、吴玉华撤回对淮阴区殡仪馆的起诉。后经人民法院调解,苏达自愿补偿原告吴云霞、吴文华20 000元。

2006年5月15日,吴云霞、吴玉华又到淮安市淮阴区人民法院起诉,认为殡仪馆工作人员在不通知死者亲属的情况下,也不认真审查必要的证明材料,违反了相关规定,就给予火化,致使吴林死亡真实原因不能查明,也让他们不能瞻仰吴林的遗容。侵犯了他们作为死者亲属对遗体享有的管理权、处分权、吊唁权。现要求殡仪馆公开赔礼道歉,并赔偿其精神损害赔偿金20 000元。

淮阴区殡仪馆辩称,原告诉称的吊唁权,没有法律依据。本案中的苏达与吴林是民间风俗上的母子关系,并且双方也签订了赠与协议,约定由苏达负责吴林的养老送终义务。而两原告并没有对吴林尽赡养义务,也不具有对吴林的丧事处理权。2006年4月5日,两原告就本案同一事实,向清浦区人民法院诉讼,要求被告与苏达连带赔偿其精神损失。在诉讼中，两原告主动撤回对被告的诉讼请求，并与苏达达成调解协议，由苏达赔偿两原告 20 000 元的精神损害赔偿。所以，两原告已不再具有诉讼的权利。被告在没有死亡证明情况下火化遗体，即使存在违规情形，也是违反行政规章，与原告主张的民事侵权没有法律上的关联性。综上，请求驳回两原告的诉讼请求。

【问题】 吊唁权是否是亲属权的一种？苏达与吴林签订的《赠与书》是否使原告的亲属权丧失？殡仪馆如果侵犯了原告的亲属权，应承担怎样的损害赔偿责任？

【法律规定】 关于吊唁权，我国《民法通则》对此没有明确的规定。苏达与吴林签订的《赠与书》是赠与合同，有效。《殡葬管理条例》第十三条规定，火化遗体必须凭公安机关或者国务院卫生行政部门规定的医疗机构出具的死亡证明。

【法律运用及结果】 本案是一起因自然人死亡后，围绕遗体的处理而产生纠纷的案件。第一，原告主张的吊唁权系亲属权的一种，应当受到法律保护。关于吊唁权，我国《民法通则》虽然对此没有明确的规定，但立法没有明确规定的，并不表示该项权利不受法律保护。笔者认为，原告主张的吊唁权属于人身权的一种。根据民法理论，人身权包含人格权和身份权两部分。而亲属权是身份权的一部分。亲属权是除去配偶关系和亲子关系以外的其他近亲属之间的身份权，也就是除了配偶和父母与未成年子女之外的其他近亲属之间的权利义务关系。这种权利义务关系标志的是这些近亲属之间的身份地位以及相互之间的权利义务关系。亲属权应该包括尊敬权、帮助体谅权、扶养权、吊唁权等内容。对这些权利的民法保护，根据民事法律适用的原则，有法律依法律，没有法律依民事习惯。正如本案中原告主张的所谓吊唁权，法律虽然没有明确规定予以保护。但按照我国民间的善良风俗习惯，人死亡后，近亲属瞻仰死者的遗容、参加火化及悼念等是其应尽的义务，更是其享有的权利。对其作为近亲属的吊唁权的剥夺，既违反了中国的善良风俗和社会公德，也会让其精神遭受巨大的痛苦。故本案中，原告主张的吊唁权是为法律所保护的。第二，苏达与吴林签订的《赠与书》不能使原告的亲属权丧失。本案中，吴林与苏达于 2004 年 5 月 6 日签订了《赠与书》，当中约定受赠与人苏达自愿接受吴林的房产，并对吴林年迈后给予养老送终。这一赠与合同是有效合同。从合同的当事人的权利义务来说，苏达根据合同享有吴林房产的所有权,并有义务为吴林养老送终。该"赠与书"约定由苏达对吴林给予养老送终主要是强调苏达的义务,并不是排除作为吴林的亲属有权瞻仰吴林遗容、对其进行祭奠。因为两原告的吊唁权是基于吴林妹妹身份而产生的亲属权,只有在吴林生前明确表示不要原告参与处理其后事的情况下,原告才不享有这一权利。故本案中原告的吊唁权不因"赠与书"的签订而丧失。第三,殡仪馆侵犯原告的亲属权,应承担精神损害赔偿责任。本案中,殡仪馆的行为侵犯了原告的亲属权。理由是：① 被告的行为违反了法律规定。国务院《殡葬管理条例》第十三条规定,火化遗体必须凭公安机关或者国务院卫生行政部门规定的医疗机构出具的死亡证明。本案中,被告殡仪馆在苏达未出示死亡证明,且未出具亲属关系证明的情况下进行了火化。② 原告的损害事实客观存在。两原告作为和吴林居住在同一城市,由于没有参与办理吴林的丧事并对吴林进行吊唁,在正常情况下,作为吴林的妹妹,其精神上所受到的损害是显而易见的。③ 被告主观上有过错。《殡葬管理条例》规定了火化遗体必须要出具死亡证明,而本案中被告在既没有死亡证明,又没有核实苏达与吴林是否为母子关系的情况下,应当能够预见火化吴林的遗体的行为可能带来的后果,即无法鉴定吴林的死亡原因,且死者亲属可能会因此丧失吊唁的权利。④ 被告火化遗体的行为与原告损害后果之间有因果关系。本案中,原告精神受到损害这一结果是两个原因结合而形成的。一个原因是苏达在吴林死亡后没有及时通知原告便将遗体火化,另外一个原因是殡仪馆在苏达没有出具死亡证明的情况下将遗体火化。故殡仪馆和苏达对原告构成共同侵权。本案中原告以殡仪馆为被告提起诉讼并无不当。

由于被告的侵权行为,使原告的精神遭受了巨大的痛苦,故被告应承担精神损害赔偿责任。在 2006 年 4 月 5 日,两原告就本案同一事实,曾向淮安市清浦区人民法院诉讼,要求被告与苏达连带赔偿其精神损失。在诉讼中,两原告主动撤回对殡仪馆的起诉,并与苏达达成调解协议,由苏达补偿两原告 20 000 元的精神损害赔偿。这一事实不能认定为原告对实体权利的放弃。因为原告仅是撤回对殡仪馆的起诉,并没有放弃对殡仪馆的诉讼请求。况且苏达所支付的 20 000 元双方约定是"补偿款",而非赔偿款。故殡仪馆在本案中仍然要承担法律责任。

(案件改编自 110 法律咨询网从本案看亲属权的民法保护 http://www.110.com/ziliao/article-43017.html)

【本章思考题】

一、案例思考题

1. 案情：某媒体未征得艾滋病患者孤儿小兰的同意，发表了一篇关于小兰的报道，将其真实姓名、照片和患病经历公之于众。报道发表后，隐去真实身份开始正常生活的小兰再次受到歧视和排斥。

问题：该媒体侵犯了小兰哪些权利？

2. 案情：某市国土局一名前局长、两名前副局长和一名干部因贪污终审被判有罪。薛某在当地晚报上发表一篇报道，题为"市国土局成了贪污局"，内容为上述四人已被法院查明的主要犯罪事实。该国土局、一名未涉案的副局长、被判缓刑的前局长均以自己名誉权被侵害为由起诉薛某，要求赔偿精神损害。

问题：三原告的诉讼主张是否成立？

3. 案情：某女35岁，眼部中间有几条小细纹，因为爱美在医院做了眼部祛皱手术，手术前，医生说刀口基本没有痕迹，在睫毛下边。祛皱并能提升面部，可手术做完后，两道又大又长的刀口在显眼的位置，并且眼角被切除了无需切除的肉，导致眼角出现一个塌陷的洞，本来没眼袋的现在竟然出现了两个眼袋，还一大一小，脸部也一边上一边下，严重毁容了，该女找医生协商了，医生承认手术没做好，说半年以后重新修复。

问题：该女该如何保护自己的人身权呢？

二、简答思考题

1. 简述人身权的权能。
2. 简述各种具体的人格权。
3. 简述亲权的概念和特征。

第六章 侵权行为

教学要求

要求读者掌握侵权行为的概念与法律特征,侵权行为与债的关系,侵权行为与犯罪行为的区别以及对侵权行为的分类;掌握归责原则的概念和体系,以及过错责任原则、无过错责任原则和公平责任原则的概念和特征;掌握一般侵权行为的构成要件及行为的违法性、损害事实、因果关系、主观过错的含义及特点;掌握各种特殊侵权行为,如国家机关及其工作人员的职务侵权、产品缺陷致人损害、高度危险作业致损害、环境污染致损、地面施工致损、工作物致损、饲养的动物致损、无行为能力限制行为能力人致损等构成要件。

第一节 侵权行为的概述

一、侵权行为的概念与特征

(一)概念

侵权行为是指行为人由于过错侵害他人的财产权和人身权,依法应当承担民事责任的不法行为,以及依法特别规定应当承担民事责任的其他侵害行为。

(二)特征

1. 侵权行为是违法行为

行为的违法性是侵权行为的前提,给他人造成人身与财产损害的行为应当是违反强制性或禁止性规定的行为。如果虽有损害后果,但行为是合法实施的则不构成侵权行为。如工商机关工作人员依法销毁假冒伪劣产品是其履行职责的合法行为,不构成侵权。

2. 侵权行为的侵害对象是绝对权

侵权行为侵害的是他人的物权、人身权、知识产权。与债权不同,侵权行为侵害的权利均是绝对权,其义务主体是不特定的,该权利的实现无须借助权利人以外的其他人协助。债权作为一种请求权,是相对权,其实现需要他人实施一定的行为。虽然在理论上已出现了将第三人侵害债权的行为纳入侵权行为的观点,但按照通说及现行立法,债权不能成为侵权行为的对象。

3. 侵权行为是行为人有意识的行为

(1) 对于侵权的一般理解。侵权人实施侵权行为是其自由意识的体现,除了特殊侵权责任外,一般侵权责任都以行为人主观上有过错为要件,无论行为人出于故意还是过失,其实施的行为均是其意识的自愿表达,是受其意愿控制的结果。

(2) 侵权行为与犯罪行为具有一定的联系又存在显著的区别。侵权行为与犯罪行为往往会发生竞合,如杀人、放火等行为既构成侵权又构成犯罪,因而在追究其刑事责任后,并不排斥继续追究其民事侵权责任。其区别表现在,侵权行为是对民事主体人身或财产权利的侵害,其后果是对受害人的补救;犯罪行为是对社会秩序与公共利益的侵害,其结果是对行为人实施惩罚。

(3) 侵权行为与违约行为虽然都是民事违法行为,但亦存在显著区别:① 侵权行为违反的是法定义务,违约行为违反的是合同中的约定义务;② 侵权行为侵犯的是绝对权,违约行为侵犯的是相对权即债权;③ 侵权行为的法律责任包括财产责任和非财产责任,违约行为的法律责任仅限于财产责任。

二、侵权行为的分类

(一) 一般侵权行为与特殊侵权行为

一般侵权行为,是指行为人基于主观过错实施的,应适用侵权责任一般构成要件和一般责任条款的致人损害的行为。例如故意侵占、毁损他人财物、诽谤他人名誉等诸如此类的行为。特殊侵权行为,是指由法律直接规定,在侵权责任的主体、主观构成要件、举证责任的分配等方面不同于一般侵权行为,应适用民法上特别责任条款的致人损害的行为。如《民法通则》第一百二十一至一百二十七条规定的是特殊侵权行为。

(二) 单独侵权行为与共同侵权行为

单独侵权行为,是指损害行为是由一人实施的侵权行为。共同侵权行为,是指损害行为是由两人或数人实施的侵权行为。共同侵权行为的构成表现在：① 主体的复数性，加害人为两人或两人以上。② 行为的共同性，多个加害人的行为彼此关联共同导致损害后果的发生。③ 结果的单一性，数个加害行为共同产生一个损害后果。《民法通则》第一百三十条规定：两人以上共同侵权造成他人损害的，应当承担连带责任。

（三）积极的侵权行为与消极的侵权行为

积极的侵权行为，是指行为人违反对他人的不作为义务，以一定的行为致人损害的行为。例如不法占有他人财物，假冒他人注册商标，侵害他人身体等。

消极的侵权行为，是指行为人违反对他人负有的作为义务，以一定的不作为致人损害的行为。如建筑施工中未安放警示标志，致使他人损害的，保管人未尽保管义务，致使被保管物遗失，等等。

第二节　侵权行为归责原则

一、侵权行为归责原则的概念

侵权行为的归责原则，是指在行为人的行为致人损害时，根据何种标准和原则确定行为人的侵权责任。侵权行为的归责原则是侵权行为法的核心，决定着侵权行为的分类、侵权责任的构成要件、举证责任的负担、免责事由等重要内容。它既是认定侵权构成，处理侵权纠纷的基本依据，也是指导侵权损害赔偿的准则。我国侵权行为的归责原则主要包括过错责任原则、无过错责任原则与公平责任原则。

二、侵权行为归责原则体系

1. 过错责任原则

所谓过错责任原则是指当事人的主观过错是构成侵权行为的必备要件的归责原则。《民法通则》第一百零六条第二款规定：公民、法人由于过错侵害国家的、集体的财产，侵害他人财产、人身权的，应当承担民事责任。

过错是行为人决定其行动的一种故意或过失的主观心理状态。过错违反的是对他人的注意义务，表明了行为人主观上的应受非难性或应受谴责性，是对行为人的行为的否定评价。过错责任的意义表现在，根据过错责任的要求，在一般侵权行为中，只要行为人尽到了应有的合理、谨慎的注意义务，即使发生了损害后果，也不能要求其承担责任。其目的在于引导人们行为的合理性。在过错责任下,对一般侵权责任行为实行谁主张谁举证的原则。受害人有义务举出相应证据表明加害人主观上有过错,以保障其主张得到支持。加害人过错的程度在一定程度上也会对其赔偿责任的范围产生影响。

适用过错责任原则时,第三人的过错和受害人的过错对责任承担有重要影响。如果第三人对损害的发生也有过错,即构成共同过错,应由共同加害人按过错大小分担民事责任,且相互承担连带责任。如果受害人对于损害的发生也有过错的,则构成混合过错,依法可以减轻加害人的民事责任。

过错推定责任,是指一旦行为人的行为致人损害就推定其主观上有过错,除非其能证明自己没有过错,否则应承担民事责任。例如《民法通则》第一百二十六条规定:建筑物或者其他设施以及建筑物上的搁置物、悬挂物发生倒塌、脱落、坠落造成他人损害的,它的所有人或者管理人应当承担民事责任,但能够证明自己没有过错的除外。

过错推定责任仍以过错作为承担责任的基础,因而它不是一项独立的归责原则,只是过错责任原则的一种特殊形式。过错责任原则一般实行"谁主张谁举证"的原则,但在过错推定责任的情况下,对过错问题的认定则实行举证责任倒置原则。受害人只需证明加害人实施了加害行为,造成了损害后果,加害行为与损害后果间存在因果关系,无需对加害人的主观过错情况进行证明,就可推定加害人主观上有过错,应承担相应的责任。加害人为了免除其责任,应由其自己证明主观上无过错。过错推定责任不能任意运用,只有在法律进行明确规定的情况下才可适用。

【案情】 任某门前公路上有一泥沟。某日,一货车经过泥沟,由于颠簸掉落货物一件,被任某拾得据为己有。任某发现有利可图,遂将泥沟挖深半尺。次日,果然又拾得两袋车上颠落的货包。

【问题】 关于任某行为的性质,到底是无因管理、不当得利还是侵权行为?

【法律规定】 不当得利是指没有合法根据而获得利益并使他人利益遭受损失的事实。侵权行为是指行为人由于过错侵害他人的财产权和人身权,依法应当承担民事责任的不法行为,以及依法律的特别规定应当承担民事责任的其他侵害行为。

【法律运用及结果】 本题中,任某起初拾得颠簸掉落的一件货物并据为己有,属于没有合法根据而获利,并使他人利益受损的情况,构成不当得利;后来,任某发现有利可图,遂将泥沟挖深半尺。次日,果然又拾得两袋车上颠落的货包,属于故意侵害他人财产权的侵权行为,因此任某的行为是不当得利和侵权行为并存的。(案例改编自法律教育网 http://www.chinalawedu.com/new/1300_10/2009_3_9_ma07616361939002570.shtml)

2. 无过错责任原则

无过错责任原则,是指当事人实施了加害行为,虽然其主观上无过错,但根据法律规定仍应承担责任的归责原则。《民法通则》第一百零六条第三款规定:没有过错,但法律规定应当承担民事责任的,应当承担民事责任。《侵权责任法》第七条规定,行为人损害他人民事权益,不论行为人有无过错,法律规定应当承担侵权责任的,依照其规定。

随着工业化的发展和危险事项的增多,加害人没有过错致人损害的情形时有发生,证明加害人的过错也越来越困难,为了实现社会公平和正义,更有效保护受害人的利益,无过错责任原则开始逐渐作为一种独立的归责原则在侵权行为法中得到运用。根据我国《民法通则》的规定,实行无过错责任的主要情形有:从事高度危险活动致人损害的行为,污染环境致人损害的行为,饲养动物致人损害的行为,产品不合格致人损害的行为等。在我国《侵权责任法》上,实际上无过错责任又可以分为两类:

(1) 相对无过错责任,也即可以在符合法定情形下如受害人故意、第三人的原因等情形下得以免责的无过错责任,具体列举而言:

① 监护人就被监护人侵权承担的责任;

② 用人单位就工作人员职务侵权承担的责任;

③ 接受个人劳务方就提供劳务方的劳务侵权承担的责任;

④ 生产者的产品责任;

⑤ 机动车侵害非机动车的交通事故责任;

⑥ 环境污染责任;

⑦ 高度危险作业责任;

⑧ 饲养动物侵权;

⑨ 物件倒塌损害责任。

(2) 绝对无过错责任,也称严格责任,也即即使受害人具有故意、重大过失的,加害人也不得免责的无过错责任,采用这种归责原则的只有第七十九条和八十条的规定。《侵权责任法》第七十九条规定,违反管理规定,未对动物采取安全措施造成他人损害的,动物饲养人或者管理人应当承担侵权责任。第八十条规定,禁止饲养的烈性犬等危险动物造成他人损害的,动物饲养人或者管理人应当承担侵权责任。

无过错责任的适用应注意三个方面:其一,无过错责任原则的适用必须有法律的明确规定,不能由法官或当事人随意扩大适用;其二,适用无过错责任,受害人无须证明加害人的过错,加害人亦不能通过证明自己无过错而免责,但原告应证明损害事实及其因果关系;其三,我国实行的是有条件的、相对的无过错责任原则,在出现某些法定免责事由时,有关当事人也可全部或部分免除其民事责任。如我国环境保护法规定,完全由于不可抗拒的自然灾害,并经及时采取合理措施,仍然不能避免造成环境污染损害的,免予承担责任。

【案情】 陆某承包鱼塘进行养殖,但近来发现塘内饲养的鱼、虾大量死亡,一查原来是某公司将污水排放到自己的鱼塘,致使鱼塘的水体污染。陆某于是将某公司告上法庭,要求其赔偿因此造成的经济损失。但某公司辩称流入鱼塘的污水并不是自己一家,另外还有其他生活污水,而自己排放的污水是沿着污水沟排放的,当日流入是因为有大雨所致,是不可抗力,原告陆某也负有责任。

【问题】 究竟陆某的损失该由谁负责任呢?

【法律规定】《侵权责任法》第六十六条规定:"因污染环境发生纠纷,污染者应当就法律规定的不承担责任或者减轻责任的情形及其行为与损害之间不存在因果关系承担举证责任。"

【法律运用及结果】《侵权责任法》规定的环境污染责任是适用无过错责任原则的特殊侵权责任。根据《侵权责任法》第六十六条规定,也就是说,在环境污染纠纷中,实行举证责任倒置。本案中,被告某公司提出流入原告鱼塘的污水并不是被告一家,另外还有生活污水,否认被告鱼塘内鱼、虾的死亡系其排放污水造成,这些都应由被告举证证明,但被告某公司并没有证据证明其排污行为与原告鱼塘内鱼、虾死亡不存在因果关系,因此,原告鱼塘内鱼、虾死亡的损害后果应认定系被告某公司排污行为造成,被告某公司应当承担赔偿责任。

(案件改编于侵权责任经典案例 http://wenku.baidu.com/view/

fa2f4195dd88d0d233d46ac0.html)

3. 公平责任原则

公平责任原则,是指损害双方的当事人对损害结果的发生都没有过错,但如果受害人的损失得不到补偿又显失公平的情况下,由人民法院根据具体情况和公平的观念,要求当事人分担损害后果。《民法通则》第一百三十二条规定:当事人对造成损害都没有过错的,可以根据实际情况,由当事人分担民事责任。《侵权责任法》第二十四条规定,受害人和行为人对损害的发生都没有过错的,可以根据实际情况,由双方分担损失。公平责任原则并不是侵权法的一个归责原则,而是独立于过错责任与无过错责任原则之外、在两原则不足以公平调整某些利益关系时的补充性法律规则。所以在性质上,此时的责任性质不是"赔偿",而是"补偿"。

公平责任原则的适用要注意以下几个问题:

(1) 适用公平责任的前提,必须是当事人既无过错,又不能推定其过错的存在,同时也不存在法定的承担无过错责任的情况。如果可以适用过错责任、法定无过错责任或推定过错责任就不能适用公平责任。

(2) 当事人如何分担责任,由法官根据个案的具体情况,包括损害事实与各方当事人的经济能力进行综合衡量,力求公平。

根据我国民法通则的规定,可能适用公平责任原则的情形主要有:《民法通则意见》第一百五十六条的规定,自然原因引起的险情下紧急避险致人损害,避险行为并无不当的。紧急避险致人损害的;在为对方利益或共同利益活动中致人损害等。因紧急避险造成他人损失的,如果险情是由自然原因引起,行为人采取的措施又无不当,则行为人不承担民事责任。受害人要求补偿的,可以责令受益人适当补偿。当事人对造成损害均无过错,但一方是在为对方的利益或者共同的利益进行活动的过程中受到损害的,可以责令对方或者受益人给予一定的经济补偿。《人身损害赔偿解释》第十六条的规定,道路、桥梁、隧道等人工建造的构筑物因维护、管理瑕疵致人损害的要给予受害人的补偿,但因设计、施工缺陷造成损害的,由所有人、管理人与设计、施工者承担连带责任;堆放物品滚落、滑落或者堆放物倒塌致人损害的;树木倾倒、折断或者果实坠落致人损害的,要给予受害人的补偿。《民法通则意见》第一百五十五条规定,堆放物品倒塌致人损害,堆放人虽然能够举证自己没有过错的,但也要给予受害人以相应的补偿。

第三节 一般侵权行为的构成要件

《侵权责任法》第二条规定,侵害民事权益,应当依照本法承担侵权责任。

本法所称民事权益,包括生命权、健康权、姓名权、名誉权、荣誉权、肖像权、隐私权、婚姻自主权、监护权、所有权、用益物权、担保物权、著作权、专利权、商标专用权、发现权、股权、继承权等人身、财产权益。

一般侵权行为的构成要件,是指在一般情况下,构成侵权行为所必须具备的因素。只有同时具备这些因素,侵权行为才能成立。一般侵权行为的构成要件包括:有侵害行为、有损害事实的存在、加害行为与损害事实之间有因果关系、行为人主观上有过错四个方面。

一、有侵害行为

有侵害行为的存在,又叫法益损害,是构成侵权责任的行为要件。需要强调的是,此处的侵害行为,是指只要客观上侵害了他人的民事权益就行,此与既往民法理论上所强调的"行为的违法性"要件截然不同。所谓行为的违法性,是指对法律禁止性或命令性规定的违反。但第二条未要求侵害行为具有违法性。任何一个民事损害事实都与特定的加害行为相联系,亦即民事损害事实都由特定的加害行为所造成。没有加害行为,损害就无从发生。从表现形式上看,加害行为可以是作为,也可以是不作为,以不作为构成加害行为的,一般以行为人负有特定的义务为前提。

二、有损害事实的客观存在

损害事实,是指因一定的行为或事件对他人的财产或人身造成的不利影响。损害事实既包括财产损失,也包括非财产损失,如人的死亡、人身伤害、精神损害(痛苦、疼痛)等。作为侵权行为构成要件的损害事实须具备以下特点:损害是侵害合法权益的结果、损害具有可补救性、损害是已经发生的确定的事实。依侵权损害的性质和内容,大致可分为财产损失、人身伤害和精神损害三种。

财产损失,民法理论认为是指一切财产上的不利变动,包括财产的积极减少和消极的不增加,主要是指由于行为人对受害人的财产权利施加侵害所造成的经济损失,既包括积极损失,如人身伤害的费用支出,也包括消极损失,如误工减少的收人等。《侵权责任法》第二条所列举的实际上都是民事权利,没有列举民事利益,但实际上也包括法律所保护的利益(法益),如占有人基于占有物的事实所享有的利益等。《物权法》第二百四十五条第一款规定:"占有的不动产或者动产被侵占的,占有人有权请求返还原物;对妨害占有的行为,占有人有权请求排除妨害或者消除危险;因侵占或者妨害造成损害的,占有人有权请求损害赔偿。"此处所保护的正是占有人对占有物所享有的占有利益。

人身伤害,是指由于行为人对受害人的人身施加侵害所造成的人身上的损害。具体包括生命的损害、身体的损害、健康的损害三种情况。同时,对自然人人身的损害往往也会导致其财产的损失,如伤害他人身体致其支付医疗费、护理费、交通费和误工减少的收入等。

精神损害,主要是指自然人因人格受损或人身伤害而导致的精神痛苦,当然广义上还包括法人的商誉损失等。与其他损害不同的是,精神损害具有无形性,难以用金钱来衡量,司法实践也只是补偿责任。《精神损害赔偿解释》第三条规定,自然人死亡后,其近亲属因下列侵权行为遭受精神痛苦,向人民法院起诉请求赔偿精神损害的,人民法院应当依法予以受理:1. 以侮辱、诽谤、贬损、丑化或者违反社会公共利益、社会公德的其他方式,侵害死者姓名、肖像、名誉、荣誉;2. 非法披露、利用死者隐私,或者以违反社会公共利益、社会公德的其他方式侵害死者隐私;3. 非法利用、损害遗体、遗骨,或者以违反社会公共利益、社会公德的其他方式侵害遗体、遗骨。

三、侵害行为与损害事实间的因果关系

因果关系,是指社会现象之间的一种客观联系,即一种现象在一定条件下必然引起另一种现象的发生,则该种现象为原因,后一种现象为结果,这两种现象之间的联系,就称因果关系。理论上认定因果关系具体有三种方法:根据事件发生的先后顺序来认定;根据事件的客观性来认定;根据原因现象是结果现象的必要条件规则来认定。

侵权行为只有在加害行为与损害事实之间存在因果关系时,才能构成。如果加害人有加害行为,他人也有民事权益受损害的事实,但两者毫不相干,则仍不能构成侵权行为。因此,加害行为与损害事实之间有因果关系,是构成一般侵权行为的必要要件。

四、行为人主观上具有过错

过错,是行为人对其行为的一种心理状态。行为人是否有过错直接关系到对

其行为性质的认定。与刑法上区分过错为故意与过失不同,民法上将过错区分为故意、重大过失与一般过失,区分标准是过错程度的大小。行为人明知自己的行为会发生损害他人民事权利的结果而实施行为的,为故意。行为人根据一般人的见识应当预见自己的行为可能损害他人的民事权利但因为疏忽大意而没有预见导致损害结果发生的,为过失。一般认为一个专业人士违反了普通预见的水平的即构成重大过失。衡量行为人对其作为和不作为是否有主观故意或过失,应根据具体的时间、地点和条件等多种因素综合进行确定,这也是侵权行为归责原则应当考虑的因素。

例如,甲搬家公司指派员工郭某为徐某搬家,郭某担心人手不够,请同乡蒙某帮忙。搬家途中,因郭某忘记拴上车厢挡板,蒙某从车上坠地受伤。请判断郭某行为的性质。本例中,就郭某"忘记拴上车厢挡板"的行为肯定具有过失,再考虑到郭某作为搬家工人的专业背景,应当认定为构成重大过失。

五、关于特殊侵权责任的构成要件

特殊侵权行为的构成要件,是指根据法律的规定,构成侵权行为所必须具备的各个因素,主要包括:损害事实的存在、行为人的行为与损害事实之间有因果关系等。在特殊侵权行为中,职务侵权行为的发生必须是执行职务中的不当行为,且造成了实际损害,存在因果关系;产品侵害责任、高度危险作业的损害责任、环境污染的损害赔偿责任、动物致人损害的责任、监护责任等,根据侵权主体和损害事实的法定关系,实行无过错责任原则;但建筑物等致人损害、地面施工致人损害是根据损害事实和因果关系,实行过错推定原则。

因此,对于特殊侵权行为的构成要件主要结合侵权主体、损害事实和法律的明确规定,参照一般侵权行为的构成要件,来认定是否构成侵权行为以及侵权责任承担原则。

【案情】 原告张某某出生于2003年11月4日。由于没有母乳,张某某出生的第二天,原告的父亲张某就到镇上的一个超市为其购买了两袋"美乐滋"婴幼儿奶粉。在张某某吃完该两袋奶粉后,张某又连续购买了十多袋同一超市出售的同一品牌奶粉。到了2004年2月初,张某某哭闹不肯进食,被送往涟水县医院门诊治疗,后转淮安市第一人民医院住院治疗,经诊断为因营养不良导致"败血症、低蛋白血症,多脏器功能失控"。2004年2月27日张某某治愈出院,共花去医疗费12 000元,出院医嘱

"加强营养"。2004年3月23日,张某征得零售商同意,对"美乐滋"婴幼儿奶粉取样送涟水县疾病预防控制中心检测,检测结果显示"美乐滋"奶粉营养含量普遍不符合标准值,特别是蛋白质含量低于标准值14个百分点(正常值含量要求大于18％,该奶粉实际含量仅为3.18％)。根据原告张某某出生时医院出生证记载,原告出生时健康状况为良好。为此,原告张某某的父亲张某作为法定代理人向涟水县人民法院提起诉讼,请求法院判令被告零售商赔偿有关费用损失。被告答辩称:其所出售的奶粉虽然是存在质量问题,但只是营养差一些,不可能导致原告"败血症、低蛋白血症,多脏器功能失控",原告的这些疾病应当是由于自身身体原因所致。由此可见,质量差的奶粉与原告的症状没有因果关系,自己不应当承担责任。

【问题】 原告所受损伤与被告销售劣质奶粉的因果关系如何认定?

【法律规定】 一般侵权行为的构成要件包括:有加害行为、有损害事实的存在、加害行为与损害事实之间有因果关系、行为人主观上有过错四个方面。

【法律运用及结果】 有一段时间劣质奶粉事件在全国闹得沸沸扬扬,引起了社会各界的广泛关注。在这次劣质奶粉事件中,虽然有关机关已经对有关责任人采取了相应的措施,但对于一些受害儿童及其家人而言,还存在一个请求有关生产商与销售商损害赔偿的问题。其中必须明晰一个问题,就是劣质奶粉与所受损害之间的因果关系。本案作为一起劣质奶粉致害案件,其对因果关系的认定,对有关劣质奶粉损害问题的处理可以提供一个良好的视角。侵权民事责任构成中的因果关系要件,就是侵权法中的因果关系。它指的是违法行为作为原因,损害事实作为结果,在它们之间存在的前者引起后者、后者被前者所引起的客观联系。具体到本案,所谓的因果关系就是指食用被告销售的劣质奶粉与原告所受损害之间的引起与被引起的关系。

本案作为一起产品质量问题致人损害案件,对被告的产品与原告的损害后果之间的因果关系的证明尤为重要。在缺陷产品致消费者索赔案件中,世界各国在实践中运用间接证明的方法来认定因果关系。其中包括以经验法则为依据的大致推定,即虽非绝对确实,但依众所周知的现实经验,某项事实的发生在大多数情况下均以另一项事实为原因,则可大致认定;如果这两项事实同时存在,即推定两事实间存在因果关系。具体到本案,依经验法则,在对被告所售奶粉质量不合格与原告所受损伤没有争议的情况下,可以推定两者的因果关系成立。

进一步分析,在本案中,就劣质奶粉与原告所受损害的因果关系的认定方面而言,原告方所举各项证据具有关联性,且经被告质证认可,形成完整的证据链,可以证明的相应事实为:原告健康出生后食用被告销售的劣质奶粉出现了相应症状。而且原告已经治愈出院,结合医生出院医嘱加强营养来看,两者是存在因果关系的。

另外,从我国民事诉讼立法规定看,我国民事诉讼的证明标准是采用高度盖然性的证明标准,即证据证明力的高度可能性。在证据对某一争议的证明无法达到确实清楚的情况下,对可能性较高的事实予以认可。从本案查明的事实来看,认定损害的发生与食用劣质奶粉间存在因果关系的可能性符合民事诉讼中所要求的高度盖然性的证明标准。

在对本案因果关系的认定上,我们认为不能完全依赖于所谓权威的专业鉴定机构进行鉴定确认,还应当发挥法官的自由裁量,根据案件的具体事实对因果关系作出认定。本案中原告的损害排除了其他可能的因素,而且被告销售劣质奶粉的事实客观存在,可以据此认定被告销售劣质奶粉与原告所受损害之间存在因果关系,可以判令被告承担相应的损害赔偿责任。因此,对本案因果关系的认定,应该予以认定。原告出生时经医院确认为身体状况良好,因此,对原告在两三个月后出现前述症状系自身因素导致的情况基本可以排除。被告销售劣质奶粉已经被确认是事实,原告出生后由母亲专门照顾,除上述奶粉外原告未食用其他营养品,原告所患"败血症、低蛋白血症、多脏器功能失控"病症,经医生病案成因分析系营养不足所致,以上事实,可推定因果关系成立,无须通过专门机构鉴定。

(案件改编于侵权责任法案例及习题 http://wenku.baidu.com/view/7d28ae3f580216fc700afdaa.html)

第四节 免责事由

一、免责事由的概念

免责事由是指行为人虽违反法律规定的义务而致人损害者依法可以不承担民事责任的事由。免责事由一般由法律规定,但在不违反国家法律和社会公序良俗的前提下，也可由当事人约定。民法理论将免责事由分为两大类：一是正当理由，包括职务授权行为、正当防卫、紧急避险、自助行为、受害人同意；二是外来原因，包括不可抗力、受害人过错、第三人过错、意外事件。职务授权行为、正当防卫和不可抗力都是法定的，人们较易理解，另外六种情形相对有一定难度。

二、免责事由的分类

（一）过失相抵（受害人的过错）

过失相抵，是指就损害的发生或者扩大，受害人也有过错（包括故意与过失），法院可依其职权，依一定的标准减轻加害人赔偿责任，从而公平、合理地分配损害的一种制度。

《侵权责任法》第二十六条规定，被侵权人对损害的发生也有过错的，可以减轻侵权人的责任。

《人身损害赔偿解释》第二条规定，受害人对同一损害的发生或者扩大有故意、过失的，依照《民法通则》第一百三十一条的规定，可以减轻或者免除赔偿义务人的赔偿责任。但侵权人因故意或者重大过失致人损害，受害人只有一般过失的，不减轻赔偿义务人的赔偿责任。

适用民法通则第一百零六条第三款规定确定赔偿义务人的赔偿责任时，受害人有重大过失的，可以减轻赔偿义务人的赔偿责任。

1. 适用效力

加害人可以据此主张减轻或免除（第二十六条的"减轻"应作扩张解释、广义理解）相应的民事责任；

2. 适用范围

（1）在适用过错责任的场合。在此场合下，过失相抵均可以适用，此时的过错包括故意、重大过失与一般过失，被侵权人的过错程度越大，侵权人责任被减轻的幅度越大。

（2）在适用无过错责任的场合。在无过错责任领域，从保护受害人的角度出发，仅限于受害人有"故意与重大过失"的情形方可适用过失相抵，且只能将受害人的重大过失作为减轻责任而不能作为免责的事由；如受害人具有一般过失，则不能作为减轻责任的理由更勿论免除责任的理由。结合《侵权责任法》第七十八条（废止《民法通则》第一百二十七条），过失相抵在无过错责任的场合下的适用情形，举例说明：

① 由于受害人的故意而造成的，饲养人或管理人免除责任；

② 由于受害人的重大过失造成的,饲养人或管理人减轻责任;

③ 由于受害人的一般过失造成的,饲养人或管理人承担全责。

第七十八条饲养的动物造成他人损害的,动物饲养人或者管理人应当承担侵权责任,但能够证明损害是因被侵权人故意或者重大过失造成的,可以不承担或者减轻责任。

《民法通则》第一百二十七条规定:饲养的动物造成他人损害的,动物饲养人或者管理人应当承担民事责任;由于受害人的过错造成损害的,动物饲养人或者管理人不承担民事责任;由于第三人的过错造成损害的,第三人应当承担民事责任。

(二) 受害人的故意

《侵权责任法》第二十七条规定,损害是因受害人故意造成的,行为人不承担责任。

受害人具有故意,指受害人明知自己的行为会发生损害自己的后果,而希望或放任此种结果的发生。按照第二十七条规定,损害是因受害人故意造成的,行为人不承担责任。这一规定的基本含义是:受害人故意作为免责事由,适用的后果就是完全免除加害人的责任。

受害人故意作为免责事由,适用于过错责任的场合,也适用于采用相对无过错责任的特殊侵权场合,但可能不适用于个别采用绝对无过错责任的特殊侵权的场合,如七十九条、第八十条规定。

具体而言,在分则规定的下述无过错责任情形适用:

(1) 民用核设施发生核事故致人损害的,经营者应当承担侵权责任,但能够证明损害是由受害人故意造成的,不承担责任(第七十条)。

(2) 民用航空器致人损害的,经营者应当承担侵权责任,但能够证明损害是因受害人故意造成的,不承担责任(第七十一条)。

(3) 占有或者使用易燃、易爆、剧毒、放射性等高度危险物致人损害的,占有人或者使用人承担侵权责任,但能够证明损害是因受害人故意造成的,不承担责任;被侵权人对损害的发生有重大过失的,可以减轻前者的责任(第七十二条)。

(4) 从事高空、高压、地下挖掘活动或者使用高速轨道运输工具致人损害的,经营者承担侵权责任,但能够证明损害是因受害人故意造成的,不承担责任;被侵权人对损害的发生有过失的,可以减轻经营者的责任(第七十三条)。

(5) 饲养动物致人损害的,饲养人或者管理人应当承担侵权责任,但能够证明损害是因被侵权人故意或者重大过失造成的,可以不承担或者减轻责任(第七十八条)。

（三）第三人的原因

第三人的原因，是指原告、被告之外的第三人造成了原告损害的发生或者扩大而无论第三人是否具有过错。其特征有：第三人与被告之间不存在共同过错，既无共同故意，也无共同过失；第三人的过错可以免除或减轻被告的责任。《侵权责任法》第二十八条规定，损害是因第三人造成的，第三人应当承担侵权责任。第八十六条规定，建筑物、构筑物或者其他设施倒塌造成他人损害的，由建设单位与施工单位承担连带责任。建设单位、施工单位赔偿后，有其他责任人的，有权向其他责任人追偿。因其他责任人的原因，建筑物、构筑物或者其他设施倒塌造成他人损害的，由其他责任人承担侵权责任。

第三人的原因免责的效力：

具体到分则的规定，值得注意的是，第二十八条关于第三人的原因作为免责事由的一般规定，属于一般条款，但在一些分则的特别规定里，第三人的原因并不作为免责事由，具体分为三种情况：

（1）导致加害人完全免责。《物件损害责任》第八十六条第二款规定，因其他责任人的原因，建筑物、构筑物或者其他设施倒塌造成他人损害的，由其他责任人承担侵权责任。

（2）在加害人与第三人之间建立不真正连带责任。也即受害人可以选择加害人或者第三人中的一人承担责任，加害人承担责任后再向第三人追偿，这实际上是在加害人与第三人之间形成一个不真正连带之债。包括：

医疗损害赔偿第五十九条规定，因药品、消毒药剂、医疗器械的缺陷，或者输入不合格的血液造成患者损害的，患者可以向生产者或者血液提供机构请求赔偿，也可以向医疗机构请求赔偿。患者向医疗机构请求赔偿的，医疗机构赔偿后，有权向负有责任的生产者或者血液提供机构追偿。

环境污染责任第六十八条规定，因第三人的过错污染环境造成损害的，被侵权人可以向污染者请求赔偿，也可以向第三人请求赔偿。污染者赔偿后，有权向第三人追偿。

饲养动物损害责任第八十三条规定，因第三人的过错致使动物造成他人损害的，被侵权人可以向动物饲养人或者管理人请求赔偿，也可以向第三人请求赔偿。动物饲养人或者管理人赔偿后，有权向第三人追偿。

（3）加害人不能免责。还有的规定第三人并不直接面对受害人承担责任，只有加害人对受害人承担责任，而后再向第三人追偿，这样一来，第三人的原因并不作为免责事由。包括：

《产品责任法》第四十四条规定,因运输者、仓储者等第三人的过错使产品存在缺陷致人损害的,产品的生产者、销售者赔偿后,再向第三人追偿。

物件损害责任第八十六条第一款:物件倒塌致人损害的,由建设单位与施工单位承担连带责任。建设单位、施工单位赔偿后,有第三人(如设计单位、监理单位等)的,再向第三人追偿。

(四)不可抗力

《侵权责任法》第二十九条规定,因不可抗力造成他人损害的,不承担责任。法律另有规定的,依照其规定。

不可抗力作为免责事由,既适用于采用无过错的特殊侵权责任,也适用于采用过错责任的一般侵权责任情形,同时也适用于合同法上的违约责任的免责事由(《合同法》第一百一十七、一百一十八条)。但在特别法或者特别规定的某一情形下对于不可抗力免责效力有特别规定的,适用之,也即并不能作为免责事由。比如《环境保护法》第四十一条第三款,不可抗力并不当然作为环境污染责任的免责事由。

(五)正当防卫

《侵权责任法》第三十条规定,因正当防卫造成损害的,不承担责任。正当防卫超过必要的限度,造成不应有的损害的,正当防卫人应当承担适当的责任。

(六)紧急避险

《侵权责任法》第三十一条规定,因紧急避险造成损害的,由引起险情发生的人承担责任。如果危险是由自然原因引起的,紧急避险人不承担责任或者给予适当补偿。紧急避险采取措施不当或者超过必要的限度,造成不应有的损害的,紧急避险人应当承担适当的责任。

紧急避险免责效果分解为:

(1)险情由人为原因引起的,由引起人承担责任。

(2)险情由自然原因引起,行为人采取的措施又无不当的,原则上行为人不承担民事责任;但受害人要求补偿的,可以责令受益人适当补偿。

(3)上述两种情形下,若行为人采取措施不当或超过必要限度,造成不应有的损害的,应承担适当的民事责任。

【案情】 行为人甲持砖头在路口等候,遇有闯红灯的车辆即直接用砖头砸向该车。

【问题】 是否属于正当防卫?

【法律规定】《侵权责任法》第三十条规定,因正当防卫造成损害的,不承担责任。正当防卫超过必要的限度,造成不应有的损害的,正当防卫人应当承担适当的责任。

【法律运用及结果】 有人主张这种行为属于正当防卫。理由是闯红灯的司机正在侵犯的是他人的生命权或者是作为公共利益的交通秩序,行为人甲有计划地阻止司机闯红灯,有充分的时间考虑,能够选择足以阻止闯红灯司机的损害最小的办法,没有造成不必要的损害,应该是正当防卫。这种主张不能成立。因为正当防卫针对的不法侵害应该是客观的、正在发生的事实。司机闯红灯固然是对作为公共利益的交通秩序的破坏,但是,这种破坏程度尚不足以引起行为人用砸车的方式来阻止。正当防卫的主要目的是救济权利,而救济的是正在被侵害的权利。闯红灯并不必然会造成他人生命权、健康权的损害,对交通秩序的破坏,可以通过其他方式来弥补救济。用砸车的方式来救济交通秩序被破坏的损失超过了必要限度。不仅如此,砸车除了可能震慑司机之外,还有更大的可能使司机为此分散注意力而发生意外的交通事故,引发更大的公共危险。所以,行为人甲的行为不能作为正当防卫,不值得提倡。

(案件改编自中国律师网 侵权损害赔偿责任之正当防卫认定以案说法 http://www.govwq.com/article/2855.html)

第五节　共同侵权责任

一、共同侵权的概念和特征

(一) 共同侵权的概念

共同侵权行为,是侵权行为中的一种特殊类型,相对于一般单独侵权行为而言。共同侵权行为,是指两个或两个以上的行为人,基于共同的故意或者过失,侵害他人人身权利或财产权利的行为。我国《民法通则》第一百三十条规定:"二人以上共同侵权造成他人损害的,应当承担连带责任。"最高院在《关于贯彻执行〈中华人民共和国民法通则〉若干问题意见(试行)》第一百四十八条补充规定了教唆人和帮助人应当承担共同侵权的民事责任。

(二) 共同侵权的特征

共同侵权行为,当然首先是侵权行为,其构成应当符合某一特定侵权行为的构

成要件,即具有行为的侵害行为、损害、因果关系、过错这四个条件。除了具有一般侵权行为的四个要件以外,还具有如下一些特征:

1. **主体的复数性**

即加害人至少为两人或两人以上。若仅为一个人,则只能构成普通侵权。共同侵权的主体可以是公民,也可以是法人或非法人团体。

2. **侵害对象及损害结果的同一性**

即受到损害的对象可以是人身或者财产或者非财产利益,但这些权利或利益必须属于同一主体,而且几个侵害行为造成同一个不可分割的结果。

3. **行为(或意思)的共同性**

数个侵权主体实施了共同的加害行为,这是行为人是否应当承担共同侵权责任的关键性特征,即所谓的"共同性"。各国立法无一例外地将共同性作为共同侵权的构成要件。

4. **共同行为与损害结果之间的因果性**

即受害人的损失只有当是由侵权主体的共同行为造成时,侵权主体才可能承担共同侵权责任。

5. **侵权责任的连带性**

此处所谓责任的连带性,系针对受害人而言,是共同侵权行为的外部效果。共同侵权主体基于共同的加害行为及其行为所产生的结果,决定了主体责任的不可分割性。各侵权主体都应对共同的损害结果承担全部赔偿责任,此后侵权主体之间根据责任大小发生内部追偿关系。

二、共同侵权的类型

由于共同侵权行为主体的复数性、行为和结果的共同性以及责任的不可分性,决定了共同侵权行为的复杂性和多样性,因此有必要将其类型化。

(一) 共同过错侵权行为

它是指共同侵权行为人之间,存在着共同的意思联络,即共同的故意或者共同的过失,损害了他人的人身或财产权利。这是一种最典型的共同侵权行为。

(二) 共同危险行为

《侵权责任法》第十条规定,二人以上实施危及他人人身、财产安全的行为,其中一人或者数人的行为造成他人损害,能够确定具体侵权人的,由侵权人承担责任;不能确定具体侵权人的,行为人承担连带责任。

共同危险行为又称准共同侵权行为,是指数人共同实施危及他人人身安全的行为并造成损害结果,而实际侵害行为人又无法确定的侵权行为。共同危险行为成立后,虽然真正侵害行为人只能是其中一人或一部分人,但如果无法确定谁是真正的侵害行为人,共同实施危险行为的数人承担连带责任。虽实施了共同危险行为,但如能证明受害人的损害后果并非由其危险行为造成(即不存在因果关系,而不是举证无过失),可予免责。

1. 构成要件

(1) 共同行为人的行为均具有共同的危险性质:每一人的行为都具有违法性;每一人的行为客观上都有危及他人财产和侵害他人人身的现实可能性;这种危险性的性质与指向是相同的。

(2) 实际侵害行为人不明。

(3) 整个共同危险行为与损害结果之间具有关联性。

2. 与原因力结合的无意思联络数人分别侵权行为的区别

两者在构成要件上的区别如前所述,在效力上的区别也很明显:共同危险行为人承担连带责任;原因力结合的无意思联络数人分别侵权行为,实属"多因一果"的情形,各个侵权行为人承担按份责任。

3. 与不明高空抛物责任的区别

《侵权责任法》第八十七条:从建筑物中抛掷物品或者从建筑物上坠落的物品造成他人损害,难以确定具体侵权人的,除能够证明自己不是侵权人的外,由可能加害的建筑物使用人给予补偿。虽然不明高空抛物行为与共同危险行为存在极大类似性,但区别亦十分明显:

(1) 没有证据证明该建筑物全体使用人具有共同实施危险行为的意思联络,且都均实施了共同危险行为即抛物行为;

(2) 免责事由也不一样:不明高空抛物行为的免责事由是证明自己不是具体侵权人,比如能够证明自己当时不在建筑物中或未实施抛物行为,或者指明具体侵权人;而共同危险行为的免责事由是证明损害后果与自己的行为之间不存在因果关系,或者指明其他共同危险人所致。

(3) 责任不一样。前者是补偿责任,后者是侵权损害赔偿责任。

(三) 教唆人与实行行为人共同侵权行为

教唆行为是指行为人以损害他人为目的,用言语或利益开导或诱导实行行为人侵害他人权益,而教唆人本身不直接参与侵权。由于教唆人本身具有过错,实施了教唆行为,并导致损害他人的后果,因此其应当与行为人共同承担侵权责任。

《民通意见》第一百四十八条规定,教唆、帮助他人实施侵权行为的人,为共同侵权人,应当承担连带民事责任。

教唆、帮助无民事行为能力人实施侵权行为的人,为侵权人,应当承担民事责任。

教唆、帮助限制民事行为能力人实施侵权行为的人,为共同侵权人,应当承担主要民事责任。

第九条规定,教唆、帮助他人实施侵权行为的,应当与行为人承担连带责任。

教唆、帮助无民事行为能力人、限制民事行为能力人实施侵权行为的,应当承担侵权责任;该无民事行为能力人、限制民事行为能力人的监护人未尽到监护责任的,应当承担相应的责任。

《侵权责任法》第九条改变了第一百四十八条的规定:

(1) 在受教唆、帮助者为无行为能力人的场合,由原来的单独责任,变为原则上的单独责任与例外的按份责任。

(2) 在受教唆、帮助者为限制行为能力人的场合,由原来的连带责任,变为原则上的单独责任与例外的按份责任。

(四) 帮助他人实行共同侵权行为

通常是在实行行为人决定实施加害行为或正在实行侵害过程中,帮助人主动提供工具、技术或制造条件,帮助行为比较复杂,可以是主动帮助,也可以是消极帮助;有合意的帮助,也有未经合意的帮助;有物质帮助,也有精神鼓励。要正确确认帮助人及帮助的含义,才能全面维护受害人的合法权利。

(五) 无意思联络的共同侵权行为

在这种情况下,行为人之间不存在共同的过错,但存在共同的侵权行为。数人侵权的行为作为必要条件叠加在一起,构成受害人损失的直接原因。比如甲乙两人不慎开车发生碰撞因而撞伤丙;再比如数报纸之间转载失实的文章造成某人名誉受损。在这些情形中,致害人之间并无事先的意思联络,其行为的发展是各自独立的,只是在时间和地点上偶然发生竞合,致同一主体损害。这种情形,在侵权法上称之为"无意思联络的数人侵权",区别于"有意思联络的数人侵权"。构成无意思联络的数人侵权,应当具备下列条件:

(1) 须有两个以上侵权行为存在。

(2) 数个行为人之间无意思联络。

(3) 各行为人的行为偶然结合造成对受害人的同一损害。由于数人在主观上无意思联络,只是因为偶然因素使无意思联络人的各行为偶然结合而造成同一结果。使各行为人的行为结合在一起的因素,不是主观因素,而是行为人所不能预见的认识以外的客观的、外来的、偶然的情况,个别行为偶然聚合而成为损害的原因,每个人的行为只不过是损害产生的一个条件。对有意思联络的共同侵权,"由于有意思联络之故,数人既同心协力,损害必较单一的行为为重。"所以法律对各致害人课以比较严重的连带责任,如此既能周全保护受害人的利益,又能对致害人起到惩戒的作用。而对于无意思联络的数人侵权,情况则比较复杂,不能一概而论。依据侵害的是否为受害人的同一类民事权益,可以将无意思联络的数人侵权分成两类:无意思联络的数人侵权造成他人之不同民事权益损害和无意思联络的数人侵权造成他人之同一民事权益损害。在前一类情形,举例来说,甲乙无意思联络于半夜侵入丙宅,甲窃取财物,乙打伤丙。于此,甲侵犯的是丙的财产权,乙侵犯的是丙的人身权。两种民事权益在性质上是不同的,故甲乙不对丙承担连带责任,而仅就各自的加害行为承担侵权责任。在后一类情况,又应当依据损害是否可分来判定。此所谓损害不可分,是指法律意义上的不可分。法律意义上的损害不可分与事实上的损害不可分是既有联系又有区别的一组概念。事实上的损害不可分,是指受害人所受损害在物理意义上的不可分割。一般而言,损害在事实上不可分则在法律上必然不可分,但是,如果损害在事实上可分,则在法律上未必可分。举例来说,甲乙无意思联络侵权致丙眼伤,我们认为丙所受之损害无论在事实上还是在法律上都是不可分的。但如果甲乙无意思联络侵权致丙眼伤和腿伤,则我们认为丙所受之损害在事实上是可分的,即分为腿伤和眼伤。但这并不意味着丙所受之损害在法律上是可分的。如果能够判定眼伤由甲所致,腿伤由乙所致,那么丙所受之损害在法律上是可分的;如果不能判定,则我们认为丙所受之损害在法律上是不可分的。可见,损害在事实上可分是法律上可分的基础,但事实上的可分并不意味着在法律上必然可分。对于可分的无意思联络的数人侵权情形,大多数学者均认为是不构成共同侵权行为,属于应由各致害人就自己造成之损害分别承担责任(结果与侵犯受害人不同民事权益相同)的情形。而对于不可分的情况,从共同侵权客观说出发,无意思联络的数人侵权天然就属于共同侵权行为的范畴,自应适用连带责任。

(六) 合伙人和公司发起人的侵权连带责任

这是两种特殊的共同侵权行为。我国《民法通则》第三十五条第二款的规定:"合伙人对合伙人债务承担连带责任,但法律另有规定的除外。"所以,当合伙人在执行合伙人事务的过程中,因侵权行为造成的损害赔偿责任,视为合伙人的共同侵权,合伙人之间应当承担连带责任。与此相类似,当公司的发起人在公司成立过程中,因发起人的过错,导致侵害他人权利时,公司不成立时,发起人之间承担连带责任。当然如果公司成立,则由公司承担责任。

【案情】 张明辉与张宏辉系兄弟关系。2001年3月5日张明辉与张宏辉在任金火的弟金某某承包的雷竹基地寻衅、殴打双目失明的任金火,致使任金火轻微伤,共用去医疗费3 009.66元。为此,宁波市劳动教养管理委员会决定对张明辉劳动教养18个月。任金火因人身损害赔偿向法院起诉,法院认定被申诉人张明辉负主要责任,赔偿3 000元;张明宏负次要责任,负责赔偿511.86元。由于法院没有判决张明辉与张宏辉应承担连带责任,因张明辉被劳动教养无法支付给任金火赔偿金,导致无赔偿能力的张明辉所承担的3 000元赔偿责任无法执行。

【问题】 该案中任金火该如何维权?

【法律规定】 《中华人民共和国民法通则》第一百三十条的规定:两人以上共同侵权造成他人损害的,应当承担连带责任。

【法律运用及结果】 共同侵权人承担赔偿责任如何适用法律问题是本案的关键问题。法院判决所适用的法律是《中华人民共和国民法通则》第一百零八条、第一百一十九条、第一百三十四条第七款规定。《中华人民共和国民法通则》第一百零八条规定:"债务应当清偿。暂时无力偿还的,经债权人同意或者人民法院裁决,可以由债务人分期偿还。有能力偿还拒不偿还的,由人民法院判决强制偿还。"这是对违约责任的具体规定。违约责任是违反合同的责任,是当事人一方因不履行合同义务或者履行合同义务不符合约定,而向对方承担的民事责任。违约责任是在合同关系基础上发生的严格的民事责任。而本案是张明辉和张宏辉对任金火的人身进行不法侵害的行为,属于侵权行为,应该承担侵权责任,而应该适用侵权责任的法律规定,不应适用违约责任的法律规定。张明辉和张宏辉二人共同对任金火的人身进行不法侵害,构成共同侵权,应根据《中华人民共和国民法通则》第一百三十条的规定:二人以上共同侵权造成他人损害的,应当承担连带责任。该案中是张明辉和张宏辉两人共同侵权任金火的事实清楚,所以应根据《中华人民共和国民法通则》第一百三十条的规定判决张明辉和张宏辉承担连带赔偿责任。应当由张宏辉和张明辉共同支付剩余的赔偿金3 000元。

(案件改编于共同侵权损害赔偿如何适用法律? http://wenku.baidu.com/view/fd30220402020740be1e9b1d.html)

第六节 特殊侵权行为

一、特殊侵权行为的概念和特征

（一）特殊侵权行为的概念

特殊侵权行为是指针对某些侵权类型，法律对其构成要件及法律效果，予以特别规定的侵权行为，这些规定有别于一般侵权行为的构成要件和法律效果。

（二）特殊侵权行为的特征

（1）特殊侵权不采用一般侵权行为构成要件中的过错要件。特殊侵权行为的构成要件不具有普遍性，每种特殊侵权的要件在法律上有着具体、明确的要求。特殊侵权的这一特征是因为特殊侵权责任中大多数责任的替代性，使得特殊侵权行为一般不以过错作为追究责任的构成要件。

（2）从特殊侵权行为的法律效果看，特殊侵权行为通常不是由造成损害的具体行为人承担责任，而是由与该损害有关系的人来承担责任，如公务、职务侵权，以及因为物件而引起的损害赔偿。这就表现出承担责任的"替代性"。替代性反映的是承担责任的人与致害行为人或致害物件之间存在的某种联系，并不是对受害人发生直接的致害关系，在法律上属于间接的致害关系，如果责任人是以自己的直接行为致人损害就应当以一般侵权标准承担责任。

（3）特殊侵权行为以法律明确的特殊条款作为承担责任的依据。这种特殊表现为该类条款只适用于某项具体的侵权行为而设立的责任条款，对其他侵权行为不普遍适用。

（4）特殊侵权行为在举证责任上与一般侵权行为存在不同。多数特殊侵权行为适用无过错和推定过错的归责原则，但也有一些特殊侵权行为适用过错责任原则，比如医疗事故侵权。不过，对于一些特殊的侵权行为而言，即使适用过错责任归责，在举证责任分配问题上与一般侵权也不同，适用举证责任倒置，目的是为了加强对受害人的保护和救济。

二、特殊侵权行为的归责原则

（1）特殊侵权行为的归责原则主要是无过错责任原则，但在某些情况下也适用过错推定责任原则。

（2）适用过错责任的特殊侵权行为一般不采用"谁主张，谁举证"的方法，而采用举证责任倒置的方法,即先推定加害人有过错,然后由加害人承担证明自己没有过错的责任。

(3) 在特殊侵权行为案件中有一些是因为受害人的过错引起的,对此,我国法律规定受害人有过错,可以减轻侵害人的民事责任。

(4) 特殊侵权行为中适用无过错责任原则的主要是国家赔偿、高度危险作业致人损害、污染环境致人损害、产品责任、地面施工致人损害、饲养动物致人损害等。

三、特殊侵权行为的分类

(一) 国家机关及国家机关工作人员的职务侵权行为

1. 概念

职务侵权行为是指国家机关或者国家机关工作人员,在执行职务中侵犯他人合法权益并造成损害的行为。

2. 特征

(1) 行为主体的特定性。职务侵权行为的主体是具有国家机关或国家机关工作人员等特定身份的人;

(2) 行为的特殊性。同执行职务的行为相联系;

(3) 承担责任范围的限制性。法律有明确规定必须承担责任才承担责任。

3. 构成要件

(1) 侵权行为的主体必须是国家机关或国家机关工作人员。

(2) 侵权行为必须发生在执行职务之中。

(3) 必须是违反了执行职务应当注意的义务。

(4) 须侵犯他人的合法权益并有损害后果。

(5) 执行职务的行为与损害之间有因果关系。

4. 职务侵权行为的常见类型

(1) 职务行为本身违法或者不当致人损害,如刑讯逼供。

(2) 职务行为本身的危险性致人损害,如击毙逃犯误伤无辜。

(3) 职务行为执行人员的过错致人损害,如遗失依法扣押的财产。

(4) 消极的职务行为,即怠于执行职务行为致人损害。

(5) 职务侵权致害责任的抗辩事由。

《国家赔偿法》第五条规定,属于下列情形之一的,国家不承担责任:① 行政机关工作人员与行政职务无关的个人行为;② 因公民、法人和其他组织自己的行为致使损害发生的;③ 法律规定的其他情形。

（二）产品缺陷致人损害的侵权行为

1. 概念

产品缺陷致人损害的侵权行为,是指产品的制造者和销售者,因制造、销售的产品造成他人的人身或财产损害应承担民事责任的行为。

2. 构成要件

(1) 产品有缺陷。所谓产品,依《产品质量法》第二条规定,是指经过加工、制作,用于销售的产品。我国《产品质量法》第四十六条规定:"本法所称缺陷,是指产品存在危及人身、他人财产安全的不合理的危险;产品有保障人体健康,人身、财产安全的国家标准、行业标准的,是指不符合该标准。"

通常人们将缺陷分为设计缺陷、制造缺陷和营销缺陷。设计缺陷是指制造者在设计产品时,其产品的结构、配方等方面存在不合理的危险性。制造缺陷是指因产品原材料或配件存在缺陷或者在装配成最终产品的过程中出现某种错误,而导致产品具有不合理的危险性。营销缺陷是指生产者没有提供警示与说明,致使其产品在使用、储运等情形具有不合理的危险。

(2) 人身、财产遭受损害的事实。产品缺陷致人损害的事实包括人身伤害、财产损失和精神损害等。

(3) 须有因果关系。产品缺陷与受害人的损害事实之间存在引起与被引起的关系。我国《产品质量法》规定了产品生产者的三种抗辩事由:① 未将产品投入流通,所谓投入流通,是指产品进入流通领域,包括任何形式的出售、出租以及抵押、质押、出典等;② 产品投入流通时,引起损害的缺陷尚不存在;③ 将产品投入流通时的科学技术尚不能发现缺陷存在的;④ 其他免责事由。比如,被告未从事此产品的生产、销售或其他经营活动;受害人的过错,包括误用、滥用、过度使用、不听警示进行改装、拆卸等。

（三）高度危险作业致人损害的侵权行为

1. 概念

高度危险作业致人损害的侵权行为是指因从事对周围的环境具有高度危险的作业造成他人损害所应承担的民事责任的行为。

2. 构成要件

(1) 行为人必须是从事对周围环境有高度危险的作业。所谓"作业",《民法通则》列举了从事高空、高压、易燃、易爆、剧毒、放射性、高速运输工具作业等七种高度危险作业。所谓"周围环境",是指危险作业人和作业物以外的,处于该危险作业及其所发生事故可能危及范围内的一切人和财产。如铁路、高速公路两旁沿线的居民及其财产；机场周围的居民及其财产；高压输电线路沿线的居民及其财产；飞机坠落地点一定范围内的居民及其财产等。

(2) 这种危险作业必须有损害后果，并且损害后果与高度危险作业活动有因果关系。此类侵权行为的损害后果既包括人身损害也包括财产损害。最高人民法院的司法解释还将"严重威胁他人人身、财产安全"作为可以提起"消除危险"的诉因。在我国承担高度危险作业致人损害民事责任的责任人，应当为该作业的所有者或者经营者，在所有者与经营者为同一主体的情形（如集体所有或私人所有并直接经营的汽车运输作业），责任人为所有者。

3. 对高度危险作业致人损害的侵权行为适用无过错责任

(四) 污染环境致人损害的侵权行为

1. 概念

污染环境致人损害的侵权行为是指污染环境造成他人财产或人身损害而应承担民事责任的行为。

2. 构成要件

(1) 违反国家保护环境防止污染的规定。在实践中，污染环境的行为通常表现为排放废水、废气、废渣（所谓"三废"）、粉尘、恶臭气体、放射性物质以及噪声、振动、电磁波辐射等对环境造成污染和危害。

(2) 造成他人损害。损害是指受害人因接触或暴露于被污染的环境，而受到的人身伤害、死亡以及财产损失等后果。

(3) 承担无过错责任。

(五) 地面施工致人损害的侵权行为

1. 概念

地面施工致人损害的侵权行为是指在公共场所、道旁或者通道上挖坑、修缮安装地下设施等没有设置明显标志和采取安全措施造成他人损害的行为。

2. 构成要件

(1) 施工的地点是在公共场所、道旁或者通道上等有人通行处。

(2) 须是进行坑井等地下施工。

(3) 没有为保证行人安全设置明显标志和采取其他必要安全措施。

(4) 造成他人损害后果。

(5) 安全措施的欠缺与损害后果间有因果关系。

（六）工作物致人损害的侵权行为

1. 地上建筑物及其他设施致人损害侵权行为

（1）概念　建筑物造成损害的侵权行为是指在地上以人工建造的房屋和其他设施，因设置或保管有欠缺，以致发生倒塌、脱落而造成他人损害，由其所有人或管理人承担的赔偿责任的行为。

（2）构成要件

① 须为土地上的由人工营造之物。

② 须有设置或保管的欠缺。

③ 须因该欠缺而使他人受到损害。

④ 须没有免责的事由。

2. 建筑物上的悬置物造成损害的侵权行为

【案情】　蒋某因公出差到某市一家旅馆住宿，夜晚在房间休息时，天花板上的吊灯突然脱落，正好砸到蒋某身上，致使蒋某身上多处受伤，为此，蒋某花去医疗费 2 093 元。于是，蒋某要求旅馆赔偿损失，但旅馆老板不同意，理由是吊灯属于某装修队安装的，旅馆本身没有过错。蒋某又只得去找某装修队，但该装修队认为，吊灯脱落是由于吊灯经多年使用螺丝磨损严重造成的，装修队不承担责任。两家相互推诿，蒋某于是诉诸法院。

【问题】　本案适用什么归责原则？有何法律依据？装修队与旅馆谁该承担责任？

【法律规定】　《民法通则》第一百二十六条规定："建筑物或者其他设施以及建筑物上的搁置物、悬挂物发生倒塌、坠落造成他人损害的，它的所有人或者管理人应当承担民事责任，但能够证明自己没有过错的除外。"

【法律运用及结果】　本案是一起特殊的民事侵权案件。根据《民法通则》第一百二十六条规定，本案中的归责原则应是过错推定责任原则。本案中，旅馆作为吊灯的所有人和管理人，对于吊灯脱落致人损害应当依法承担民事赔偿责任。如果能够证明这一损害结果是由装修队造成的，举证责任在于旅馆方。即使在这种情况下，也应由旅馆首先负责赔偿，然后再向真正过错方为——装修队追偿。如果旅馆不能证明自己无过错，则推定其有过错，并承担蒋某的损失赔偿责任。

(案例改编于特殊侵权行为，http://wenku.baidu.com/view/8720d11d59eef8c75fbfb340.html)

【案情】 受台风影响，某地普降大雨，阵风达八级。张某下班回家，行至某纺织厂附近时，在属于该厂的一堵围墙边躲雨，围墙突然倒塌，张某被压住，后被他人救出送往医院救治。出院后，张某将纺织厂告上法庭，要求该厂赔偿自己的损失。被告纺织厂辩称：台风是一种不可抗力的自然现象，这种现象的发生不但主观上无法预见，客观上也不可能克服与避免，因此，围墙倒塌是任何人无法克服的意外事件，属不可抗力，其不应承担赔偿责任。后法院查明，该倒塌的围墙为一堵空心水泥砖围墙。

【问题】 原告张某自身有没有过错？围墙倒塌是否属于不可抗力？

【法律规定】 法律上的不可抗力是指不能预见、不能避免并不能克服的客观情况。《侵权责任法》第八十六条的规定："建筑物、构筑物或者其他设施倒塌造成他人损害的，由建设单位与施工单位承担连带责任。建设单位、施工单位赔偿后，有其他责任人的，有权向其他责任人追偿。"

【法律运用及结果】 针对第一个问题，原告张某在下班途中因狂风暴雨无法前行，穿越马路到被告纺织厂的围墙边躲避风雨的事实确实存在，但张某不可能知道其穿越马路去围墙边躲避风雨的行为会产生本案的损害结果，一般人在同等情况下也无法预见到有可能发生这样的结果，而且原告的行为本身并不具有引起围墙倒塌造成损害后果的可能性，即这一行为与围墙倒塌造成损害结果之间没有法律上的因果关系，故原告张某自身没有过错。

对于第二个问题，法律上的不可抗力是指不能预见、不能避免并不能克服的客观情况。本案中，台风确实是一种自然力因素，但不能说因台风带来的灾害不可预见、不能克服。建造围墙本身就要对这种自然现象进行预见，即根据所能预见的最大限度来设计工程，从而达到避免相应自然现象造成损害的效果，因此被告纺织厂在围墙的设计、施工和质量、管理上均应在预见到常见的自然现象的基础上，根据围墙本身的用途，使之达到在技术条件许可下的相当大的抗御值。但事实上，案中倒塌的围墙为一堵空心水泥砖围墙，在设计、施工和质量、管理上均达不到相应的抗御值。且被告始终未能提供有效证据证明当天的恶劣天气是损害发生的唯一原因,显然就不能以不可抗力免除因其围墙倒塌引起的民事责任。根据《侵权责任法》第八十六条的规定所以被告纺织厂应承担原告张某的损害赔偿责任。

（案例改编自侵权责任案例分析 http://wenku.baidu.com/view/f29fd501a6c30c2259019e80.html）

（七）饲养的动物致人损害的侵权行为

1. 概念

饲养动物致人损害的侵权行为指因饲养的动物造成他人人身或财产损害而依法由动物饲养人或保管人承担损害赔偿责任的行为。

2. 构成要件

(1) 必须为饲养的动物造成的损害。
(2) 必须是动物独立动作造成的损害。
(3) 必须是没有免责的理由。

（八）被监护人致人损害

无民事行为能力、限制民事行为能力人造成他人损害的,由监护人承担民事责任。监护人尽了监护职责的,可以适当减轻他的民事责任。有财产的无民事行为能力人、限制民事行为能力人造成他人损害的,从本人的财产中支付赔偿费用。不足部分,由监护人适当赔偿,但单位担任监护人的除外。

夫妻离婚后,未成年子女侵害他人权益的,同该子女共同生活的一方应承担民事责任;如果独立承担民事责任确有困难的,可以责令未与该子女共同生活的一方共同承担民事责任。

被监护人造成他人损害,但监护人不明确的,由顺序在前的有监护能力的人承担民事责任。在幼儿园、学校生活、学习的无民事行为能力人或在精神病院治疗的精神病人,受到伤害或给他人造成损害,单位有过错的,可以责令这些单位适当给予赔偿。

四、一般侵权与特殊侵权的区别

一般侵权民事责任与特殊侵权民事责任的区别是:

（一）构成要件不同

特殊侵权行为不要求行为人对其造成的损害后果具有过错,而一般侵权行为以行为人有过错为成立要件。

（二）抗辩理由不同

一些在一般侵权行为中适用的抗辩理由，如正当防卫、紧急避险等，不能成为特殊侵权的抗辩理由。

（三）承担责任的方式不同

特殊侵权民事责任的承担方式主要为赔偿损失；而一般侵权民事责任的承担方式除赔偿损失外，还有如返还财产、排除妨碍、停止侵害等。

（四）适用的范围不同

为了防止特殊侵权行为民事责任被滥用，特殊侵权只被限制在法律有明文规定的范围内。而一般侵权行为的范围则没有该限制。

【案情】 原告王大为原系华牧公司职工。2001年5月，华牧公司派原告，被告新发公司派其副经理马帅及原单位职工孙明明等到大连市参加畜牧展会，被告的展位是位于大连市沙河口区星海会展中心西区的A194号。2001年5月15日上午，原告将华牧公司的广告画张贴到被告的A194号展位上，同日上午11时30分左右，孙明明发现原告张贴的广告画后将其从展位上撕去。同日下午2时许，原告就其上午在被告展位上张贴广告画一事征求被告单位副总经理马帅的意见，马帅对原告的该行为予以同意。同日下午3时30分，原告与马帅又将广告画张贴到被告的A194展位上。同日下午5时许，原告因孙明明撕去其张贴的广告画一事而同孙明明于被告展位附近发生争执，因被告的副总经理马帅未能采取有效措施予以制止，双方在展厅内进而发生厮打，在厮打过程中，孙明明用拳击打原告面部，致原告左眼球受伤。事发当日，原告即被送到大连二院附院住院治疗，左眼球被摘除，后到北京某医院镶治义眼，且需每隔三年到北京检查左右眼眼囊组织变化和义眼光泽，每隔八年到北京根据好眼变化需另行镶配。

因孙明明将王大为左眼致伤，被大连市沙河口区人民法院于2001年8月23日以故意伤害罪判处有期徒刑5年。在大连市沙河口区人民法院对该案进行刑事审理过程中，王大为曾提起刑事附带民事诉讼，要求孙明明承担其人身损害赔偿责任，后来撤诉，向被告新发公司所在地法院提起民事诉讼，要求新发公司承担其人身损害赔偿责任，理由是孙明明伤害原告是在工作过程中的职务行为。新发公司认为孙明明的伤人行为不是执行职务的行为，自己不应承担责任，应由孙明明承担责任。

【问题】 本案原、被告对原告受孙明明伤害的事实没有异议,争执的焦点在于被告应否承担责任?而解决该焦点问题的前提焦点是孙明明伤害原告的行为是否属于执行职务的行为?

【法律规定】 《民法通则》第一百二十一条规定:"国家机关或者国家机关工作人员在执行职务中,侵犯自然人、法人的合法权益造成损害的,应当承担民事责任。"《最高人民法院关于审理人身损害赔偿案件适用法律若干问题的解释》第八条规定:"法人或者其他组织的法定代表人、负责人以及工作人员,在执行职务中致人损害的,依照《民法通则》第一百二十一条的规定,由该法人或者其他组织承担民事责任。"

【法律运用及结果】 本案是当事人身体权、健康权受到损害要求损害赔偿的案例。应先从确定法律关系入手,可以看出原告受到伤害是因被告的工作人员孙明明的侵权行为所致。确定了侵权法律关系后,再根据侵权责任的构成要件,来分析是一般侵权还是特殊侵权,解决侵权责任如何承担的问题。如果将孙明明的故意伤害行为作为一般侵权行为要求承担责任,则应由孙明明本人承担侵权损害赔偿责任,而如果将孙明明的伤害行为认定为其工作中的职务行为,则属于特殊侵权行为,应由被告新发公司承担侵权损害赔偿责任。

在事实上,本案原告被孙明明伤害的事实已由已生效的大连市沙河口区人民法院刑事判决书认定,原、被告双方争议的焦点在于孙明明伤害原告的行为是否是工作中的职务行为。从事实看,孙明明因与原告发生争执厮打而致伤原告左眼的起因是原告在被告展位上张贴华牧公司的广告宣传画,孙明明因该广告宣传画非本公司即被告所有,出于维护被告利益的目的而将广告宣传画撕下,从而导致伤害事件的发生。在原告与孙明明因宣传画被撕下而在展位附近发生争执的过程中,被告单位的有关领导在场却未能采取有效措施加以制止,却放任双方矛盾激化以致酿成原告重伤的不良后果。因此,可以认定孙明明是在工作时间为了维护本单位即被告的利益与原告发生争执厮打从而致伤原告,属于执行职务的行为。

根据以上法律规定,本案是因被告的工作人员执行职务中致原告伤害引起的损害赔偿案件。上述法律条文及司法解释的规定即民法理论中所称的转承责任。转承责任是侵权行为民事责任的一种特殊责任形式,即侵权行为的赔偿责任不由侵权人承担,而转由法律规定的他人承担。在此种责任关系中,存在三种主体:即侵权行为实施人、受害人和责任人。当行为人实施了致他人受损害的侵权行为以后,不是按照一般侵权行为"为自己行为负责"的规则由行为人对受害人承担民事责任,而是由责任人对此承担民事责任,即行为主体与责任主体相分离,由责任主体对行为主体的行为负责。转承责任属一种法定责任,只要行为人与责任主体之间存在法律规定的某种转承责任所要求的依附关系,那么,责任主体就应对行为主体执行责任主体的职务活动承担民事责任。在本案中,侵权人是孙明明,受害人是原告,而被告是孙明明的工作单位,根据上述法律规定的转承责任原则,本案的责任主体应是被告。孙明明系因维护本单位利益而与原告发生争执厮打从而致伤原告,因此该伤害事件的民事赔偿责任应由被告承担。判决被告承担全部赔偿责任。

(案例改编于特殊侵权民事责任 典型案例分析 http://wenku.baidu.com/view/8720d11d59eef8c75fbfb340.html)

【本章思考题】

一、案例思考题

1. 案情:2003年9月10日,王某邀了几个朋友去附近的一鱼塘钓鱼。由于该鱼塘上空架设了1万伏的高压电线,在钓鱼过程中,王某手持的鱼竿与高压线相触,导致王某当场被电击死亡。事后,由于双方就赔偿问题达不成一致意见,王某的家属便将鱼塘的所有人某村村民委员会、承包人张某及高压输电设施的产权人某供电公司告上法庭,要求他们共同赔偿李先生的医疗费、丧葬费、死亡补偿费、未成年子女的生活费等共计十余万元。

而供电公司认为,供电公司在供电协议中已经告知村民委员会不得在高压线下挖鱼塘,其已尽了提醒义务,而且该鱼塘上方的高压线距离地面的高度符合法定标准,故供电公司对事故的发生不具有过错,不应承担赔偿责任。

问题:(1)村委会应否承担王某死亡的赔偿责任?为什么?
(2)承包人张某应否承担王某死亡的赔偿责任?为什么?
(3)供电公司应否承担王某死亡的赔偿责任?为什么?
(4)如果你是法官,如何处理本案?

2. 案情:北京江民公司是闻名全国的以开发和销售KV系列杀毒软件的软件技术公司,外界长期对其生产的软件存在盗版现象。设在美国境内称为"中国毒岛"的一个网站,公开发布对 KV300 的解密软件,只要进入该网站,即可无偿下载该解密软件。江民公司针对中国毒岛发布的解密软件,在其生产的 KV300L++ 版杀病毒软件中,设置了一个主动逻辑锁。其结果是:只要使用中国毒岛解密软件解密所购买的 KV300L++ 版盗版软件,即可造成用户计算机死机,一般用户只能对其硬盘进行格式化,造成数据部分丢失,用户损失严重。

某用户起诉江民公司,认为江民公司违反了《中国计算机信息系统安全保护条例》中规定的"任何单位不能生产对他人计算机功能有破坏的程序"的规定,已构成侵权行为,要求其承担侵权行为赔偿责任。江民公司称,本公司在所生产的 KV300L++ 版杀病毒软件中设置的主动逻辑锁只是暂时锁住机器,告诉你使用解密工具的盗版用户,你是盗版行为。机器锁住后,用户可以给江民公司打"自首"电话,公司可告知如何开锁,不会对用户数据造成损害。公司的行为是为了反击"中国毒岛"的阴谋,是正当防卫。

问题:(1) 江民公司的行为是否构成侵权行为?说明理由。

(2) 江民公司的行为是否为正当防卫?说明理由。

(3) 此案应如何处理。

3. 案情:2001 年 2 月,原告福建省邵武市种子公司与被告李继明签订房屋租赁合同,约定原告将其坐落在邵武市和平镇的和平种子仓库出租给被告使用,使用用途为仓储,租期一年(2001 年 3 月 1 日至 2002 年 3 月 1 日)。合同签订后原告按约将仓库交付被告使用。2001 年 12 月 13 日,和平种子仓库发生一场大火,仓库的屋顶、门、窗户等被烧毁。事故发生后,有关部门未对火灾事故的原因及责任作出认定。原告多次找被告协商,要求被告恢复被损毁部分的原状或赔偿损失,均遭被告拒绝。为此,原告以被告未履行合同之义务,损毁租赁物,向法院提起诉讼,请求判令被告赔偿原告损失 73 500 元。被告认为,本案原告主张被告赔偿损失,属损害赔偿之诉,原告必需举证证实被告有过错行为,且其过错行为与损害结果之间有因果关系,原告不能提供消防部门作出火灾事故的原因和责任认定书,就不能证实被告有过错,且过错行为与损害后果之间有因果关系,原告应承担举证不能的败诉后果。

问题:你认为本案如何处理?

二、简答思考题

1. 简述侵权行为归责原则体系。

2. 一般侵权行为的构成要件有哪些?

3. 共同危险行为的构成要件有哪些?

4. 污染环境致人损害的侵权行为的构成要件有哪些?

参考文献

1. 王利明. 物权法论. 中国政法大学出版社, 2008.
2. 王利明. 物权法研究. 中国政法大学出版社, 2007.
3. 梁慧星, 陈华彬. 物权法. 法律出版社, 2010.
4. 梁慧星. 中国物权法研究(上、下). 法律出版社, 2004.
5. 陈华彬. 物权法原理. 国家行政学院出版社, 2002.
6. 钱明星. 物权法原理. 北京大学出版社, 1994.
7. 孙宪忠. 物权法研究. 中国政法大学出版社, 2005.
8. 高富平. 物权法原论: 中国物权立法基本问题研究(上、中、下卷). 中国法制出版社, 2001.
9. 史肖宽. 物权法论. 中国政法大学出版社, 2000.
10. 王泽鉴. 民法物权(1—3). 中国政法大学出版社, 2001.
11. 尹田. 法国物权法. 法律出版社, 2009.
12. 王轶. 物权变动论. 中国人民大学出版社, 2001.
13. 王家福. 中国民法学·民法债权. 法律出版社, 1999.
14. 张广兴. 债法总论. 法律出版社, 2004.
15. 王泽鉴. 债法原理(1.2). 中国政法大学出版社, 2001.
16. 史尚宽. 债法总论. 中国政法大学出版社, 2000.
17. 史尚宽. 债法各论. 中国政法大学出版社, 2000.
18. 林诚二. 民法理论与问题研究. 中国政法大学出版社, 2000.
19. 崔建远. 合同法(修订本). 法律出版社, 2010.
20. 王利明, 崔建远. 合同法新论·总则. 中国政法大学出版社, 2000.
21. 王利明. 民商法研究(1—5). 法律出版社, 2009.
22. 江平等. 中华人民共和国侵权责任法条文释义与典型案例详解. 法律出版社, 2010.

23. 江平. 中华人民共和国合同法精解. 中国政法大学出版社, 2007.
24. 李开国, 张玉敏. 中国民法学. 法律出版社, 2004.
25. 刘素萍. 继承法. 中国人民大学出版社, 2007.
26. 郭明瑞, 房绍坤. 继承法. 法律出版社, 2004.
27. 史尚宽. 继承法论. 中国政法大学出版社, 2000.
28. 江平. 民法学. 中国政法大学出版社, 2000.
29. 杨立新. 人身权法论. 人民法院出版社, 2002.
30. 王利明. 人格权法新论. 吉林人民出版社, 2005.
31. 王利明等. 人格权法. 法律出版社, 2005.
32. 王利明, 杨立新. 人格权与新闻侵权. 中国方正出版社, 2010.
33. 杨大文等. 亲属权. 法律出版社, 2004.
34. 张新宝. 名誉权威的法律保护. 中国政法大学出版社, 1997.
35. 张新宝. 隐私权的法律保护. 群众出版社, 2004.